遠流

圖像編年史 6

GREAT MING
NEWS

大明新聞

日升之卷
西元一三五一年～一四四九年

黃榮郎 文／圖

國家圖書館出版品預行編目 (CIP) 資料

大明新聞．日升之卷（西元一三五一年－一四四九年）/ 黃榮郎
文．圖． -- 初版． -- 臺北市：遠流，2015.11
　　面；　公分． --（圖像編年史；6）
　ISBN 978-957-32-7737-8(平裝)

1. 明史 2. 通俗史話

626　　　　　　　　　　　　　　　　　　104020988

圖像編年史 6

大明新聞——日升之卷（西元一三五一年～一四四九年）
GREAT MING NEWS

文・圖　　黃榮郎
責任編輯　陳穗錚
版面構成　丘銳致
企　畫　　叢昌瑜

發行人　　王榮文
出版發行　遠流出版事業股份有限公司
地　址　　台北市 10084 南昌路 2 段 81 號 6 樓
電　話　　（02）2392-6899
傳　真　　（02）2392-6658
郵政劃撥　0189456-1

著作權顧問　蕭雄淋律師

2015 年 11 月 1 日　初版一刷
售價新臺幣 320 元

遠流博識網 http://www.ylib.com　E-mail: ylib@ylib.com

序

前陣子看了一篇阿里巴巴集團主席馬雲激勵人心的演講稿，在折服於他高人一等的遠見及膽識之餘，更覺得他白手而起，憑著熱情與堅持，從無到有打造出足以牽動全球的事業體，成為亞洲首富的過程，真是當代的一則傳奇。而在十四世紀的中國，也有一個人，在更為嚴苛的條件之下，從一個父母親死了都沒錢可以安葬的破落農戶，一個沿街向人討飯、掙扎求生的乞丐和尚，在經過不斷的奮鬥之後，終於建立了一統天下的大明王朝，寫下了更不可思議的一頁歷史。

大明王朝，這個中國歷史上最後一個由漢人創建的龐大帝國，從曾經橫掃歐亞的蒙古異族手中奪得了天下，經過兩百多年的經營，卻又把大好江山拱手讓給了崛起於東北的滿洲異族。在帝國建立的前期，這個王朝有如初升的旭日般，發出了耀眼光芒，把中國又再度帶到了如漢、唐般的盛世，甚至成為當時經濟最繁榮的國家之一；但在中後期，荒謬的皇帝、橫行的廠衛，加上接連不斷的天災人禍，卻又把中國拉進了像是連月光也黯淡的無盡黑暗之中。這強烈的對比，是否早在朱元璋欽定國號為「明」的時候，就已經像拆字一般早已注定好了呢？

《大明新聞》是「圖像編年史」系列中，繼《三國時報》、《戰國新聞》、《大清時報　首部曲‧八旗建國》、《大清時報　二部曲‧開創盛世》、《大清時報　三部曲‧帝國哀歌》之後的最新創作，將大明王朝的歷史從國勢由盛轉衰的分水嶺，切為「日升」與「月落」上下兩卷，以完整呈現這兩百多年間帝國的光與影。本冊「日升之卷」，從西元一三五一年紅軍揭竿開始，將這個情勢急劇變化的時代，分為「明王出世　紅軍竄起」、「開國定制　功臣窮途」、「燕王靖難　六下西洋」、「三楊輔政　王振擅權」等四個部分，一直到一四四九年土木堡之變發生，大明皇帝被俘作為斷限。在這段由黎明曙光直至午日奪目的過程，我們將藉由一則則的新聞，見證朱元璋如何在群雄逐鹿的生死競賽中脫穎而出，看到一個新興王朝如何重新建構國家體制；目睹明太祖對工作的狂熱與執著，驚顫洪武帝對功臣的殘酷與無情；親臨建文削藩所引發的衝突現場，嗅聞燕王靖難所帶來的肅殺血腥。對大明帝國五征漠北、七下西洋，以及三楊輔政、仁宣盛世的榮景我們感到讚嘆；但也對朱氏王朝誅盡十族、瓜蔓連抄，以及王振擅權、土木兵敗的黑暗感到悲悽。

　　在相關新聞出現的版面，我們則是同時收錄了如「明教」、「奇皇后」、「鐵券」、「馬皇后」、「朱元璋與文字獄」、「鄭和」……等多篇的專題報導，來增加讀者閱讀的深度。內文中年代的記法，仍然維持「圖像編年史」系列的做法，同時標註了容易辨識的西元紀年及傳統的皇帝年號，但若有涉及月、日的部分，為了與古籍相符，都是採用傳統史書中陰曆的標註，以免讀者產生混淆，此點若有造成不便之處，還請讀者見諒。在各代皇帝名字後面的廟號，其

實是要等到人死了之後才會給的，只是為了方便讀者在熟悉的傳統印象與本書角色之間切換，才特別以括號註記。書中出現的職官名稱及地名，也都標註了等同現代常見的稱呼，以幫助讀者更易於了解其意義。為了方便查考及索引，本書的最後也依年代製作了「新聞標題索引」，可以快速且輕鬆的找到想要搜尋的歷史事件。

　　不久前，美國聯準會（Fed）前任主席柏南克（Ben Shalom Bernanke），在卸任後首度應邀到臺灣演講，儘管靠近前排的座位票價每張高達十萬臺幣，但現場卻依然座無虛席。很顯然的，諸如馬雲、柏南克等成功人士的演講有這麼多人趨之若鶩，無非是想要從他們口中，吸取更多的決策經驗、探知有利的發展趨勢，希望能將成功法則套用到自己身上。其實我一直覺得，深思歷史、從中借鏡，當這些千百年前發生的故事不只是故事，而是成為可以影響我們思考、改變我們命運的錦囊時，一本書的真正價值將遠遠的高於封底上所標示的金額。感謝遠流出版公司的前輩們，尤其是責任編輯、美編及企畫，在整個出版過程中給予的包容以及協助，也對已經退休的游奇惠主編，再次獻上我的無盡感謝與祝福。謝謝我的家人、朋友，在我寫作的過程中不斷的給我加油打氣，更謝謝一路陪著我的讀者們，以及首次翻閱拙著的新朋友，願意在這麼繁忙的生活中，撥出點時間來聽我說說故事。

目錄

序

大明皇族世系表

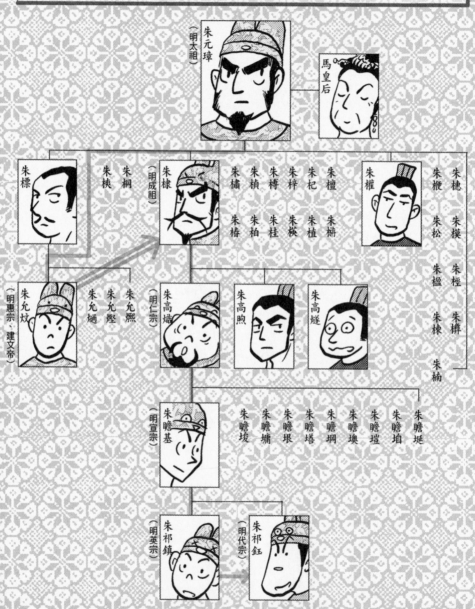

大明　重要登場人物

徐達　李善長　常遇春　劉基　胡惟庸　藍玉

湯和　李文忠　朱文正　馮國用　馮勝　鄧愈

廖永忠　康茂才　朱亮祖　花雲　紹榮　朱升

楊憲　汪廣洋　傅友德　宋濂　茹太素　葉伯巨

常茂　王國用　王朴　耿炳文　徐輝祖　李景隆

開濟　歐陽倫　陳瑛　王通　紀綱　劉榮

大明 重要登場人物

 姚廣孝
 鄭和
 楊士奇
 楊榮
 楊溥
 王振

 夏原吉
 張輔
 于謙
 方孝孺
 齊泰
 黃子澄

 李時勉
 顧佐
 解縉
 王驥
 周新
 鐵鉉

元系 重要登場人物

 （元惠宗・元順帝）妥懽貼睦爾
 奇皇后
 （元昭宗）愛猷識理達臘
 察罕帖木兒
 擴廓帖木兒
 也先

 （元益宗）脫古思帖木兒
 脫脫
 李羅帖木兒
 李思齊
 阿魯台
 陳友定

反元陣營重要登場人物

 韓林兒
〈小明王〉

 劉福通

 徐壽輝

 張士誠

 陳友諒

 方國珍

 郭子興

 孫德崖

 彭瑩玉

 明玉珍

 倪文俊

 趙普勝

 韓山童

 彭大

 趙均用

 明昇

 郭天爵

 芝麻李

其他　重要登場人物

 陳祖義

 簡定

 錫蘭王

 陳季擴

 黎利

 思任發

圖像編年史6

GREAT MING
NEWS

大明新聞

日升之卷

西元一三五一年～一四四九年

第 一 章

明王出世　紅軍竄起

（西元一三五一年～一三六七年）

大明新聞

GREAT MING NEWS

西元一三五一年

辛卯

元・至正十一年

天災不斷　政局不穩

災區民怨已達極限　大元帝國搖搖欲墜

由蒙古人建立的龐大帝國，在忽必烈（元世祖）駕崩、結束了長期而強力的統治之後，開始搖搖欲墜，他的後繼者們忙於爭奪皇位，不斷發生衝突及惡鬥。這些因為自身利益而集結成的小團體，一再藉著政變、暗殺等手段來鞏固政治權力，不僅許多官員被鬥倒，連皇帝也難逃被篡弒的命運，甚至在忽必烈之後七個皇帝的在位時間，竟然平均只有五年半而已。加上近年來黃河也開始改道，先是摧毀了山東部分地區的堤防，接著又重新沖刷出一條入海的新河道。而氣候的急劇變化，則是讓河南、安徽北部，以及江蘇等地先出現嚴重的乾旱問題，隨後驟降的豪雨又演變成洪水氾濫，連大運河也失去了原有的功能。評論家表示，天災人禍接連不斷，已經把災區人民的忍耐力逼到了極限。中央政府如果不能及時提出有效的解決方法，只怕百姓的怒火就將被點燃，而迅速延燒全國了。

政府瘋狂印鈔 百姓（苦）不堪言

一般說來，小至個人，大至國家，當在財務上遇到困難時的解決方法，無非就是盡可能的增加收入（開源）或者減少支出（節流）。但當今政府卻有著更天才的做法，那就是直接狂印鈔票，把財務困境轉嫁到百姓身上。但政府毫無節制瘋狂印鈔的結果，卻是引發了嚴重的通貨膨脹，一時之間物價已經飆漲了十倍之多。現在，就算有鈔票扔在地上，行人也懶得彎腰去撿，整個國家財政迅速惡化，經濟已經瀕臨崩潰邊緣。若要挑選年度代表字的話，應該就只有「苦」這個字可以反映人民的生活了。

怎麼滿地都是垃圾也不掃一掃？

那可全都是鈔票啊…只是沒有人想撿而已

過量發行的鈔票變得沒價值，就算掉在地上行人也懶得撿

【專題報導】元朝的族群階級

大元帝國自入主中原以後，鑑於蒙古人與漢人人數的比例極不平均，漢人的文化也比蒙古人優越，所以為了保護蒙古人的地位，便將全國人民分為蒙古、色目、漢人、南人四個階級，每一個階級也都享有不同的權利和義務。雖然這個階級制度並沒有經過正式的官方公告，但在朝廷頒布的許多政策及法令規定中，卻又是劃分得十分明確。其中最高等的當然就是蒙古貴族，他們把持了上從中央下到地方，所有的重要官職以及特殊權益；其次是來自歐洲、中亞、西域等地，被通稱為色目的外國人，也因其一向善於理財而得到重用，

故享有一定程度的權力；第三階層的漢人，也就是北方的漢人以及契丹、女真、高麗等族群的人，經常受到打壓，幾乎沒有可以參與政治的機會；而原本南宋境內的百姓，則被稱為南人，是最沒有權利，卻必須承擔最多不合理義務的可憐族群，甚至連結社、集會、集體拜神都被禁止。同時在司法上，也存在這種階級之分，漢人要是不小心打死了蒙古人，二話不說，非得償命不可。但如果反過來是蒙古人意外打死漢人的話，就只會被罰隨軍出征，並繳付死者基本的喪葬燒埋費用而已。

朝廷大力整治黃河

由於黃河氾濫日益嚴重，在中書右丞相（第一總理）脫脫的堅持之下，中央政府通過了整治黃河故道的重大工程案，並任命水利專家賈魯為工部尚書（國家工程部長）兼總治河防使。為了這項計畫，脫脫可說是賭上了他的政治生命，從淮河地區動員二萬名士兵，並徵調十五萬名平民，合力來進行築堤和挖泥的工程。在賈魯的指導下，黃河新河道已被固定在山東之北，大運河的疏浚也已完成。

強力動員十七萬人

不過，也有資深評論家指出，雖然脫脫的治河行動獲得令人振奮的成績，但潛在的危機卻也頗令人擔心。因為近年來山東、河南、華北一帶連年欠收，附近地區早已民不聊生，現在又要再額外負擔河道工程的勞務，人民幾乎都快被逼上絕路。加上管理階層還用各種藉口，不斷剋扣這些民工的工資及伙食，甚至動不動就鞭笞驅使，都使得這十七萬人的情緒接近沸騰，隨時有引發暴動的可能。

預言實現！天下將反？
民工意外挖出傳說獨眼石人 ——

被政府強徵來整治黃河的十七萬民工，因為官員時常藉著細故剋扣工錢，又動輒以鞭打或法辦恫嚇他們，心裡多有不滿之意。這一大股的怨氣，就在日前挖出一尊石人後整個爆發開來。由於之前在民夫之間，早就流傳著一句「石人一隻眼，挑動黃河天下反」的順口溜。而這次在河道上又真的挖出了背上刻著「莫道石人一隻眼，此物一出天下反」的獨眼石人，

真的像預言說的有獨眼石人呢…

背面有字…寫什麼？

Made in Taiwan…

背後刻有天下將反之語句的石人一出土之後，立刻引起一陣騷動

不僅當場引來成百成千民工圍觀，這消息也迅即傳遍了各處。據本報記者深入了解，自稱「明王出世」的地方宗教領袖韓山童，已經以宋徽宗第八世孫的身分，祭殺白馬黑牛，首先響應了石人之兆，與劉福通等人共同號召對政府已經極度不滿的民工，準備好好的大幹一場。

韓山童謀亂被捕處死　劉福通掀起紅軍狂潮

由於獨眼石人出土的消息傳播得很快，不僅各地民工、百姓已經陸續躁動，連官府也收到「明王」韓山童等人即將造反的警訊。在某些人的告密之下，地方官隨即調來武裝部隊進行圍剿，還在準備階段的韓山童因反應不及而被逮捕處死，其子韓林兒與母親乘亂逃出，目前下落不明。不過，反政府暴動的風潮似乎並沒有因為韓山童之死而受到影響，同夥的劉福通等人在衝出政府軍的包圍之後，已經又重整旗鼓，並成功的拿下了潁州城（安徽境內）。目前各地的反政府力量也陸續跟進集結，而且都頭綁紅巾、樹立紅旗，預估這些被稱為「紅軍」的總人數，已多達十幾萬。如果政府不能盡快的予以有效壓制，這股紅色狂潮將會襲捲全國，成為元朝開國以來最大的危機。

天完…
這是什麼意思啊？

我很有創意吧…

呵…難不成是
有一「天」會「完」蛋嗎？

徐壽輝為了表示要壓倒「大元」，特別取了個「天完」的國號

紅巾軍遍地開花
徐壽輝建國天完

在劉福通所率領的紅軍於北方崛起之後，各地胸懷大志的豪強也紛紛響應，頭綁紅巾跟著起事。這些統稱為紅軍或「紅巾軍」的民間暴動部隊，利用元政府一貫放任城牆傾圮也不願花精神修復的陋習，輕易就拿下了許多州縣的城池，並趁著政府軍來不及反應之時，迅速擴充實力，接連的讓官軍吃足了苦頭。其中，由徐壽輝率領的武裝民兵組織，更是擊敗了元朝威順王寬徹不花的正規部隊，並於日前在蘄州（湖北境內）正式建國，以「治平」為年號，擁護徐壽輝稱帝。有趣的是，徐壽輝將國號定為「天完」，就是在「大」的上頭加個「一」，「元」的上頭加個「宀」，表示強壓「大元」，也算是很有創意的了。

地主自組衛隊對抗紅軍
官軍調集重兵展開反擊

最近這幾十年來，原本大元帝國引以為豪的軍事力量，已經迅速的衰弱，再加上戰鬥力較強的蒙古軍團及禁衛部隊，都部署在比較靠近京師的北方地區，使得華中、華南一帶出現防線上的漏洞，讓紅軍可以在短時間之內竄起，並造成極大的震撼。這些紅軍雖然口喊「推翻蒙古暴政」，但實際上卻比蒙古兵還要殘暴，尤其是徐壽輝手下的部隊更是惡名昭彰。所以目前許多動亂區域的地方領袖們，為了保護自家的生命和財產，也都紛紛自組民兵部隊、加強防禦工事，以便能夠和那些跟強盜沒兩樣的紅軍相抗衡。另外，之前一直被壓著打的政府軍，最近似乎也開始硬了起來，在調集十幾萬的兵馬之後，已經對劉福通的北路紅軍展開反擊了。

徐州芝麻李　濠州郭子興
各軍閥陸續出頭　朱元璋投身濠州

　　自從去年（一三五一年）獨眼石人出土之後，各地紅軍的武裝暴動便如火如荼般的展開，並在各地都大有斬獲。其中除了勢力最為紅火的劉福通，以及最早稱帝的徐壽輝之外，還有一些部隊的發展動向也值得注意。首先是在徐州（江蘇境內）起事的芝麻李集團，其陣營中的彭大、趙均用等部將，在戰鬥初期讓政府軍吃足了苦頭，可說是各路紅軍中名號響噹噹的人物。其次是由濠州（安徽境內）當地的土豪郭子興與孫德崖等人所掌控的部隊，也是已經取得了第一階段的勝利，成為割據一城的霸主。不過，這支部隊在記者深入濠州城觀察之後，發現兩位領導人之間誰也不服誰，存在著非常嚴重

不是要採訪我嗎？為什麼你變主角…

郭子興麾下的朱元璋表現搶眼

的分裂問題，也可能使得日後的發展受到極大的限制。倒是在濠州的反抗軍中，有一名叫做朱元璋的小隊長表現得令人印象深刻，在極短的時間之內便因軍功而快速升遷，隨後更展現過人的領導才能，並深得郭子興的欣賞，還將養女馬氏許配給他。或許有可能在不久之後，他將會成為紅軍的一顆新星。

官軍輕敵遭逆轉　更換統帥再出發

　　在去年（一三五一年）底政府軍展開反擊，並成功奪回汝寧（河南境內）之後，又接連獲得幾次勝仗，把北路紅軍打得灰頭土臉。但北路紅軍領導人劉福通並沒有因此而被擊倒，反而利用官軍輕敵之際，派兵偷襲駐於汝寧沙河岸邊的政府軍。之後這個策略果然奏效，再度反轉了戰局，導致大元正規軍團嚴重挫敗，逼得政府只好立即更換統帥。據來自政府軍高層的消息指出，新的統帥蠻子，已經決定改變戰略，不再將大軍全數耗在北方戰場上，而是準備分兵對江蘇、河南、湖北等地的紅軍展開攻擊，來個一一擊破。

地方民兵自衛隊成為潛藏危機

除了依託在宗教上，以「明王出世」為號召的紅軍武裝叛亂行動之外，最近在各地引起騷亂的還有另外兩種形式的武力。其一是與宗教信仰毫無瓜葛的地方投機分子，他們看準了時勢紛亂，政府軍已無力控制全局的情況，藉著官軍圍剿紅軍的時機起兵作亂，試圖渾水摸魚。另一種則是地方鄉紳在政府的許可下，組織起來反抗紅軍的私人民兵部隊。軍事評論家表示，在這兩種地方武力之中，投機分子通常因為眼光短淺且欠缺組織能力，所以極容易撲滅。反倒是被政府稱為「義軍」的各地方民兵自衛隊，因為有著政府的保護傘，所以極可能發展到最後，變成軍閥割據，促使帝國四分五裂。

脫脫大破芝麻李
賈魯兵圍濠州城

今年入秋之後，丞相（總理）脫脫親率大軍，以優勢的兵力攻破了徐州（江蘇境內），當地紅軍的領導人芝麻李敗死，其部將彭大、趙均用則是在慌亂中率領殘存兵士投奔濠州（安徽境內）。之後，脫脫便命賈魯領兵進圍濠州，準備一舉將南方紅軍的勢力連根拔除。目前由郭子興、孫德崖所統領的濠州紅軍，雖然仍在據城堅守當中，但面對敵軍強大的壓力，隨時都有被攻陷的可能。而在這一段時間內，徐壽輝已經利用官軍主力被牽制住的機會，在湖北、江西、安徽、浙江等地，快速地擴張了自己的地盤。

元丞相脫脫親自領軍，大破徐州芝麻李的紅軍部隊

一十八鹽工熱血起事　張士誠高郵建國大周

小張，給我一斤鹽

大嬸！
我現在已經當王了…
要買鹽去找小李啦…

鹽販出身的張士誠憑著熱血創建了大周國

繼徐壽輝集團宣布成立「天完」帝國之後，在江蘇一帶，不久前又有個稱為「大周」的新興國家誕生。只不過這個國家管轄的範圍並不太大，目前就只有高郵城（江蘇境內）及其鄰近的地區而已。根據記者所得到的第一手資料顯示，這個集團的領導人張士誠，原本只是個在泰州（江蘇境內）以操舟販鹽為生的小鹽販子。因為在平時受盡了鄉紳富戶、衙門差役的欺負與凌辱，所以對時局早就心生不滿之意。在劉福通起事成功之後，他的雄心壯志也受到了鼓舞，於是便祕密的召集了十七位熱血滿腔的鹽工弟兄，

於荒野的廟中，在月光的見證之下歃血為盟。聚義之後，這十八人便抄起了扛鹽的扁擔，乘夜摸進平時就危害鄉里的一個巡鹽衙役家中，把這個惡棍給亂棒打死。接著又趁著熱血尚未降溫，直接闖入當地的富豪家中，撬開倉庫，把裡面的糧食和錢財全部搬出來分給了附近的窮苦民眾，最後再一把火把整座豪宅給燒個精光。這個令人振奮的消息傳開之後，附近飽受欺凌的鹽工以及衣食不繼的百姓們，全都跑來加入「十八條扁擔起義」的行列。然後公推張士誠為首領，挾著驚人的氣勢，一舉奪下了泰州的控制權。高郵知府（府級行政長官）李齊一見事態嚴重，立刻派人前往安撫。一開始，張士誠為了防止遭到官軍全力追剿，所以就先假意接受了招降，但不久後又抓準時機殺掉監視他們的官員，再次叛逃，並對附近地區發動了武裝攻擊，之後更集結成一萬多人的部隊。羽翼漸豐的張士誠，這時便連政府送來的「萬戶」（中級官員）委任狀也不看在眼裡了。他不但以官位太小而直接回絕，還設計殺害了知府李齊，並占據了高郵城作為根據地，自稱為「誠王」，建元「天祐」，開始積極的向外擴張。

賈魯病死濠州解圍　彭趙二人反客為主

彭大、趙均用進入濠州城後，意外被郭子興及孫德崖捧做領導階層，大有反客為主的味道

　　原本已經被圍困到快要撐不下去的濠州（安徽境內）紅軍，怎麼樣也沒想到政府軍會主動撤圍，讓他們得以逃過一劫。戰局會有如此大的變動，竟是因為敵軍主將賈魯於日前意外病死，使得圍城部隊在失去指揮官的狀況下，只好倉卒取消這一次的軍事行動。而之前在徐州（江蘇境內）慘遭官軍擊潰，前來投奔的彭大及趙均用，卻也因此意外的被奉為上賓。原來，在外患解除了之後，濠州領導人郭子興、孫德崖之間的關係又開始趨於緊張。為了互相牽制並增加自己陣營的聲勢，這兩個彼此敵視的將領，竟然不約而同的把在紅軍中已經小有名氣的彭大、趙均用給捧上來。一開始只是想要逃避官軍追擊，討個棲身之地的彭、趙二人，就這樣莫名其妙的進入了濠州的領導階層。更可笑的是，依目前的情勢看來，彭大與趙均用在城中的影響力與日俱增，鋒頭已經壓過了郭、孫二人，想必這時郭子興及孫德崖一定對自己當初引狼入室的愚蠢行為感到懊悔不已吧。

布袋和尚彭瑩玉壯烈戰死
天完皇帝徐壽輝伺機再起

在紅軍初起之時，一直處於挨打地位的官軍，在朝廷下令調集了數省的軍隊，針對各地叛軍展開圍剿之後，情勢逐漸出現反轉。曾經風光一時，號稱要壓倒「大元」的天完政權，日前遭到政府軍重兵剿殺。不但集團中的重要領導人，素有頭號猛將之稱的「彭和尚」彭瑩玉戰死，連國都蘄州（湖北境內）也被攻破，死守中央部會的四百餘名將士全部壯烈犧牲。而徐壽輝本人則是率領殘存部隊退到黃梅（湖北境內）附近，暫時擋住了政府軍的攻勢。目前正在重整旗鼓，流散各地的兵士也陸續回歸，似乎還不打算就此倒下，大有準備伺機再起的態勢。只不過，原本已經建國定都的天完軍，這下子又變成了在湖北鄉間流竄的部隊了。

私人招募武裝民兵
新式官軍表現不俗

軍事評論家表示，最近在多場戰役中表現不俗，屢屢擊敗各路紅軍的官方勁旅，其實大部分都不是政府編制下的正規軍，而是由地主或官員私自招募的民兵部隊。這些部隊的招募者及指揮官，雖然大多是久居中國內陸的蒙古人或色目人，但在第一線作戰的兵士，則主要是由應募而來的漢人傭兵所組成的。這些兵士們根本不在乎打的對象是誰，反正只要拿得到薪餉就行了。當然，如果能在戰場上陣殺敵人的話那就更好不過了，因為還可以再多領取額外的獎金。至於這些民兵部隊的指揮官，如果打了勝仗便可以接受大元政府的封賞，萬一打敗仗的時候，也不必像正職軍官一樣受到朝廷的處罰。所以這種新型態的政府軍打起仗來，就比編制中的官軍要靈活的多，也來得有效率了。

濠州城自封二王
朱元璋另謀發展

在濠州（安徽境內）意外受到郭、孫陣營擁護的彭大及趙均用，不但逐漸取得城中紅軍的領導權，還狂妄的對外自稱為「魯淮王」及「永義王」。由於兩人的領導風格十分霸道，完全不把郭子興、孫德崖以及他們的部將放在眼裡，所以在集團內部又再一次爆發了危機。雖然郭子興選擇忍氣吞聲，但他的愛將朱元璋可不這麼想。朱元璋在這段期間的觀察之後，領悟到自己如果繼續待在這樣的環境之下，將來一定不可能會有什麼作為。於是他為了脫身，便主動歸還了原來所率領的部隊，然後只帶著二十四名生死夥伴，以外出募兵為名，離開了濠州城去另謀發展。

就我們二十四個能拿下幾千人嗎？

花雲

徐達

放心，吃定他們了

大哥怎麼說，我就怎麼做

朱

湯和

朱元璋率領二十四位弟兄重新出發，在幾次行動之後，便已掌控了數萬兵馬

朱元璋智取驢牌寨　李善長軍門任幕僚

　　不久前帶著兒時好友徐達、湯和等二十四名心腹，離開了濠州城（安徽境內）準備重起爐灶的朱元璋，在招募到第一批為數幾百人的士兵之後，便展現出自己的軍事長才，很快的就拿下定遠（安徽境內）並在此地落了腳。接著，又以提供糧草為餌，誘出鄰近的驢牌寨寨主，然後設計將其擒捕，成功的把寨中的三千名兵士納到了自己的手中。有了這支兵力之後，他便又把目標瞄準駐於橫澗山、屬於元軍系統的一支民兵部隊。不過由於敵軍有數萬兵馬，自然不是正面對決能夠取勝，所以這次朱元璋便派出手下猛將花雲，以夜襲的方式，順利的擊破了敵軍大營，還生擒了敵軍主帥繆大亨。在一番游說之後，繆大亨答應帶著所有兵士歸降，而朱元璋則是從降卒之中，挑選了二萬名精兵編入自己的部隊。經此一役，朱元璋的聲勢大漲，成為紅軍群雄中不可忽視的重要角色。至於朱元璋原先一直擔心身邊只有勇將缺乏謀士的問題，也在此時得到了解決。有一個叫做李善長的定遠文士，主動來他的軍帳前求見，兩人在促膝長談之後，對於未來的發展方向有高度的共識。於是朱元璋便將此人留在身邊，出任書記幕僚。

招撫落空
張士誠大擺元廷一道

元政府發覺張士誠集團的勢力有日益壯大之勢，便從揚州（江蘇境內）調來重兵加以征討，但是由於現在的官軍戰鬥力已大不如前，所以這次的行動並未能收到預期的效果。於是朝廷只好改剿為撫，派使者開出優渥的條件，打算以高官顯爵來收買他。而張士誠則是熱情的招待了使臣，不但讓他們覺得賓至如歸，還表現出認真考慮且極有可能接受招撫的樣子。但就在使臣覺得一切都將搞定，快要可以回去覆命領賞的時候，張士誠卻很殘酷的把他們給殺了。其實，張士誠倒也不是第一次這樣搖擺不定，他擺出的態度總是模稜兩可，讓朝廷完全摸不著頭緒。眼看情勢不利於己，就說有投誠之心，當情勢轉成對自己有利時，便又毫不猶豫的把朝廷一腳

吃得好飽啊，謝謝招待啦…接下來還有什麼餘興節目呢？

接下來是主廚桌邊服務，現宰的喔

張士誠拒絕了元廷的招撫，還把使者給耍了一頓

踢開。或許，哪一天張士誠又忽然說要接受政府的招撫，也不是不可能的事。

郭岳丈改投滁州　朱女婿奉上軍權

朱元璋在得到兩萬名精銳部隊之後，便開始施以嚴格的訓練，然後在今年七月的時候，以花雲為先鋒，一舉奪下了滁州（安徽境內）。從脫離濠州（安徽境內）開始便四處漂泊的朱元璋，到這個時候才總算是有了自己的根據地，不再需要寄人籬下。但是還留在濠州的郭子興就沒有這麼好過了，由於趙均用等人一直想要謀害他，要不是之前朱

元璋曾經冒險相救，後來又以軍事實力作為後盾恫嚇趙均用等人，只怕郭子興早已死在濠州城中了。現在，愛將朱元璋建立了地盤，於是郭子興便率領著麾下的一萬兵馬，前往滁州與他會合。雖然滁州是朱元璋獨力拿下的，但由於郭子興是提拔他的大恩人兼岳丈，所以朱元璋便立即把一切軍權都交給郭子興，自己仍舊只是聽命行事。

脫脫重兵圍困　高郵城破在即

不知道是張士誠殺害使臣的舉動真的激怒了朝廷，還是政府早就想拿他來開刀，由中書右丞相（第一總理）脫脫所親自率領的大軍，已在不久前對張士誠的根據地高郵（江蘇境內）發動了全面性的圍攻。脫脫先是在城下多次擊敗張士誠的部隊，又派出分遣隊掃蕩鄰近地區以斬斷其羽翼，迫使張士誠只能坐困愁城而無計可施。依目前的情勢看來，對政府軍最有利的作戰方式，就是把張士誠的兵馬圍在城中活活餓死，而當今朝廷中被評為最有能力的脫脫，也確實就這樣做了。軍事評論家表示，以各項客觀條件來看，張士誠絕對撐不了多久，到時如果不是開城獻降，就是與敵人力戰到底，然後全軍覆沒。也正由於脫脫親自出馬之後，官軍軍威大盛，而且許多地主自組的武裝民兵也相繼加入政府軍的行列，使得各地的反抗勢力可說是陷入了前所未有的低潮。

先兵後禮
朱元璋施展兩面手腕

由於政府軍強攻在六合（江蘇境內）的濠州系統紅軍，使得已經快撐不下去的趙均用等人，緊急向在滁州（安徽境內）的朱元璋請求支援。但郭子興因為之前曾被趙均用、孫德崖綁架並毒打，還差點送了性命，所以當然不同意發兵去救援這些他早已恨之入骨的仇人。不過，軍事嗅覺一向敏銳的朱元璋，對此卻有不同的看法。他認為六合與滁州兩地可說是脣齒相依，如果現在因為個人恩怨而不去救援的話，那麼等到六合淪陷，下一個倒楣的可就是自己了。他在努力的說服了郭子興之後，便親

只是個誤會，別在意喔…

你別過來了…

自率領精銳兵士前往營救。一向能征善戰的朱元璋，果然一出手就不同凡響，不但順利的擊退了官軍，還擄獲了不少敵軍的兵馬。但令人感到意外的是，事後朱元璋竟然將這些俘兵全都放了回去，並派人帶著許多牛羊美酒到官軍大營去犒勞，表示自己其實無意對抗元軍，出兵僅是自保而已。資深分析師表示，朱元璋這樣的行動，意在降低官軍對他的敵意，以減輕自己的壓力。而政府軍方面確實也因此研判朱元璋有接受招撫的可能，雖然沒有明確表示將不再針對他討伐，但也釋出善意的回應，下令撤走了。

政治惡鬥　脫脫下台　張士誠不戰而勝

就在中書右丞相（第一總理）脫脫兵圍張士誠，高郵（江蘇境內）瀕臨城破的關鍵時刻，竟然發生了令人意想不到的重大轉折。那些脫脫在朝廷中的政敵們，抓住他只圍困高郵而沒有採取強攻的理由，對他以延誤軍機的罪名進行誣陷彈劾，使得朝廷下令將其罷黜。據聞，當脫脫收到被免除所有職務的詔令時，部屬們曾經力

什麼！
我贏了？

勸他乾脆脫離朝廷的控制，坐擁百萬雄兵，自立為王。但脫脫在深思之後，還是不願意背上叛國的罵名，選擇了含淚服從皇帝的命令。只是這項消息一傳開，原本勝利在即的百萬大軍竟頓時潰散。反倒讓已經窮途末路的張士誠，撿了便宜，意外的不戰而勝。看來政府高層因為內鬥，導致脫脫黯然下台，讓原本極有可能在剿滅張士誠後，再掃平各路紅軍的機會消逝了。

義軍當紅　察罕帖木兒旋風將起

正當各地紅軍與元軍進行激烈對抗的同時，還有著另一股不容忽視的力量，那就是各地的鄉紳豪強為了保障自身的權益，而自行組織訓練的民兵部隊。原本就受到蒙古貴族及色目人拉攏而享有部分特權的北方地主，此時也紛紛打出了「保元」的旗號，以雄厚的武裝實力，企圖在協助政府消滅紅軍之後，乘機擴大自己的勢力或是取得更多的政治利益和特權。目前，這些被政府稱為「義軍」的民兵部隊，在北方實力最強的有察罕帖木

兒及李思齊的地主自衛隊，以及元將答失八都魯所招募的民兵團；在南方戰線上，福建的陳友定與廣東的何真，也都對紅軍形成了不可小覷的壓制力量。軍事專家指出，在元朝正規軍與紅軍作戰節節失利的同時，「義軍」很可能成為在接下來的戰局中，與紅軍相抗衡的主力。但是，這些所謂的「義軍」，其實一方面以武力打擊紅軍，另一方面又想乘亂壯大自己，所以未來也有可能會為了爭奪地盤而彼此交戰不休。

大明新聞

GREAT MING NEWS

西元一三五五年

乙未

元・至正十五年　韓宋・龍鳳元年

朱元璋再奪和州　確立軍中領導地位

在郭子興帶著兵馬也來到滁陽（安徽境內）之後，由於吃飯的人口一下子變多了，所以城中的糧草便也開始漸感不足。於是朱元璋為了解決糧草問題，便在郭子興的授權下，於日前率兵攻克了和州（安徽境內）。但是，一同參與此次行動的部將中，有許多人都是長年跟隨郭子興的。他們在朱元璋還是個小兵時，就已經當上了將軍，因此壓根兒看不起朱元璋。而朱元璋手裡拿了郭子興給他的全權委任令也不聲張，甚至有將領在開會時毫不客氣，一屁股坐在比較尊貴的右側座位，他也都不表示什麼意見。然後在與會的大夥兒都不知道接下來要如何調度處理時，朱元璋才露一手，井然有序的發落了大小事務。在座的眾將領大感驚詫，也才開始對他刮目相看。朱元璋在會中提議加緊修築城牆，由他自己負責一半的工程，其他所有的將領負責另外一半，並約定在期限內完成任務。當期限到了之後，

果然只有朱元璋負責的部分完成，其餘的全都做得零零落落的。這時，朱全璋才拿出委任狀且坐上大位，表示未能依規定完成進度，依軍法是要砍頭的，嚇得諸將面色慘白。雖然朱元璋最後還是饒過他們，不過也確立了他在軍中的領導地位，不會再有人敢不聽命於他。於是朱元璋下令諸將必須嚴格約束士兵，並將擄來的婦女全數送回家，迅即穩定了和州城中的民心。

在奪得和州之前，同陣營中的將領並不把朱元璋放在眼裡

劉福通擁立韓林兒建立了龍鳳政權

大宋國建元龍鳳 小明王紅軍共主

原本已經全面受到壓制的紅軍勢力，在脫脫下台導致元軍瓦解，高郵（江蘇境內）之戰形勢逆轉後，便又重新活躍起來。北方紅軍的主力劉福通，不但突破了政府軍的圍剿，從被動挨打轉為主動出擊，而且找到韓山童之子韓林兒，並將他迎至亳州（安徽境內），以宋徽宗九世孫的身分登基為帝。在劉福通的扶植下，韓林兒以「小明王」的稱號建立了「大宋國」，定「龍鳳」為年號，開始整合各路紅軍的力量。評論家表示，在民間有著廣大信眾的「明教」，就是以黑暗即將過去，光明就要來到作為號召，吸引了英雄好漢們頭綁紅巾投入反政府戰鬥之中。而劉福通之所以擁立一個「小明王」，為的就是要迎合「明王出世」的預言，把靈魂人物控制在自己手中，當作號令各路紅軍的王牌。

書生建功　李善長智退元兵

朱元璋在接獲十萬元軍已經控制雞籠山（安徽境內），並斷絕他糧道的消息之後，便毅然決定主動出擊，親自率兵突襲敵軍根據地。而元軍方面也早就料到朱元璋會出兵襲取雞籠山，他們抓準時機，反過來對和州（安徽境內）發動奇襲，企圖在拿下兵力已空的和州城後，再回頭夾擊朱元璋。雖然朱元璋也有想到元軍可能會來這麼一招，但礙於手上兵力不足，只能留下一小撥人馬在城內，要文書幕僚李善長務必堅守待援，等到他奪下雞籠山便會回師相救。當元軍抵達和州之後，便按原計畫開始攻城，不過就在打得火熱的時候，卻不知道從何處冒出一隊伏兵。原來李善長料定元軍必會來襲，所以早已做了安排，只用小部分兵力守城，其餘的留守部隊則全都先行埋伏在城外的險要之處。結果，元軍在完全沒有心理準備的狀況下慘遭敗績，還被俘虜了數千人。而朱元璋在成功擊垮雞籠山的敵軍，回到和州之後，也對李善長這個書生在軍事戰略上的表現大為讚賞。

【專題報導】明教

　　「明教」是發源於古波斯王朝的一個宗教，創始人摩尼（Mānī）受到基督教和祆教的影響，宣稱自己是繼佛祖、耶穌之後的最後一位先知，而在西元第三世紀中葉建立了「摩尼教」，後來盛行於中亞，到唐朝的時候傳入中國。但在唐代宗大曆三年（七六八年）下令「滅佛」之時，雖然主要針對佛教，但摩尼教卻也同時受到了重大打擊，因而轉型為祕密宗教，並進而吸收了中國的道教和民間信仰，融合成為新的「明教」。在明教的教義之中，認為在創世之初就存在著由「大明尊」所統治的「光明王國」，以及由「黑暗魔王」所統治的「黑暗王國」。主宰著南方的黑暗魔王，在與光明王國不斷鬥爭的同時，還在祂那充滿硝煙、烈火和颶風的國度中，讓惡魔生下了人類的祖先。而慈悲為懷的大明尊為了讓人類得以脫離苦難，便派光明使者前來拯救人類的靈魂。而在最終回的正邪大戰中，大明尊將以「明王」的姿態出世，並贏得最後的勝利，將人類帶回光明王國之中。一直以來，因為明教相信黑暗即將過去，光明就要來到，給了生活陷入絕境的廣大百姓一線希望。所以當「明王出世」的口號一喊起，馬上就能得到群眾的支持。這也是當初韓山童要自稱「明王」，而現在劉福通又要把韓山童之子韓林兒給抬出來，冠上個「小明王」稱號的原因了。

紅軍內鬨　郭孫火併
朱元璋被挾安然脫險

　　郭子興的死對頭孫德崖，因為糧草逐漸匱乏，不得不帶著濠州（安徽境內）部隊前往和州（安徽境內），請求朱元璋提供糧食接濟。為人一向海派的朱元璋總認為多一個盟友等於少一個敵人，也就慷慨的迎接孫軍進城就食。但之前曾被暗算過的郭子興可不這麼想，當他知道這件事時，便氣沖沖的率領他的滁州（安徽境內）部隊趕來，非得要把帳算清楚不可。孫德崖聞訊之後，知道以自己現在的力量拚不過郭子興，只好摸摸鼻子打算帶部隊離開和州。朱元璋為了避免雙方衝突，也好意的替他護送一部分濠州兵士先行。沒想到朱元璋前腳才走，郭子興的部隊隨即趕到，並在後方與孫軍火併起來，還生擒了孫德崖。結果當這個消息傳到前方時，濠州部隊的將領便也立即挾持了朱元璋當作人質。後來，經過徐達冒險前往交涉，雙方同意交換人質，朱元璋才得以安然回歸。

嘻！怎樣…
我的官還是比你大喔…

郭子興死後，龍鳳政權授與其子郭天敍元帥之職

郭子興鬱悶辭世
次子郭天敍任元帥
女婿朱元璋掌實權

　　郭子興在不情願的放走孫德崖之後，積鬱成疾，不久就病逝於滁州（安徽境內）。郭子興死後，雖然其次子郭天敍認為自己應該繼承父親的軍權（長子郭大舍已戰死），但因為大部分的將領早已認定朱元璋才是他們的新領導人，所以朱元璋便順利接管了郭子興的所有部隊，實力可說是又更上一層樓。但遠在亳州（安徽境內）的龍鳳政權，卻沒有弄清楚情勢的變化，便以小明王韓林兒的名義，發出了委任狀，任命郭天敍為該軍團的都元帥（總司令）、郭子興的妻弟張天祐為右副都元帥（第一副司令），而朱元璋僅為左副都元帥（第二副司令）。對於這樣的安排，實質上已經是和州（安徽境內）紅軍總指揮的朱元璋，當然心中十分不滿，但在本身實力不足的考量下，還是決定暫時忍住，繼續沿用小明王的龍鳳年號，在表面上當個乖乖牌。

還沒好嗎？城快攻破了喔

寫這很累人吧，這麼多份，又沒有影印機…

朱元璋在攻下太平之前，早已叫李善長寫好了約束軍士的公告，並在城破之時立即四處張貼

水師來歸　朱軍團跨過長江
太平城破　禁擄掠出榜安民

　　當朱元璋的部隊奪下和州（安徽境內），並在此駐守了幾個月之後，城中的食物供應也漸漸開始吃緊，使得尋求新的糧草來源又成了最急迫的事。而緊靠長江南岸的地區向來盛產稻米，所以自然成為了朱元璋下手目標的首選。和州雖然與太平（安徽境內）僅一江之隔，但這對沒有水軍編制的和州紅軍來說，卻是一道難以跨越的障礙。不過，就在朱元璋為了這個問題傷透腦筋時，擁有兵馬一萬、船艦千餘艘的俞通海、廖永安等另一支派的紅軍猛將，竟然主動前來歸順。於是兩軍合併，以水路強攻采石（安徽境內），最後在常遇春的英勇作戰下才終於攻克。原本士兵們打算把從采石搶來的糧食及戰利品運回和州慢慢享用，但朱元璋卻有著更遠大的計畫與夢想，那就是擺脫龍鳳政權的控制，渡江尋找更有利的據點，然後爭雄於天下。於是便下令全軍一鼓作氣，以無可匹敵的氣勢奪取了太平。而早在城破之前，朱元璋已事先叫李善長起草了一份約束軍士、嚴禁擄掠的文書，等到一進入城中，就將文書四處張貼通告，並當場斬首了一名違反軍令去擾民的士兵。從此再也沒有人敢侵擾民宅，不但迅速獲得城中百姓的擁戴，連當地的名士也都率眾迎接。在成功的安撫人心之後，朱元璋便設置了太平興國翼元帥府，自任元帥，並任命李善長為元帥府都事（幕僚長），開始著手穩固這個新的根據地。

郭張攻集慶被襲身死　朱帥遭懷疑借刀殺人

　　朱元璋雖然奪下了太平（安徽境內），但在此周圍卻滿是元軍。元將曼濟哈雅立刻再用大船及重兵封鎖采石（安徽境內），截斷朱軍的糧道。屬於元軍系統的民兵元帥陳也先，也不甘示弱，率領數萬水陸大軍兵臨城下，企圖一舉奪回此要衝之地。於是朱元璋正面派出徐達、湯和、鄧愈率兵迎戰，再派出一支奇兵從後面夾擊，將陳也先給當場活捉。事後陳也先表示願意投降，並寫信招來他的部隊，可是一聽說朱元璋要攻打集慶（南京，江蘇境內）時，便又覺得朱元璋

一定會失敗，而開始萌生反悔之意。朱元璋倒也乾脆，他固然愛才，但還是尊重陳也先的選擇，決定放他回去。陳也先脫離太平之後，果然又重新招聚他的部眾，再次回到元軍陣營，而且在朱元璋的部隊攻打集慶時，襲殺了郭天敘及張天祐。不過，稍後陳也先於追擊途中被擊殺身亡，餘部現在則改由其姪陳兆先接收。而關於郭、張之死，網路上也開始流傳著所謂的陰謀論，說朱元璋其實早就料到攻城時郭天敘及張天祐會遭到暗算，所以既不事先預防，也不提出警告，就是想要借刀殺人，把這兩個官銜壓在自己頭上的傢伙除掉。雖然我們無從查證朱元璋的心裡到底是怎麼想的，但郭、張二人被殺後，其部隊盡歸朱元璋所有，而集團中也不再鬧分裂卻是個事實。

死了喔…那實在是太悲慘了，我一定會替你們報仇的…嘻

郭天敘與張天祐之死，讓朱元璋
名正言順地坐穩了集團內的第一把交椅

劉福通兵敗太康　小明王暫避安豐

　　在北方戰線，之前劉福通曾於許州、中牟（皆河南境內）等地先後擊敗元軍，一時聲勢大振。但到了年底，元軍在重新整頓之後，反過來在太康（河南境內）大敗劉福通，並進而包圍其根據地亳州（安徽境內）。由於情勢十分危急，目前劉福通已帶著小明王韓林兒出走，一起逃往安豐（安徽境內）避難。

元‧至正十六年　韓宋‧龍鳳二年

天完移駕漢陽　大周遷都蘇州
徐壽輝遭架空　張士誠陷奢靡

　　自從根據地蘄州（湖北境內）被元軍攻破之後，天完皇帝徐壽輝的聲勢便低迷不振。雖然其部將倪文俊去年（一三五五年）在武漢一帶橫掃元軍，使整個集團的氣勢又重新振作了起來，並在日前遷都漢陽（湖北境內），改元「太平」。但實質上的統治權卻早就移轉到新科丞相（總理）倪文俊手上，而徐壽輝已淪為一個虛有名號的空殼皇帝。另外，之前意外獲勝的張士誠，認為天命一定在他身上，所以老天爺才會如此安排。又聽說江南錢多糧廣，所以便派他的弟弟張士德率部隊渡過長江，先後拿下常熟與蘇州（皆江蘇境內），再把他的王宮遷到蘇州。在定都之

皇上沒意見吧

天完集團的實權已落入倪文俊手中

後，張士誠大量進用了江南的知識分子以籠絡民心。不過，據聞張士誠竟已開始沉迷於江南的富庶繁華，而對於未來毫無願景及規畫，就連大周王國的各級官員也都忙著挑選當地的豪宅大廈，為自己安家落戶。看來，豪奢生活腐化人心的速度，實在是快得驚人。

朱軍再獲捷報　準備攻取集慶

　　已經決定要進攻集慶（南京，江蘇境內）的朱元璋，為了避免在行動時腹背受敵或糧道被敵軍截斷，所以便打算先解決駐軍在采石（安徽境內）的元將蠻濟哈雅。朱元璋在親自率領大軍來到采石與元軍正面對決的同時，又另外派出大將常遇春帶著一支奇兵去擾亂敵人，並乘機燒毀了元軍大批的水師船隻。受到奇襲的元軍接著又遭到正面衝擊而慘遭擊潰，統帥蠻濟哈雅也只能孤身出逃。

之後，朱元璋又指揮諸將攻擊江寧（江蘇境內），順利擊破陳兆先的大營，收降了其轄下的三萬六千名軍士。評論家認為這樣的結果，使得朱元璋的實力大幅躍進，大大降低了要接著拿下集慶的難度。不過，聽說這批投降的人都疑慮重重，甚至傳聞說朱元璋會對他們痛下殺手。目前這些降兵的心理狀態可說是極度不穩定，若處理不慎的話，將會釀成重大危機。

降兵當作親衛隊 元璋大膽穩軍心

這樣是要怎麼睡啦…

朱元璋為了穩定軍心,特別讓剛投降的士兵們擔任親衛隊,並讓他們睡在自己的臥榻旁邊

朱元璋在收編了陳兆先大營的數萬兵馬之後,為了消除這些降兵內心的疑懼,便從中挑選五百人作為自己的親衛隊,讓他們來擔任主帥營帳的警戒任務。入夜時,朱元璋撤去自己原本的所有護衛人員,只留下馮國用一人當作貼身侍衛。然後叫這批新的親衛隊都進到他的營帳之中,輪值警戒,甚至環繞著他的臥榻躺下休息。而他本人則是脫去了盔甲,一夜酣睡到天明,完全信任對方。第二天,這個消息傳開之後,降兵們原先惴惴不安的心情便隨之煙消雲散,成功的解決了這次的危機。

劉福通再起重挫元軍

劉福通上次作戰失利,只好帶著小明王韓林兒退避安豐(安徽境內)。之後,他很快的又集結部隊,重新出發,在日前於亳州(安徽境內)重挫元軍猛將答失八都魯。而據最新得到的消息顯示,在重振聲威之後,劉福通已經準備要開始延伸其勢力,有可能採取從陝西、山西,以及由海路進入山東的方式,三面包夾大都(北京),最終達到推翻蒙古人統治的夢想。

方國珍受撫稱霸近海

數年來在浙江沿海擁有不可小覷的海上實力,甚至據說各類船艦數目已達上千艘的方國珍,雖然之前屢屢擊敗官軍水師,稱霸於近海航道,但也在今年三月接受了元政府的招撫,被授與海道運糧漕運萬戶,兼防禦海道運糧萬戶之職(皆高級軍官)。方國珍一方面答應協助政府,將糧食經由海路運抵大都(北京),另一方面則是繼續的蠶食浙江一帶的領土,成為浙東霸主。

和州紅軍再克集慶　改名應天定為根基

朱元璋趁元軍長江下游防務空虛之際，以馮國用為先鋒，對集慶（南京，江蘇境內）展開猛烈的攻擊。大元鎮守集慶的御史大夫（監察總長）福壽，雖然親自督軍力抗，但最後仍不敵紅軍的凌厲攻勢，而在城破之時壯烈犧牲。水軍元帥康茂才原本想要逃到鎮江（江蘇境內），卻被朱元璋的部隊追上，於是便率全軍投降。經此一戰，朱元璋又得到了五十萬人的兵士及民眾，實力更上一層。為了好好的經營此地，作為將來對外發展的根據地，朱元璋在一入城之後，便馬上命李善長四處張貼布告，表示城中一切活動、交易及作息都照常，以安定民心；安葬守城犧牲的元朝御史大夫福壽，以表彰其忠誠。隨後將集慶改名為應天府，對內設置天興建康翼統軍大元帥府，委任廖永安為統軍元帥，對外則任命徐達為大將軍，把沿長江東下攻打鎮江的重任託付給他。徐達果然不負所望，在短短的兩天之內便奪下了鎮江。而徐達入城之後，也確實遵循朱元璋的叮嚀，要求部隊嚴守軍紀，使城中的秩序馬上就恢復了正常。湯和也受命進兵廣德（安徽境內），並在奪城之後更名為廣興。然後，朱元璋分令徐達、湯和出任鎮江、廣興二府之統軍元帥。

朱元璋升等吳國公　郭天爵內心生不滿

已經把根據地定在應天（南京，江蘇境內）的朱元璋，在入秋之後接受諸將的尊奉，自封為「吳國公」，而由劉福通主導的大宋龍鳳政權，也立刻以「小明王」韓林兒的名義派人送來了詔書，委任朱元璋為平章政事（省長）、右丞相（第一總理），兼領左副元帥的職務。不過，評論家指出，朱元璋目前所在的應天，不但南北皆有元政府的重兵屯駐，還有徐壽輝的天完國、張士誠的大周王國分據西東兩邊，乃是個四戰之地。而且在應天的內部也還存在著一些不穩定的因子，因為據說郭子興的幼子郭天爵，一直以來都認為自己才是集團的合法繼承人，而現在朱元璋被任命為平章政事，他卻屈居人下，只是中書右丞（副省長）而已，所以心中對此極為不滿，似乎有著奪回權力的打算。若真是如此的話，那麼朱元璋在對外爭雄於天下的同時，也要提防隨時有人會來個窩裡反了。

怎麼覺得背後涼涼的…

徐達奮力奪常州
吳公坐鎮破寧國

自去年（一三五六年）夏天便率領近十萬大軍攻打常州（江蘇境內）的徐達，費了九牛二虎之力，好不容易在日前從張士誠集團手中將此城拿下來。但是這位朱元璋手下第一大將，接著在轉攻寧國（安徽境內）的時候，卻又再度卡關，怎麼樣就是破不了城。最後還是得勞煩朱元璋親自出馬，到前線坐陣指揮，終於才擊敗了元軍系統的武裝民兵統帥朱亮祖，並俘獲了十餘萬的軍士及二千餘匹的戰馬。雖然朱亮祖之前也曾戰敗被俘，甚至還演出降而復叛的劇碼，但朱元璋因為懷著惜才之心，所以仍舊將他鬆綁，讓他有機會可以戴罪立功。

劉福通分兵三路北伐

已經重振氣勢的劉福通，為了能夠擴大戰果，早日推翻蒙古人統治的帝國，果然如本報之前所預測，將旗下的紅軍分為三路，各向關中（陝西境內）、山東，以及汴梁（河南境內）發動了北伐攻勢。據可靠情報顯示，此次的行動中，主力是由毛貴所率領的東路軍，其目標為直取大都（北京），而其他兩路則負有牽制元軍的重任。對此，軍事評論家表示，依劉福通目前的實力看來，想要直搗元廷雖然不是說不可能，但還是稍嫌早了一點。因為兵分則力單，容易被各個擊破，要是有哪一路軍隊受到重挫的話，不但影響整個北伐計畫，恐怕也會大大的動搖了大宋國才剛剛奠立的根基。

你之前就有過不太好的紀錄喔

這次不會了啦…

朱亮祖雖然有過降而復叛的紀錄，但朱元璋仍再次給他機會

每況愈下　張士誠向元請降

之前還意氣風發的張士誠最近可說是衰事連連，不但常州（江蘇境內）被朱元璋奪走，杭州（浙江境內）被元軍收復回去，連一向稱霸東南沿海的方國珍，也乘機在陸上侵吞其地盤，不斷的進擾太倉、昆山（皆江蘇境內）等地。而對張士誠打擊最大的是，在自己集團中最有抱負也最有能力的親弟弟張士德，不久前竟因戰敗被俘而押送應天（南京，江蘇境內）。原本朱元璋要他寫信勸哥哥張士誠投降或合作，但張士德不但在獄中絕食，寧死不屈，甚至還祕密的託人帶了一封信給兄長，要張士誠寧可降元也不要歸順朱元璋。於是情況日益窘困，已然四面楚歌的張士誠，便正式向元政府請降，並被任命為太尉（軍團司令）。不過，就記者所知，張士誠一開始還希望可以保持他「誠王」的王號，是在幾經商議之後，才勉強接受太尉一職。而實際上，除了改用元政府的旗號之外，所占城池、軍隊、糧餉，以及一切政府組織，都仍和從前一樣保留，並由他自己全權管理。張士誠只要在表面上扮演大元帝國的忠臣，唯一要盡的義務，就是每年必須由海路向大都（北京）提供一百萬石的糧米。一般認為，雖然協議是這樣簽訂的，但朝廷想要從張士誠手中拿到這個數目的糧食，只怕是不太可能達成。專家估計，若是張士誠肯每年吐出大米二十萬石來，在大都的蒙古人就應該要偷笑了。

鄧愈大唱空城計　內外夾攻敗苗兵

朱元璋手下猛將胡大海在不久前奪下徽州（安徽境內），隨後又帶領著大部分的兵力前去攻打婺源（江西境內）。但胡大海前腳剛離開，元軍系統的苗兵統帥楊鄂勒哲便已率十萬大軍兵臨城下，打算把徽州搶回去。這時留守城中的鄧愈，發現他的兵力並不足以與元軍對抗，而且城中的防禦工事也尚未完備，要是真打起來的話，可能

撐不了多久便會被攻破。於是鄧愈索性孤注一擲，學諸葛孔明來個空城計。結果這一招千年的老計謀還真是有用，苗兵看到城門大開，反而心生疑懼，不敢輕進。而就在這一猶豫之間，收到緊急消息的胡大海，已經從婺源領兵趕回，並與鄧愈的部隊內外夾擊，大敗這支沒看過「空城計」故事的苗族軍隊。

倪文俊弒主失敗
陳友諒成功奪權

老闆，一路好走啊！

陳友諒在殺死倪文俊之後，成為天完集團的實際掌權者

天完集團中已經掌控了實權的丞相（總理）倪文俊，終於還是掩藏不住他篡位的野心，打算下手除掉徐壽輝，自立為帝。但或許他真的沒有當皇帝的命，不但刺殺行動失敗，狼狽的從漢陽逃到黃州（皆湖北境內），還落得被自己的部下陳友諒殺死的下場，連命都沒了。而陳友諒在殺了頂頭上司之後，也全數併吞了倪文俊的部隊，並且成為天完政權的實際領導人。

郭天爵謀刺失敗被捕處死

郭子興的幼子郭天爵，自從二哥郭天敘死掉之後，便認為自己才是集團真正的繼承人。所以對於朱元璋接管了老爸所有的部隊這件事，始終極度不滿，甚至不惜內部分裂也要把朱元璋給拉下來。日前，他便暗中策畫了一起暗殺行動，想要在除掉朱元璋之後奪回集團的領導權。不過在他還沒採取行動之前，便因事機外洩，而被朱元璋逮捕處死了。

明玉珍闢土四川

天完政權的大將明玉珍，為了解決糧食供應的問題，便將部隊帶入四川籌糧。當他得知重慶（四川境內）城中的元軍守將之間正在鬧不和的消息之後，立即把握這個大好機會率軍沿江而上，輕易的奪取了重慶。目前明玉珍已將此處作為根據地，積極準備向外擴張勢力範圍。而另一方面，劉福通派出的北伐紅軍，在奪下大名（河北境內）之後，轉而向西攻擊衛輝（河南境內），駐守在此地的元將答失里八都魯自知力量不足以與其

北伐軍包圍汴梁

抗衡，便緊急派人向大都（北京）請求支援。不過，即使有朝廷的援軍趕赴戰場會合，並與紅軍展開激戰，蒙古軍仍是難逃大敗的命運。援軍統帥達里麻失里戰死；答失里八都魯在敗退不久後也於軍中憂憤而死，其子孛羅帖木兒承襲父職，見頹勢無可挽回，只好領兵暫時退駐於井陘（河北境內）。目前紅軍已經占領了大名、衛輝等重鎮，完成對汴梁（河南境內）的包圍態勢，隨時準備發動下一波的攻擊。

雙刀趙大破安慶　天完國再添疆土

陳友諒那小子還得靠我打天下呢…

……

趙普勝大破安慶之後時常出言不遜，已經引起陳友諒的猜忌。

在倪文俊被害之後，天完政權中除了併吞其部隊的陳友諒，以及在四川開疆闢土的明玉珍之外，最令人聞風喪膽的將領就是人稱「雙刀趙」的趙普勝了。一開始趙普勝與俞通海、廖永安等人自擁一支水軍，並據守巢湖（安徽境內）一帶。在歸附朱元璋之後，趙普勝覺得彼此理念不合，便又改投徐壽輝而去。日前，趙普勝率軍大破安慶（安徽境內），再為天完集團擴展了不少疆土。不過，據記者了解，正因為趙普勝在集團中屢立大功，所以逢人便吹捧自己的功績，連在陳友諒的使者面前也是表現出一副很了不起的樣子，使得陳友諒開始對他起了戒心。

朱元璋興修水利提升農產

在這種爭戰不休的混亂時代中，領兵爭鋒固然重要，但懂得加強農業生產來應付龐大的軍費開支才是王道。而被雜誌評為群雄中最具遠見的朱元璋，果然眼光就是和別的軍閥不同。當其他人像蝗蟲過境一樣到處搶糧、榨乾民力的時候，朱元璋已經委派了水軍元帥康茂才擔任都水營田使（防洪水利總監），要求他巡視各地，修築堤防，做好蓄水及排洪的工作。農經專家表示，朱元璋的這個決定，雖然表面上看起來會因人力的調動而減損部分的戰鬥力，但對中長期的經營來說，卻是一項很有效率的投資。預期在幾年之內，各項農產便可以此而大幅提升產值，明顯的增加集團的競爭力。

李文忠將敵軍首級放在木筏上順流而下的做法，對敵軍造成極大的心理傷害

斬首級順流漂筏　李文忠心戰敗敵

去年（一三五七年）被鄧愈及胡大海擊敗的元軍苗兵統帥楊鄂勒哲，不久前又捲土重來，再次率領數萬兵馬，分由水陸兩線同時對建德（浙江境內）發動攻擊。不過，他這次的對手李文忠（朱元璋外甥）也是個狠角色，不但先率精銳部隊大破苗兵陸軍，還把砍下來的敵人首級放在巨大的木筏上任其漂流而下。這使得苗兵水軍看到之後，每個人在心理上都受到重創，紛紛棄甲而逃，部隊也因此瞬時瓦解。之後，楊鄂勒哲又試著領兵再犯，但仍被李文忠及鄧愈所敗，光是投降的就高達三萬人。

紅巾軍直逼大都

劉福通兵分三路北伐的戰略，讓他今年登上了最風光人物排行榜的榜首。由毛貴所率領的東路軍勢不可當，一路從山東打進了河北。不但連克南皮、清州、滄州，使元軍折損數員大將，還攻破薊州、柳林（皆河北境內），殺到了距離大都（北京）僅一百二十里的地方，震驚大元朝廷，據說還有大臣勸

小明王遷都汴梁

皇帝趕快遷都避禍。而除了直指元廷心臟的東路軍之外，另一戰線也順利的奪下極具指標性的北宋舊都汴梁（河南境內），並將小明王韓林兒從安豐（安徽境內）迎來此處，將汴梁定為大宋國都。劉福通此舉，不但使自己的聲勢站上了頂峰，也整個提升了以「復宋」為號召的整體紅軍士氣。

高築牆 廣積糧 緩稱王
吳國公決定奉行朱升九字真言

朱元璋打下徽州（安徽境內）之後，從鄧愈的口中聽聞素有「山中宰相」之稱的文士朱升，就隱居在此以開館教書為生，而若得此人的話，則有如諸葛亮相助一般。於是朱元璋便親自登門拜訪，並說服朱升加入其陣營。據本報記者得到的獨家消息，朱升提出的「高築牆，廣積糧，緩稱王」九字真言，已經成了朱元璋集團的最高指導方針。所謂的「高築牆」，指的就是先加強自己的軍力及防守，以確保根據地的穩固，不管在怎樣的狀況下，都不至於被其他軍閥所奪取。而「廣積糧」則是點明了經濟實力很重要，務必在控制區域內設法提升農業生產、發展經濟，不但要讓部隊的軍糧能夠源源不絕的供應，也要讓轄下百姓能夠過著安居樂業的生活。而想要奪取天下，最關鍵的一點則是「緩稱王」，因為如果在實力還不夠強的時候，便像其他軍閥一樣，為了滿足一時的虛榮而自封為王，那就很容易成為他人圍剿的目標。這個道理看似簡單，但自古以來卻有許多的英雄豪傑，就是敗在過早稱王的大頭症上面。評論家表示，朱升的這九個字是一語中的，如果朱元璋能夠加以貫徹的話，未來的發展將令人期待。

朱升的「高築牆，廣積糧，緩稱王」九字真言，成為朱元璋集團的最高指導方針

元‧至正十九年　韓宋‧龍鳳五年

察罕帖木兒發神威　劉福通攜王丟汴梁

我們只是先暫時離開一下，之後再回來找你算帳…

人家才剛搬來這裡不久，怎麼又要搬走了…

察罕帖木兒大破劉福通軍，隨後進據大宋國都汴梁，成為元軍最具戰鬥力的人物

　　去年（一三五八年）劉福通才風光的迎了「小明王」韓林兒把都城遷到汴梁（河南境內），但是到今年八月，龍鳳政權卻又成了喪家之犬，再度敗逃安豐（安徽境內），而這次打敗紅軍的就是一支新興的元系民兵。原來，自從紅軍起事，政府軍無力與其抗衡之時，察罕帖木兒便與李思齊等人在羅山（河南境內）組織了武裝民兵，並一路發展成為一方之霸。五月時，察罕帖木兒兵出虎牢（河南境內），分別從西、北兩面對汴梁發起攻擊。而此時另一元軍統帥孛羅帖木兒又切斷了汴梁與東路紅軍之間的聯繫，使劉福通陷入孤立無援的狀態。在堅守三個多月之後，終因糧食不繼而開始疲軟無力。於是察罕帖木兒抓準了這個機會，在黑夜率軍奮勇登城，最後打開一個缺口讓大軍跟著蜂擁而入，拿下了汴梁。城破之日，劉福通倉卒的護衛著韓林兒離開，勉強逃奔安豐。但是小明王的妻兒和龍鳳政權的官員、家屬數萬人，以及好幾千名的兵士都被元軍俘虜了。連象徵皇權的符璽、印信也都被奪，官庫則被搜括一空，紅軍遭逢前所未有的挫敗。而察罕帖木兒也進據汴梁，並將此地當作發展總部，成為元軍系統中最具戰鬥力的重要人物。

山東紅軍爆發嚴重內鬥

今年年初，張士誠集團對淮安（江蘇境內）發動攻擊，把盤踞此地的紅軍軍閥趙均用打跑了。趙均用在失去根據地之後，不得不帶著殘部前往益都（山東境內），投靠同屬紅軍系統的毛貴。只是一山不容二虎，才沒多久，這兩個紅軍將領之間便開始鬧不和。到了四月的時候，趙均用還下手把毛貴殺了，企圖就此併吞其部隊。然而，事情的進展並不如預期的那麼順利，因為毛貴的部將在七月從遼陽（遼寧境內）趕回來，隨後也大演復仇記的劇碼，把趙均用給殺了。結果在山東境內的兩派紅軍，自此之後便開始互相仇殺，內部陷入嚴重的分裂與混亂。

走了紅軍換來察罕
元廷有意加以壓制

劉福通自從汴梁（河南境內）被破，再度帶著韓林兒逃往安豐（安徽境內）之後，由於兵力已經折損了一大半，加上山東方面的東路軍也因內鬥而瀕臨瓦解，使得一度直逼大都（北京）的這支紅軍主力，已經不再對元政府構成任何威脅。反觀因此戰立下大功的察罕帖木兒，則是襲捲河南全境，不但被任命為河南行省平章政事（省長），還授與其獨立處理軍務之權力。他統轄部隊的旗幟，更是綿延數千里，控制了潼關、陝西、襄陽、河南、洛陽、江蘇、安徽等地區，甚至準備大舉出兵以收復山東。但察罕帖木兒的崛起對元廷來說，卻是一把危險的雙面刃。因為他在擊退了叛亂者的同時，自己也成為了一個政府無法控制的割據者。據說，目前朝廷也已經意識到這一點，打算扶植另一位將領孛羅帖木兒來與之抗衡了。

新崛起的察罕帖木兒雖然擊退了紅軍，但同時也成為元廷難以控制的一個武裝軍閥

陳友諒一再以殺害同僚的方式來穩固自己的地位，卻也已經嚴重損害了天完政權的穩定

殺同僚挾皇帝　陳友諒江州稱漢王

　　一直充斥著暗殺奪權劇情的天完政權，日前又再度上演同樣的戲碼，而這次的苦主則是人稱「雙刀趙」的驍將趙普勝。原來，自從趙普勝奪下安慶（安徽境內）之後，就覺得自己的功勞蓋世，時常說一些自滿且睨視陳友諒的話語。這些話漸漸傳到了陳友諒的耳中，他當然內心很不是滋味，加上朱元璋又買通了些人在他身邊唆弄挑撥，使得陳友諒越來越懷疑趙普勝就快要背叛自己了。靠著背叛和殺害上司起家的陳友諒，怎麼容忍得了這一手「獨門絕活」被其他人複製，於是便以會師為名，無預警的從駐地江州（江

西境內）突然來到安慶。行事一向粗線條的趙普勝不疑有他，還特地帶了燒羊美酒前往渡口，想要為陳友諒接風洗塵。只是當他才一登上船艦，都還沒開口寒暄，立即被陳友諒給殺了，之後他所統領的部隊也全數遭陳友諒吞併。不久，從漢陽（湖北境內）倉卒出發，想要往南遷都的天完皇帝徐壽輝，也在行經江州時著了陳友諒的道，其隨行部將及衛隊被設伏殺死。於是陳友諒便把可憐的徐壽輝扣留下來，並宣布從今以後天完政權改以江州為首都，同時自封為「漢王」，還設置了王府的各級辦公官署。

大明新聞

GREAT MING NEWS

庚子

西元一三六〇年

元·至正二十年　韓宋·龍鳳六年

浙東四學士投應天　神機劉伯溫受重用

朱元璋近年來不但收降了許多猛將，對於招聚文人智士，也不遺餘力。日前，有「浙東四學士」美稱，名滿天下的劉基、宋濂、章溢、葉琛，便在朱元璋的徵召之下投靠了應天（南京，江蘇境內）陣營。雖然一開始時，曾在元朝為官的劉基等人入夥的願意並不是很高，甚至是有點軟硬兼施的被邀請過來，但在朱元璋當面懇談並表示「我為天下屈四先生」（這句話的意思是說，有勞四位先生出山，輔佐我打天下，以拯救黎民百姓）之後，他們就被深深的感動了。此四人當中，又以擅長天象測卦、兵法謀略的劉基（劉伯溫）最受朱元璋看重，被任命為核心幕僚，參與帷幄機密之謀議；才識

最為人稱頌的學者宋濂則被聘為江南等處儒學提舉（省教育處長），兼長子朱標的老師；章溢、葉琛二人則被任命為營田司僉事（農業署高級官員）。為了安頓這些名士及繼續招攬更多的知識分子，朱元璋還下令建造禮賢館供其居住，展現了百分之百的誠意。

聽說先生神機妙算，能不能幫我算一下這期的威力彩號碼啊？

我如果會算，還用得著來你這裡上班嗎…

有了劉伯溫的加入，近來令人矚目的朱元璋可說是如虎添翼

明玉珍再下成都　首重軍紀與安民

天完集團的大將明玉珍，在至正十七年（一三五七年）拿下重慶，此後經過與元軍的一連串激鬥，終於在日前攻克成都（皆四川境內），控制了四川的大部分地區。據聞，明玉珍在奪得勝利之後，十分重視對當地的治理與鞏固，不但所屬部隊軍紀嚴明，轄下民眾安居如故，也力邀當地的知識分子加入統治階層，為其出謀畫策。

徐達常遇春池州大敗陳友諒軍

以水軍起家的趙普勝遭陳友諒殺害之後，由於陳友諒帳下並沒有夠強的水軍將領，所以水寨馬上就被徐達攻陷了，反而讓朱元璋集團得了個大便宜。陳友諒心有不甘，親率大軍反攻，並宣稱要出兵安慶（安徽境內）。但常遇春在與徐達商議之後，認為這個消息只是對方放出的煙霧彈。陳友諒真正的目的應該是在襲取池州（安徽境內），於是他們便先設下埋伏。而陳友諒這次的行動果然被完全看穿，直接落入圈套之中，大敗而逃，

還被活捉了三千名俘虜。不過，這回朱元璋陣營處理戰俘的方式卻極度為人非議。由於常遇春堅持己見，應把降兵殺死以絕後患，所以在徐達下達禁殺戰俘的命令之前，這三千名俘虜已在黑夜之中被斬殺過半。等到朱元璋聞訊，立刻派人加以阻止時，這批俘虜只剩下三百人倖免於難。據了解，朱元璋事後為此心中很是不快，除了對常遇春這樣的做法頗有微詞之外，也已下令嚴禁濫殺，並要徐達全力保護餘下的俘虜。

漢軍大船強攻太平　花雲被俘不屈而死

漢軍利用巨型戰船直接進攻緊臨江邊的太平城

陳友諒襲取池州（安徽境內）的行動失敗之後，怒火中燒，覺得非報此仇不可，於是便集結了將近十萬的部隊，以水軍為主力，向太平（安徽境內）發動攻擊。由於太平城沿江矗立、堅不可拔，守城的大將花雲又十分勇猛，使得陳友諒的部隊在連攻三日之後都沒有任何進展。最後陳友諒調來艦隊中的大型船隻，直接逼近太平城臨江面的城牆，再讓士兵們從大船的船尾攀登城牆。

守軍沒有料到這一招，一下子整個城牆上便滿布了攻城的士兵，在兵力懸殊的狀況下，太平也很快的陷落了。朱元璋的義子朱文遜當場陣亡，大將花雲被俘後也不屈而死。在奪下太平之後，陳友諒已經派人聯絡張士誠，準備對朱元璋形成夾擊之勢。軍事評論家表示，如果陳、張二人真的結盟成功的話，朱元璋集團將會因此而遭受致命的重擊。

陳友諒弒主登極
明玉珍隴蜀稱王

陳友諒在太平（安徽境內）打了漂亮一仗，揚揚得意，越來越不把天完皇帝徐壽輝放在眼裡，在部隊進駐采石（安徽境內）之後，便再一次採取了他拿手的弒主行動。他先派部將假裝要向徐壽輝當面報告事情，然後乘其不備拿出暗藏的鐵錐，一把就敲碎了徐壽輝的腦袋，隨後便宣布天完帝國已經終結，由他登上新的皇帝之位，定國號為「漢」，建元「大義」。不過，當他以采石的五通廟為行殿，準備要進行登極大典時，卻因為突來的暴風雨，使得典禮無法舉行，群臣只能在沙灘上冒雨慶祝道賀，草草了事。而原本也屬於天完集團的明玉珍，在得到消息之後，便下令全軍縞素戴孝為徐壽輝發喪，不但斷絕與陳友諒之間的一切關係，還宣示要發兵征討漢軍，為徐壽輝報仇。為了解決與陳友諒在文書往來時不對等的問題，明玉珍也自稱為「隴蜀王」，但仍以徐壽輝為尊，不易國號也不改元，刻意營造出他與陳友諒篡逆弒主的區別。

劉基定計 力抗漢軍

對於陳友諒的大軍壓境，朱元璋召開了緊急軍事會議，商討對策。席間諸將議論紛紛，有主張決一死戰，有主張先收復太平（安徽境內）的，也有主張轉移主力暫避其鋒，甚至還有主和投降的。朱元璋就此事詢問劉基（劉伯溫）的意見，而劉基一開始便對眾人最為擔心，也就是張士誠會不會乘機從背後偷襲的問題，做了一番沙盤推演。他認為張士誠的個性過於保守，所以當戰事剛進行時一定會猶豫不決。劉基表示：「我們只要先全力對付陳友諒，等到張士誠做出決定時，漢軍已經被消滅了。陳友諒一旦被剷除，張士誠便陷入孤立的狀態，到時我們可以一舉平定江南，然後向北奪取中原。」朱元璋在聽了劉基的分析，又看了他表演那一套觀天象已知勝負的絕活之後，認為劉基的想法與他自己的不謀而合，於是拜劉基為軍師，節制三軍，準備與陳友諒一決雌雄。

朱元璋陣營出現內賊!?

據陳友諒陣營流出的消息，已經找到朱元璋內部的高級將領當作內應，並約好日期及路線，準備出動大軍一舉奪下應天（南京，江蘇境內）了。而這個內應雖然還沒被曝光，依照各種跡象來看，極有可能是陳友諒的老友，也就是前幾年才被朱元璋收降的水軍統帥康茂才。如果這個消息屬實的話，那將是朱元璋到目前為止所遇到的最大危機了。

朱元璋的水軍統帥康茂才可能會叛變，投靠到敵方陳友諒的陣營

康茂才詐降誘敵進　陳友諒中計遭重挫

　　陳友諒動員了極為驚人的兵力，照著先前與內應的約定，以水軍為主力直驅應天（南京，江蘇境內）的途中，卻忽然遭到常遇春部隊的伏擊。而就在漢軍完全沒有防備，倉卒應戰之時，由徐達率領的另一支部隊也突然現身，並展開夾擊。陳友諒直到此時才發現，原來康茂才當作內應的事，根本是對方的計謀，自己已經結結實實的落入了圈套之中。劉基（劉伯溫）早就算計好的路線以及

潮汐時間的精準掌握，讓漢軍吃足了苦頭，大小船隻紛紛因退潮而擱淺，登陸之後也遭到重擊，被斬殺或跌入水中溺斃者不計其數。光是被俘虜的就高達二萬人，另外還繳獲了巨艦十餘艘，以及數百艘的戰艦。朱元璋經此以少勝多的漂亮一役之後，不但鞏固了根據地應天，徐達還一鼓作氣收復了太平（安徽境內），胡大海也接著奪取了信州（江西境內），重挫陳友諒的軍力與士氣。

老康，沒想到你居然背叛我…

陳友諒誤中康茂才的詐降之計，結果慘遭朱元璋痛擊

帖木兒大戰帖木兒！！
察罕對上孛羅　元軍陷入內鬥 ———

　　在北方戰線各路紅軍暫時受到重挫的同時，元軍系統各軍閥之間的衝突也越演越烈，其中又以孛羅帖木兒及察罕帖木兒兩大陣營的矛盾最為嚴重。雖然元廷為了避免雙方發生摩擦，已命孛羅帖木兒鎮守石嶺關（山東境內）以北，察罕帖木兒鎮守石嶺關以南。但孛羅帖木兒仍趁著對方忙於對付紅軍之際，將勢力伸入了其防地之中。察罕帖木兒不甘地盤被占，於是便發兵與孛羅帖木兒作戰，結果雙方打成一團，連皇帝下詔調解都沒有用。而其他的軍閥見狀，也開始爭相擴張地盤，目前整個北方地區，已經陷入幾乎失控的局面了。

GREAT MING NEWS

大明新聞　西元一三六一年　辛丑

元‧至正二十一年　韓宋‧龍鳳七年

── 為減緩軍事壓力　吳國公對外釋善意 ──

據本報記者得到的可靠消息，朱元璋為了能夠全力對抗陳友諒，不但派人暗中與霸據東南沿海的方國珍聯絡，也寫信向北方的察罕帖木兒示好。在方國珍方面，由於也同樣急著結交盟友，所以便派遣使者，帶上鑲著黃金與玉石的馬鞍送給朱元璋，以示善意。只不過朱元璋並沒有接受這個禮物，在請使者把禮物攜回的同時，他也表示說目前最需要的是人才與糧食，其他的珍玩寶物對他來說一點意義也沒有。而在察罕帖木兒方面，雖然沒有收到正面的回應，但從整體看來，也確實降低了元軍的敵意，減緩了來自北方的軍事壓力。

方國珍

漢軍突擊安慶　朱帥直搗江州

不久前，漢軍將領張定邊以突襲的方式攻擊安慶（安徽境內），再次從朱元璋集團手中奪回了這座城。面對此次的嚴重挫敗，朱元璋除了立即將守城不力還逃回應天（南京，江蘇境內）的部將趙仲中處死之外，也決定趁著元軍在攻打山東紅軍的機會，親自率領水軍乘風逆水而上，非要把安慶給再搶回來不可。不過，由於漢軍據城堅守，朱元璋在猛攻一整天之後也仍破不了城。於是在劉基（劉伯溫）的建議之下，朱元璋決定先放棄安慶，轉而直搗陳友諒的江州（江西境內）老巢。

山東紅軍丟濟南　孤城益都勢危急

山東紅軍在一陣激烈內鬥之後，不但失去了以往北伐時的那股狠勁，還反過來被元軍給打得七葷八素。由察罕帖木兒所率領的大軍，在不久前就從紅軍手中奪回了濟南（山東境內），逼使各地敗逃的紅軍只能退守益都（山東境內）這座孤城。但據最新的情報顯示，察罕帖木兒的大軍已經將益都團團圍住，並且正在加緊趕製大型的攻城器具，打算同時由數十處發動總攻擊。除此之外，還掘深溝、築長圍，大有要引水灌城的態勢。目前益都紅軍的情況可說是非常危急，隨時都有陷落的可能。

江州被破 實力仍在
友諒出逃武昌
待機隨時再起

朱元璋的部隊在放棄安慶（安徽境內），改採直搗黃龍的戰略之後，很快便在湖口（江西境內）遭遇了陳友諒的水軍偵察隊並奪得首勝，然後強勢迫近江州（江西境內）。但是他們一抵達目的地，才發現瀕臨長江的江州城，防禦設施堅固無比，根本不是平常的攻城法可以破得了的。就在諸將為此煩惱時，水軍將領廖永忠卻想出一個「以彼之道，還施彼身」的方法：模仿陳友諒之前攻

你卑鄙！
學人家的方法

嘿嘿嘿…
你又沒申請專利

廖永忠模仿陳友諒的方法，攻破江州鐵城

太平（安徽境內）時，以大船當作跳板的方式，先依城牆高度在船尾建造天橋，再讓船乘風逆行，在迫近臨江面的城牆之後，便把橋搭上城牆，讓大軍攀爬而上。此法果然奏效，順利的拿下了江州鐵城。不過，陳友諒在根據地被攻破之前，卻已經利用夜色的掩護，帶著妻女逃奔武昌（湖北境內）去了。雖然此後朱元璋大軍又接著奪下黃州（湖北境內）、建昌（江西境內）等地，但資深分析師也表示，縱使陳友諒失去江州，其軍事實力仍居江南群雄之冠，隨時都有可能大演復仇的戲碼。

出神謀畫奇策　劉基深受倚重

不久前，應天（南京，江蘇境內）陣營的軍師劉基（劉伯溫）接到了母親過世的消息，但因為這時朱元璋正要出征，所以他也就沒有提出請假奔喪的要求。等到朱元璋知道了這件事情之後，便立刻寫一封信慰問劉基，一方面要他節哀順變，另一方面也表示需要他留在軍中繼續效力，並承諾在大功告成後一定會派人陪同他回鄉祭拜。評論家表示，素有「神機妙算」之譽的劉基，自從投奔朱

元璋帳下為其出謀畫策以來，就一直是該集團中最被信賴倚重的謀士。對於這位年長自己十八歲的核心幕僚，朱元璋萬分尊敬，不但見面時都尊稱為「老先生」，而且只要是劉基所給的建議，很少不予採用的。甚至還不只一次的說劉基就等於是他的張良（輔佐漢高祖劉邦打天下，建立大漢帝國的重要參謀），總會不計自身利害適時提出中肯的建言。兩人之間可說是彼此信任，惺惺相惜。

名號響亮
常遇春不戰而勝

盤踞江浙一帶的張士誠聽說朱元璋率兵西上，要與陳友諒的漢軍對決時，便派出了一支號稱十幾萬人的部隊進犯長興（浙江境內），企圖乘機擴張自己的地盤。而朱元璋在得到這個消息之後，知道城中的防守力量過於單薄，可能無法擋住敵軍的攻勢，立刻就調撥部隊前往支援。但是這支援軍卻在半途遭到敵軍截擊，使得長興城陷入苦守斷訊的窘迫之境。好不容易撐過了一個多月，才總算又找到機會，可以再度對外送出求救訊息。這次朱元璋已學到教訓了，不敢再掉以輕心，所以命常遇春率兵馳援。敵將一聽到是常遇春領兵而來，還沒交戰，便已嚇得棄營逃走。而常遇春則是在窮追不捨之後，俘虜了五千名敵軍，並將其全部殺死。這位朱元璋手下數一數二的猛將，忠誠度無庸置疑，但他嗜殺成性，視統帥禁令如無物，聽說連朱元璋都對他這種濫殺戰俘的惡習早就感到十分不悅了。

過度繁榮症候群
張士誠陷奢靡危機

由於張士誠所占據的地盤，不僅人口眾多、農產豐富，經濟也十分繁榮，加上已經很多年沒有受到戰事波及，使得張士誠逐漸驕縱奢侈起來，不想過問政務，全都交給他的弟弟張士信及女婿潘元紹去打點一切。於是這兩個人便藉機貪瀆斂財，金銀珍寶堆滿了屋子，每天過著糜爛的豪門生活。而集團中的武將們，也沾染到這種氣息，每當有戰鬥時，都得先裝裝病，在索要了大量的田宅並被封賞了高官之後，才肯領兵出征。但到了前線，竟找來一堆女人，成天尋歡作樂、飲酒賭博，根本不把軍務放在心上。更誇張的是，當這些將領打了敗仗之後，張士誠也都不予追究其責。過了不久，還是又把部隊交給他們，放任腐敗。看來，這個集團要不是有龐大的經濟力作為支撐，可能早就爛到垮台了吧。

真英雄殞落　察罕帖木兒遭刺身亡

之前已經投降了紅軍的兩位元軍將領田豐及王士誠，在察罕帖木兒的勸說之下，接受了赦免令，再次回歸元軍系統，與他一同圍攻益都（山東境內）紅軍。不過，就在不久前，當察罕帖木兒前往田豐的營寨巡視時，卻意外遭到這兩人的刺殺，北方最具實力的軍閥，就這樣命喪黃泉。而田、王二人在得手之後，立刻投奔紅軍，馳入益都城中。這位曾被朱元璋譽為真英雄的察罕帖木兒，竟死於非命，他的部隊一方面群情激憤，一方面也因頓時失去領導中心，陷入分裂的危機。由於察罕帖木兒並無子嗣，所以大元朝廷為了穩定軍心，迅即下令由他的養子，也就是他姊姊的兒子擴廓帖木兒（王保保）承襲其官位及軍權，並統領所有的部隊，暫時把情勢給緩和了下來。

高官顯爵招安　朱元璋拒受領

由於去年（一三六一年）朱元璋向察罕帖木兒釋出善意，並親自寫了多封書信，使得大元朝廷因此研判有機會可以爭取到朱元璋的歸附，於是便派戶部尚書（財政部長）張昶等官員南下，帶著政府的委任狀，打算以榮祿大夫、江西等處行中書省平章政事（省長）之類的高官顯爵來加以籠絡。但其實朱元璋壓根兒就沒有被招安的打算，他之前向元軍示好，純粹只是為了減緩一些軍事壓力。而此時剛好也傳出察罕帖木兒遇刺身亡的消息，所以朱元璋便以此為由，拒絕了元政府的此項任命。

王保保大破益都　血淋淋挖心祭父

擴廓帖木兒（王保保）在接管了察罕帖木兒的所有部隊之後，以哀兵復仇之姿，使用挖掘地洞鑿牆而入的方法，一舉攻破了益都城（山東境內）。城破之日，他把殺父仇人田豐及王士誠給抓了起來，並活生生的挖出這兩人的心臟來祭奠他的養父。不過，在擴廓帖木兒擊敗益都紅軍之後的局勢，其實未必對元政府有利，因為擴廓帖木兒及孛羅帖木兒兩大政治派系之間的鬥爭也漸趨嚴重。其中孛羅帖木兒一派，是以當今皇帝妥懽貼睦爾（元惠宗，元順帝）與重臣老的沙、禿堅帖木兒等人作為政治靠山，並結合了張良弼的武裝力量，在一方擁兵自重。而擴廓帖木兒則是挾著奇皇后、皇太子愛猷識理達臘，以及大臣搠思監、朴不花的勢力，再聯合李思齊的民兵部隊與之抗爭。目前雙方已經勢同水火、爭鬥不休，元軍的整體戰力也因此受到重創。

我要的不是這種心啦…

【專題報導】奇皇后

當今大元帝國皇帝妥懽貼睦爾（元惠宗，元順帝）的正宮完者忽都皇后，為高麗人（韓國人）奇子敖的女兒，在她全家人都遭到高麗國王（恭愍王）的殺害之後，便以貢女的身分被獻給了大元帝國的皇室，並入宮當了掌茶宮女，「完者忽都」這個蒙古名字也是在這時候被取的。奇氏不但姿色過人，皮膚白皙，也十分的乖巧伶俐，善於察言觀色，因而頗得皇帝妥懽貼睦爾的歡心。但是當皇帝曾經臨幸她的事讓答納失里皇后得知之後，奇氏便被怒不可遏的皇后用鞭子打得遍體鱗傷。這種飽受威脅的日子，一直到至元元年（一三三五年）七月，因答納失里的兄弟唐其勢、塔剌海謀反失敗，答納失里皇后也被連坐毒死為止。後來，妥懽貼睦爾想立他最寵愛的奇氏為后，卻被丞相（總理）伯顏硬行勸阻，最後沒有辦法，只好讓伯顏忽都（孛羅帖木兒之女，與丞相伯顏並無特殊關係）入主中宮。由於皇帝跟皇后的感情並不好，所以也很少到皇后宮裡，反而常常窩在奇氏那邊宿夜。奇氏為皇帝生下了兒子愛猷識理達臘之後，更加得到寵愛，終於在至元六年（一三四〇年），接受冊立為第二皇后，與伯顏忽都兩后並立。據聞，奇皇后一直企圖讓她的兒子愛猷識理達臘早日接掌皇位，而擅長操弄政治的她，也獲得了不少大臣的支持，甚至還形成了與皇帝對立的另一個政治集團。

胡廷瑞獻城降朱　漢軍版圖遭蠶食

由於鄧愈的部隊在攻下了撫州（江西境內）之後，已經直接威脅到不遠處的龍興（南昌，江西境內），使得漢軍駐於此地的指揮官胡廷瑞不得不緊急請求議和。對於胡廷瑞所開出不解散所屬部隊的條件，朱元璋表示可以接受，但他必須要放棄龍興，跟隨集團軍一同作戰。於是在雙方達成共識的狀況下，胡廷瑞決定變節，開城獻降。朱元璋的主力部隊隨即開進龍興城內。朱元璋還親臨現場受降，然後將龍興路改為洪都府，並開倉賑濟

災民，全面廢除了陳友諒在江西地區所施行的苛政，因而得到當地百姓的支持。歸順後的胡廷瑞，為了討好新主子，便主動易名為胡美（意在避諱，因為朱元璋字「國瑞」）。而陳友諒在眼睜睜看著自己的地盤被蠶食之後，極度憤怒的表示將要發動大規模的復仇之戰。據本報記者得到的獨家資料，漢軍內部目前已經開始加緊戰備，修造超大型戰艦作為祕密武器，準備在時機成熟時，一舉順流而下，攻入朱元璋的核心之地。

江西行省丞相胡廷瑞在大軍壓境的威脅下，背棄了陳友諒，轉而歸順朱元璋

苗軍叛變殺大將　朱軍浙江失二城

朱元璋在浙江的地盤，因為臨近張士誠的勢力範圍，所以在該集團的煽動之下，金華的苗軍發生叛亂，並在混亂中殺死了駐防該地的守將胡大海。幾天後，處州的苗軍也跟著有計畫性的叛變，而守城大將耿再成也因此成了刀下亡魂。由於四個要衝中，已有兩個落入了叛軍手中，使得朱元璋集團在浙江地區的控制力大為衰減，地位岌岌可危了。

放錯海報了吧

!!

VS

同屬元軍系統的擴廓帖木兒與孛羅帖木兒兩集團，彼此之間竟然勢同水火、爭鬥不休

洪都又傳叛變　鄧愈隻身出逃

當朱元璋的主力部隊離開洪都（南昌，江西境內）之後，當地的情勢又出現了戲劇性的變化。原來，之前胡美（胡廷瑞）歸降時，朱元璋曾令胡美手下的軍官祝宗與康泰，率領他們的隊伍往上游去增援在漢陽（湖北境內）攻城的徐達。但是朱元璋前腳才走，這兩個一開始就不願投降的人，馬上帶兵折返，對洪都發動了突擊。由於朱元璋留給鄧愈的防守兵力不足，使得洪都城很快便在炮火的轟擊之下陷落，鄧愈僅以身免，狼狽的逃回了應天（南京，江蘇境內）。

李文忠收復金華　紹榮分身克敵軍

朱元璋在回到應天（南京，江蘇境內），得知金華、處州（皆浙江境內）已經因部隊叛變而丟失之後，立即任命駐守在嚴州（浙江境內）的李文忠（朱元璋外甥）為浙江大都督（浙江軍團司令），令其穩定當地的局勢。而李文忠也不負所望，馬上將金華給奪了回來，並逼使叛變的苗軍逃往張士誠的地盤投靠。不過就在此時，諸全（浙江境內）的守軍也傳來急報，說他們受到張士信的部隊攻擊。雖然李文忠手邊的兵力不足，只能先派遣胡得濟帶著部分軍隊馳援，但他卻同時對外宣稱朱元璋陣營中的虎將邵榮正領兵趕往諸全。結果這個心理宣傳戰果然奏效，張士信的部隊一聽到是難以對付的邵榮前來，便先自己亂了陣腳，最後被當地的守軍及援軍所發動的聯合攻勢擊敗。至於邵榮本人，則在同一個時間，也已經將處州給收復了。

朱軍還擊 洪都安慶重回掌控

由於洪都（南昌，江西境內）情況有變，使得正在進攻武漢（湖北境內）的徐達，在收到朱元璋的命令之後，放棄對該地的封鎖，立刻轉往下游對付叛軍，以優勢的兵力收回了洪都。而鑑於上次的大意，朱元璋這次特別增加了守軍的人數，並留下朱文正（朱元璋之姪）與鄧愈一同守禦此城。還將城牆從江邊後移加固，避免將來敵軍又再度使出從船尾攀牆的伎倆。於此同時，常遇春也成功的從漢軍手中又奪回安慶（安徽境內），並完成了城垣的修復工作，讓朱元璋集團的心臟地帶可以得到屏障，不會直接暴露在陳友諒的兵鋒之下。

風起旗落 朱元璋逃過死劫
東窗事發 邵榮謀叛逆處死

朱元璋陣營中，與徐達、常遇春齊名，被稱為「三傑」之一的邵榮，日前因與另一位將領趙繼祖密謀兵變奪權，在陰謀敗露之後遭到朱元璋逮捕。據了解，邵榮可以說是與朱元璋同時起兵於濠州的一位猛將，輩分、實力都跟朱元璋相當，又立有許多戰功，所以一直不甘心居於朱元璋之下。不久前，他與另一個也是心懷不滿的將領趙繼祖搭上了線，打算趁著大軍回師應天

（南京，江蘇境內）時，利用部隊緊跟著朱元璋本部的機會，在進城後便關上城門，然後乘亂將朱元璋給殺了。偏偏世上就有這麼巧的事，當天刮起一陣大風，一面旗幟就這樣被吹了過來，還捲住了朱元璋的身體，使得他心頭一顫。於是臨時決定改從另一道門進城，也因此避開了殺身之禍。但這等大事終究是紙包不住火，沒多久邵榮等人便因為陰謀遭人揭發而被捕下獄。原本由於朱元璋對邵榮也還懷有革命情感，所以並不忍心將老戰友處死，而打算把他放了。唯獨常遇春對此卻十分堅持，表示不願與這種謀逆之人共事。最終朱元璋決定先擺宴送邵榮最後一程，然後再把他推上刑場給處死。

哇！這樣很有型呢！剛好是今年秋冬的流行款…

旗幟被大風吹落捲住朱元璋，意外讓他逃過死劫

大明新聞

GREAT MING NEWS

西元一三六三年

癸卯

元‧至正二十三年　韓宋‧龍鳳九年

明玉珍四川即大夏帝位

　　原屬於天完集團的「隴蜀王」明玉珍，自從入主四川之後，便積極的經營此地，在對政治、經濟等各方面都進行一連串的改革之後，目前已經可以明顯的看到成果。於是在謀士的勸說之下，明玉珍便於今年元旦以「大夏」為國號，在重慶（四川境內）正式登上皇帝之位，並建立「天統」年號。

張士誠重軍壓劉福通　朱元璋出兵援小明王

　　因北路紅軍近來屢遭元軍重挫，使得張士誠逮到機會棒打落水狗，命部將呂珍率領重兵出征，對大宋的最後根據地安豐（安徽境內）發動圍城攻擊。已經無力還擊的劉福通只能困守城中，並派人向各紅軍系統求援。而朱元璋在得到消息之後，便與眾參謀及部將討論此事。一向不贊成依附在小明王之下的劉基（劉伯溫）表示：「此時如果把大軍調往安豐馳援的話，那早已虎視眈眈的陳友諒必定會乘機從背後偷襲，使得我們反居於不利的地位。所以應該要利用這次的機會，樹起自己的旗幟，而不要再受制於空有名號的小明王。」只不過，這次朱元璋卻罕見的沒有採用劉基的建議，反而認為不論從道義或名分上，小明王都是紅軍的共主。雖然自己總有一天要脫離小明王另立門戶，但若在這個節骨眼見死不救的話，恐怕將會失信於天下。所以，最後朱元璋還是決定要出兵馳援。只是據本報記者得到的情報顯示，安豐城因被圍困已久，城中的糧食早就全部耗盡，

甚至傳出以人肉為食，或是挖出埋在地下的屍體來吃，還有掘出井底的濕泥搓成丸子，然後用死人身上的油炸來吃的恐怖情形。看來，如果朱元璋的動作再不快一點的話，只怕安豐城就要陷落在即了。

劉福通已經被張士誠給逼到了經境之中

47

陳友諒巨艦趁虛入　六十萬漢軍襲洪都

陳友諒趁朱元璋的大軍北上馳援之際，集中全力，發兵六十萬，以數百艘戰艦的驚人陣仗，揮軍順江東下，對洪都（南昌，江西境內）進行包圍戰。據第一手情報顯示，陳友諒的主力戰艦有三層的甲板，上有掩護弓箭手的包鐵塔樓，每艘船可以乘載戰士兩三千人。雖然六十萬的數字過於誇大，但實際動員的軍隊人數，以及戰艦的噸位和數量，都是遠非朱元璋集團所能及的。而陳友諒的計畫，則是重演當年太平（安徽境內）之役的勝利，利用巨艦的優勢直接突襲沿江的城牆。只要洪都一拿下，那麼江西各地以前原屬漢軍的守將，便會見風轉舵，再次捨朱元璋而回到他的麾下了。

陳友諒趁朱元璋後防空虛時，
率領六十萬大軍，乘著數百艘戰艦發動攻擊

安豐陷落　劉福通身亡
朱軍反擊　小明王獲救

在朱元璋大軍抵達安豐（安徽境內）之前，當地守軍果然就已經無法支撐而被攻破，曾經號令數十萬北方紅軍的劉福通，教張士誠的部將呂珍給殺死；小明王韓林兒，也從大宋政權的皇帝變成了階下囚。日前，朱元璋大軍總算趕來了，在徐達與常遇春的力戰之下，擊敗了呂珍的部隊，不但將安豐拿下，還成功的救出韓林兒。但朱元璋在安豐，位子都還沒坐熱，便又收到洪都（南

劉福通死後，反元勢力成為朱元璋、陳友諒、張士誠三強鼎立的局面

昌，江西境內）已經被陳友諒圍攻一個多月的緊急消息。於是朱元璋一面要求洪都再堅守一個月，一面將徐達及常遇春的部隊調回應天（南京，江蘇境內）以防萬一，而他自己則打算親率大軍從水路趕往洪都救援。資深分析師表示，經過十數年的混戰，扛著元朝旗號的正規軍及諸路義軍，因為喪失民心而漸顯疲態。反元勢力得到漢族地主及廣大窮苦百姓的支持，日益壯大，目前已演變成三雄鼎立，分別是軍力最為強大的陳友諒、財力最為豐厚的張士誠，以及被評為最具智慧的朱元璋。而今後的逐鹿戲碼，也將由此三人所主導。

洪都久攻不下　援軍及時到來

原本以為可以像之前那樣，靠著巨艦迫近城牆，輕易拿下洪都（南昌，江西境內）的陳友諒，這次的攻城行動卻踢到了鐵板。原因是當初朱文正（朱元璋之姪）在奉命駐守此地之後，便將城牆進行改建，不但退開江邊一段距離，也修建得更為堅固。加上朱文正與鄧愈兩人奉命堅守，奮勇擋住了敵軍一波又一波的攻勢，與對方相持近三個月之久。而就在快要撐不下去的時候，由朱元璋親率的二十萬援軍終於到來，並迫使陳友諒不得不改變戰略，將艦隊退到鄱陽湖中重新列陣，準備與朱元璋進行總決戰。

情勢看漲　張士誠自稱吳王

原本已經降元的張士誠，挾著大敗劉福通之勢，於日前又再度背棄元廷，自立為「吳王」。目前張士誠所控制的地區，除了最早的江浙一帶以外，近年來在長江以北的領土也擴大了不少，甚至趁著朱元璋在鄱陽湖與漢軍展開決戰的時候，不斷攻擊其側翼。打算等朱元璋被陳友諒擊敗的同時，從背後分食其地盤。

鄱陽湖水戰　朱元璋逆轉奪下首勝

據本報隨軍記者在鄱陽湖水戰現場所見，兵力占盡優勢的漢軍，直接以數艘巨艦為一單位，將彼此用長鐵鍊連鎖，然後列陣直往前進。而朱元璋方面則是由他與徐達指揮的大型戰艦作為中路主力，並將其餘的輕型船隻布陣於兩旁，分別交由熟識水戰的俞通海及廖永忠率領。不過在兩軍接戰之後，兩側的小船以輕巧的操艦手法，固然躲避了不少炮火的攻擊，但由面對漢軍的巨艦難以仰攻，所以也是僅能勉強支撐而已。至於中路的主力戰艦對抗，噸位及數量明顯居於劣勢的朱元璋可真是吃了大虧，在陳友諒不斷推進之下，陣線一直被逼後退，最後還是靠著駛近淺水區讓敵軍大艦無法繼續追擊，才驚險脫離戰鬥。不過到了第二天，風勢卻忽然改變，吹向了陳友諒的艦隊。朱元璋見狀，立即下令準備了許多裝滿火藥的小船，順風放流，直衝敵軍的船陣之中引燃火勢。由於漢軍的戰艦體型過大且列陣過於密集，所以一下子便遭到火神無情的摧殘，數百艘船艦被燒毀，包括陳友諒之弟陳友仁在內的六萬名士兵也都葬身火海。而朱元璋的部隊則是在損失大約七千人之後，以寡擊眾，漂亮的拿到第一場逆轉勝。儘管陳友諒的漢軍在此役中受到意外的重創，但整體實力還是不容忽視，目前已經又開始重新集結，準備再與朱元璋一決雌雄。

兵力占盡優勢的陳友諒
意外遭到朱元璋的重挫

自亂陣腳　漢軍力量急劇下滑

在成功的奪下首勝之後，朱元璋知道火攻奇襲之術已經沒有辦法再次使用，於是便改變戰略，下令船艦成單行縱隊駛向鄱陽湖湖口，反過來將漢軍封鎖在湖中。一時輕忽而失去退路的陳友諒集團，則是因為陷入了敵軍的陷阱之中，開始變得焦燥不安。當陳友諒召集諸位將領研議對策時，大家更是意見分歧，右金吾將軍力主焚舟登陸，另圖再舉，左金吾將軍則主張應以水軍再與朱元璋一決

勝負。之後陳友諒決定焚舟登陸，左金吾將軍見所謀不合，於是便率眾向朱元璋投降。右金吾將軍見軍中已鬧分裂，竟然也就跟著投降。經此一變，陳友諒的力量急劇下滑，但他仍決意殺死所有的俘虜，以示頑強抵抗到底。朱元璋聞訊，反而下令放回所有的漢軍俘虜，並公開宣稱今後若有敵軍被俘者，皆不可殺害。此一高招，果然使得漢軍軍心瓦解，被逼進了絕路之中。

陳友諒死於流箭　朱元璋大獲全勝

在部將率軍叛離後進退失據、糧盡援絕的陳友諒，在無計可施之下，最後只好決定冒險突圍奔回武昌（湖北境內）。但朱元璋早已派部隊守在鄱陽湖湖口，以點著火的木筏進行了截擊，並讓漢軍在一片火海之中四散奔逃。倒楣的陳友諒，則是意外的被流箭射穿眼睛並當場死亡，而他的死訊也隨即傳遍了所有戰鬥中敵我兩邊的船隻。相較於朱元璋部隊的軍心大振，漢軍因為群龍無首，連最後一點的士氣也被消磨殆盡，到了晚上時已無心再戰，五萬殘軍全數投降。雖然陳友諒之子陳理在部將的護衛下勉強逃回武昌，並宣布自己繼承了大漢皇帝之位，但朱元璋大軍卻也隨即跟進，對武昌展開包圍戰，準備將漢軍一舉殲滅了。

陳友諒於決戰時意外死於流箭

大明新聞

GREAT MING NEWS

甲辰

西元一三六四年

■ 江南並現兩吳王
東張西朱互爭雄

走開！

目前來到現場的是吳王…
不，是吳王們才對

　　在鄱陽湖大戰中取得絕對勝利的朱元璋，雖然仍奉已經名存實亡的龍鳳政權為正統，卻也在日前正式的登上了王位。尤其令人疑惑的是，朱元璋的王號竟與張士誠一樣是「吳王」，一時之間兩個吳王並存，還真是一件奇聞。對此，張士誠集團已經提出指控，認為朱元璋根本就是抄襲，並蓄意致人於混淆。但是針對這樣的指控，朱元璋集團的發言人也大加反駁，指出朱元璋早在前些年（一三五六年）便已登上「吳國公」之位，再晉升一級自然就是吳王，所以侵權的張士誠，如今還在做賊喊捉賊，實在可笑。為了避免讀者混淆不清，本報以後會將在東邊的張士誠集團稱為「東吳」，而地處西側的朱元璋集團則稱為「西吳」。至於誰是誰非，就看最後誰可以存活下來了。

漢帝歸降步窮途　西吳實力再提升

　　從陳友諒死後便一直苟延殘喘的大漢政權，終於在今年二月正式畫下句點，退出了逐鹿中原的大舞台。在朱元璋的親自率領下，西吳軍先於洪山（江西境內）擊敗了大漢丞相（總理）張必先的部隊，然後以優勢軍力迫使大漢皇帝陳理（陳友諒之子）同意歸降。隨後又派徐達、常遇春等將領分兵掃蕩各區，將陳友諒集團的殘存勢力完全剿滅。不過，

在除去了最大的對手之後，朱元璋目前的狀況還是強敵環伺，河北有孛羅帖木兒，河南有擴廓帖木兒（王保保），關中有李思齊、張良弼等人，而江南則還有張士誠。資深分析師表示，依目前的西吳軍的布防情形看來，朱元璋極有可能已經將張士誠列為下一個要剷除的對象，以圖能盡快終結在東西方各有一位吳王的亂象。

西吳改革兵政　衛所制度成形

據聞，朱元璋去年（一三六三年）底在閱兵的時候忽然大發雷霆，而事情的起因就是他在行程中無預警的問某一位將領：「你統轄的兵馬到底有多少？」對方竟然答不出個確實的數字。據了解，由於目前各集團的部隊，都是由若干個只聽命於直屬上司的小部隊所組成。而這些小部隊的規模、大小都不一定，各級部隊之間的稱呼也沒有個明確的規範，所以高級將領往往只會知道自己統轄了誰誰誰的部隊，而無法弄清楚它們之間到底有幾個層級、有多少人馬。雖然這是當今極為普遍的現象，但對凡事講求精確的朱元璋來講，問題卻十分嚴重。於是朱元璋便下令西吳軍在部隊編制上進行徹底的改革，將野戰部隊的各翼元帥府都改名為「衛」，並規定每衛的兵力為五千人。而每衛之下再設五個統領一千人的「千戶所」，每個千戶所之下再管理十個兵力為百人的「百戶所」。某些特定的獨立野戰指揮部，則從總管改為「守禦」，兵力規模則等同於千戶所。原先混亂的軍階及稱銜也全數停用，所有將領都改用新式的階級及職稱。如此一來，各級部隊指揮官便可以很明確的掌握士兵人數，使得整體軍事行政更有效率。

吳王下令銷毀鏤金龍床

在平定了陳友諒集團之後，江西行省把陳友諒生前擁有的一張鏤金龍床，送到應天（南京，江蘇境內）呈獻給朱元璋。不過，西吳王朱元璋對於收到這件珍貴的禮物，非但毫無喜悅之情，還當場批評說：「當初在五代十國時，後蜀的孟昶也有一只鑲滿寶石的尿壺，這床與那玩意兒有什麼區別嗎？光是一張床就搞成這個樣子，為其他東西揮霍的程度，當然可想而知了。陳友諒父子窮奢極欲，哪有不亡國的道理。」於是便下令將此床銷毀。這時，又有一個想要拍馬屁的官員出聲附和說：「對呀，還沒富貴就如此驕奢，正是敗亡的原因啊。」結果馬上又被朱元璋給打臉糾正，說：「難道有錢就可以驕橫，有地位就可以奢侈了嗎？如果這樣，即使富貴了也保不住啊。」

鏤金床有什麼好？我還是喜歡軟軟的床，好舒服喔…

太子，你怎麼大老遠跑到這邊來？

嗯…就出來透透氣…

好膽賣造

孛羅不甘被太子黨人指控，便發兵進入大都，把太子嚇得跑到擴廓那裡求救去了

皇太子爭權失利　孛羅元廷得勢

　　元廷的權力之爭在日前又有新的發展，跟擴廓帖木兒（王保保）同一陣營的皇太子愛猷識理達臘，與其同黨企圖以牽強的理由，誣陷皇帝妥懽貼睦爾（元惠宗，元順帝）的母舅老的沙、禿堅帖木兒等人，並打算找些藉口把他們給殺掉。不過，老的沙一夥人卻也不是那麼好對付的，他們在得到消息之後，馬上逃往大同（山西境內）孛羅帖木兒的營中尋求保護。就算皇太子一再的要孛羅帖木兒把人交出來，可是孛羅因有皇帝的暗中支持，所以根本無動於衷。後來，太子黨人搠思監、朴不花等，更指控孛羅圖謀不軌，強逼皇帝下詔解除其兵權及一切官爵。孛羅帖木兒當然不肯就此屈服，於是便發兵直接進入大都（北京），反將搠思監、朴不花等人抓了起來，還把皇太子嚇得倉皇出走，逃往太原（山西境內）去投靠擴廓帖木兒了。在太子黨失勢之後，孛羅帖木兒立即被皇帝任命為中書右丞相（第一總理）並總制天下兵馬，算是得到了第一階段的勝利。

好，這次的獎品全都發完了…

……

據聞朱文正因為封賞不公而心生不平

大都督被控異心　朱文正忽遭拔官

在西吳集團內，原本前途看好且被賦與鎮守南昌（江西境內）重責的朱文正（朱元璋之姪），竟然於日前無預警的被拔除一切職務，並由鄧愈接管南昌部隊的指揮權。據以往的資料顯示，朱文正不但勇猛善戰、多次立下大功，還在朱元璋登上吳王之位時，被任命為大都督府（總司令辦公室）的大都督，把整個集團的軍事大權都交到了他的手中，稱得上是朱元璋最為信任的骨肉至親。尤其在與陳友諒進行總決戰時，朱文正先是數度重挫漢軍鋒芒，一座南昌孤城硬是撐了兩個多月未被攻下，隨後又截斷陳友諒的糧道，在迎來最終勝利的這段期間，他可說是一直扮演著極為吃重的角色。但是，在事後朱元璋賞了大批的金帛給常遇春、廖永忠等將領，唯獨朱文正卻沒有得到任何的封賞。這樣的處理方式，讓朱文正覺得受委屈，心理非常不平衡，所以他開始放任部將掠奪下屬的妻女，自己的行為也開始脫序。就在朱元璋耳聞這些事並十分火大的同時，又有官員憑空指控朱文正有異心。於是朱元璋便忽然乘船來到南昌巡視，並嚴厲的責問朱文正打算做什麼，然後將他押回應天（南京，江蘇境內）去了。眼看著這位姪子就要踏進鬼門關，朱元璋的夫人馬氏趕忙出來勸解，說朱文正只是個性剛戾，並沒有什麼不好的意圖。好說歹說，朱元璋才免了他的死罪，只把他給流放到桐城（安徽境內）去軟禁起來。

王子大演復仇記
孛羅帖木兒慘死

大元帝國的皇太子愛猷識理達臘在逃往太原（山西境內），投靠到擴廓帖木兒（王保保）營中之後，便不斷勸說擴廓擁立他為帝，直接與皇帝妥懽貼睦爾（元惠宗，元順帝）分庭抗禮。但是擴廓不想捲入宮廷鬥爭，所以並沒有支持這樣的想法，只是單純的把矛頭指向宿敵孛羅帖木兒。後來，擴廓揮軍擊敗了孛羅的部隊，擔任中書右丞相（第一總理）的孛羅帖木兒因此陷入極度焦慮之中，開始變得喜怒無常，弄到連皇帝也對他吃不消而心生厭惡。

據聞大元皇太子有可能挾擴廓的兵力逼皇帝退位

雖然自孛羅執政以來，推行了不少好的政策，但妥懽貼睦爾還是傳下密詔，召集了一批人，趁著孛羅要入宮奏事的時候，埋伏於半途把他殺了。皇太子愛猷識理達臘聽說孛羅死了，大喜過望，便在擴廓帖木兒的重軍護衛之下準備返京。不過，有消息指出，奇皇后（愛猷識理達臘之母）已經派人暗中與擴廓交涉，極有可能會挾著擴廓的兵力，逼迫妥懽貼睦爾將皇位讓給兒子來坐。看來，大都（北京）又即將面臨一場父子鬥爭的腥風血雨了。

兩吳勢力彼消我長

據資深分析師表示，自從朱元璋在鄱陽湖大戰中徹底擊敗了陳友諒之後，原先隸屬於漢軍的地盤，全都被朱元璋吞併，再加上絕大部分的漢軍也都改旗歸降，使得西吳王國目前所能控制的人口數，已經達到了其他敵手的兩倍以上。除此之外，西吳陣營中可說是猛將如雲，徐達、常遇春等大將更是名動天下，強悍到兩軍尚未交戰，敵將便已聞風喪膽，所以朱元璋將會贏得最後勝利的態勢也逐漸明朗了起來。反觀另一邊的東吳陣營，近年來則是因為張士信（張士誠之弟）及潘元紹（張士誠之女婿）的貪瀆敗政，張士誠又無心於國政，縱容部將腐化而沒有採取任何的行動，以致國勢積弱不振。雙方實力彼消我長，兩個吳王之間已經出現極為明顯的差距了。

擴廓受封河南王　總制兵馬肅江淮

由冀寧（山西境內）護送皇太子愛猷識理達臘返京的擴廓帖木兒（王保保），並沒有按照奇皇后（愛猷識理達臘之母）的盼望，以重兵脅迫皇帝讓位給太子。而是在大都（北京）城外三十里處就令軍隊停駐，然後在少數衛隊的隨護之下，與太子一同返回宮中。此舉雖然贏得了皇帝妥懽貼睦爾（元惠宗，元順帝）的信任，並被授與中書左丞相（第二總理）之職，但卻使得奇皇后母子對他心懷怨恨。同時，朝中諸位大臣又以他並非蒙古貴族出身而屢加排擠，用消極的態度在朝堂之上抵制他。於是擴廓決定遠離政治核心，免得隨時有遭人陷害的危險，他主動向皇帝請求返回前線作戰。到了今年閏十月時，皇帝下詔封擴廓帖木兒為「河南王」，並總制各路兵馬，以便全力肅清朱元璋等南方軍團。

由於奇皇后、皇太子，以及許多朝中大臣的排擠，擴廓決定領兵外出，遠離政治核心

兩吳最終戰役開打

兩吳之間的最終戰役總算揭開序幕了，徐達、常遇春、馮國勝等西吳大將，奉朱元璋之命，率領騎兵、步兵及水師大軍，直指泰州（江蘇境內），並在日前奪下該城。軍事評論家表示，朱元璋這次可能是採取了所謂「翦除兩翼」的戰略方針。打算先攻奪張士誠在長江以北的領地，然後占領浙江地區，等到把外圍敵軍都掃蕩一空，再以全力進攻位於其心臟地帶的蘇州（江蘇境內）。不過，東吳王張士誠在得到情報之後也不甘示弱，立即動員了戰艦四百多艘，浩浩蕩蕩的出發，將軍事目標對準了江陰（江蘇境內）。究竟鹿死誰手，就盡看此役誰勝誰敗了。

給我過來！

擴廓下令調集李思齊等元軍部隊，但諸將卻抗命不從

河南王徵調大軍　元軍系大鬧內鬨

　　已經如風中殘燭的大元帝國，日前又再度爆出內鬥戲碼。受命掃蕩江淮的擴廓帖木兒（王保保），原本打算調集李思齊、張良弼、孔興、脫列伯四支軍團的武力，南下對付朱元璋集團。但因為這四位將領抗命不從，使得擴廓帖木兒只能暫停南征的行動，掉轉兵鋒先來對付自己人。李思齊先前與擴廓之父察罕帖木兒是同一陣營，論起輩分、資歷其實都與察罕相當，現在卻換成一個毛頭小子來對他發號施令，他打從心裡就瞧不起擴廓，

所以當然不願服從。而張良弼、孔興、脫列伯三人則是孛羅帖木兒的舊戰友，與察罕一族可說是世仇了，絕無可能聽擴廓的調遣。不過，也有資深分析師表示，擴廓帖木兒本來就沒有要南征的打算，因為他一旦領兵南下，那毫無防備的背後就在李思齊等軍閥前露了出來。而且他也早知道這幾個人對自己懷有敵意，所以更不可能冒然行動。他打的如意算盤，只是想藉著征討朱元璋的名義，把這些部隊都收入囊中，以擴充自己的實力。

東吳兩翼遭芟除　大軍圍困張士誠

對於張士誠大張旗鼓以水師進逼江陰（江蘇境內）的行動，朱元璋研判應該只是意圖分散西吳陣營力量的疑兵，其真正的主力可能會對泰州、海安（皆江蘇境內）等地發動攻擊，於是便命部將嚴密部署，以加強防備。而東吳軍的企圖果然如朱元璋所料，在奇襲受阻之後，還被西吳軍攻克了軍事要地高郵（江蘇境內），隨後又相繼失去了淮安、徐州（皆江蘇境內）等重鎮。西吳軍同時也擊退了來援的元軍並入主安豐（安徽境內），席捲江北之地，將元軍與張士誠之間的聯繫全部切斷，令其陷於孤立的狀態。隨後，由徐達、常遇春所率領的二十萬主力軍團圍攻

湖州（浙江境內），並大敗東吳大將呂珍的部隊，迫使其屬下六萬精兵皆一同歸降。而由李文忠（朱元璋外甥）、朱亮祖所率領的另一支部隊，則是以重兵進逼杭州（浙江境內），迫使守將開城獻降。目前臂膀盡失的張士誠，可說是僅存平江（江蘇境內）一座孤城，單獨面對西南北三面被圍之勢。但由於張士誠有著城中地主富豪的支持，糧餉供應源源不絕，所以仍讓徐達久攻不下，戰事又再度陷入了膠著。據聞，朱元璋已於日前派使者送信給張士誠勸降。可是張士誠打從心裡就瞧不起朱元璋這個叫化和尚，因此他並未給與任何答覆，還是決定堅守到底。

在兩翼被芟除後，張士誠坐困平江孤城

四川明夏幼主繼位　內訌鬥爭前途堪憂

　　據守四川險地的大夏皇帝明玉珍於不久前病逝，由年僅十歲的兒子明昇繼位，並改元「開熙」。資深分析師表示，雖然四川在明玉珍的治理之下，確實氣象一新，連軍事實力也大為增強，但令人覺得惋惜的是，領導人才剛換不久，管理階層便因爭權奪勢而陷入了內訌鬥爭的局面。要是再如此下去，明夏將快速衰落，遲早被其他人所吞併。

意外!? 謀殺!?
廖永忠奉命迎主　小明王魂斷江中 ─

　　由於朱元璋近來在平定南方各割據勢力時大有進展，所以便命部將廖永忠到滁州（安徽境內），將徒具名號的「小明王」韓林兒迎接到自己的大本營應天（南京，江蘇境內），以昭示天下人他仍尊奉著明教的共主。但不幸的是，當船隊行至瓜步（江蘇境內）的時候，小明王所乘坐的船竟然翻覆了，而韓林兒也因救援不及當場溺斃。據朱元璋集團所發布的官方消息，表示這完全是因為長江中突起風浪，導致座船被掀翻的一起意外事件，負責護衛的廖永忠也因此自行請罪，並受到朱元璋嚴厲的斥責。不過針對此點，已經有名嘴在政論節目上指出，這次的沉船事件分明就是預謀性的政治謀殺，因為朱元璋雖然表面上仍使用龍鳳年號，但實際上從未接受過來自小明王的命令。尤其近年來已在群雄逐鹿的舞台上站穩了腳步，更不可能會真心想要迎來一個壓在他頭頂上的人。況且，護送主公結果直接送上黃泉路的這種大狀況，又怎麼可能只是嚴加斥責就可以了事的。所以，就算不是朱元璋直接授意此行動，也是廖永忠揣摩上意而故意為之的。

小明王因座船意外翻覆而溺斃江中

崇左改制　李善長任左相國

日前，西吳集團就中央政府的編制再度進行了一波改革，先是把之前以右為尊的習慣，改成崇左，也就是同樣的職位中，以職銜冠上「左」字的為第一主官。同時也宣布，以起兵初期就一直跟在朱元璋身邊的謀士李善長為「左相國」（第一總理），而以集團中第一大將徐達為「右相國」（第二總理）。不過，由於徐達長年領兵在外，所以國內的大小政務，可說是全都交由李善長去處理。另外，在軍事方面，也將統領天下兵馬的大都督府（總司令辦公室）長官，由「大都督」改設為官階正一品的「左、右都督」，其下再設從一品的「同知都督」、正二品的「副都督」、從二品的「僉都督」等官員。這讓整個軍令系統更為完善。

反擴廓聯盟成立
西吳軍得漁翁利

元軍系統的李思齊、張良弼、孔興、脫列伯四大軍閥，在得知擴廓帖木兒（王保保）已經親率大軍，準備先發動安內戰爭的消息之後，也不甘示弱的採取行動，組成了反擴廓聯盟，並公推李思齊為盟主。軍事評論家表示，由目前雙方激鬥的情形看來，這場混戰恐怕沒有辦法在短期之內結束。而元軍這樣自相殘殺的結果，將使得朱元璋沒有後顧之憂，迅速壯大，可能再過不久，便可以掃平張士誠、方國珍等勢力，成為南方唯一的霸主。

百官勸進即帝位　朱元璋暫時回絕

據來自西吳高層的消息指出，今年七月間，在左相國（第一總理）李善長的率領下，所有的政府高級官員已經聯名上書，勸請吳王朱元璋登上皇帝之位。雖然朱元璋很快的便用時機尚未成熟的理由加以回絕，但一般認為，朱元璋一路走來，從一個窮到快被鬼抓走的破落農戶、沿街要飯的乞丐和尚，憑著自己的智慧與實力，一步一步的往上爬。到了現在放眼望去，當初逐鹿中原的群雄，再也沒有一個人是朱元璋的對手。所以他登上皇位並進而統一天下，根本就是遲早的事情而已。尤其以李善長為首的群臣開演了上書勸進的戲碼之後，三度勸讓的標準流程便已啟動，相信再過不久，朱元璋就會正式稱帝了。

因戰敗而上吊尋死的張士誠，被救下來之後已經押往應天審判

22，23，24…還好我受過 CPR 訓練…

平江兵敗　張士誠自縊獲救
押送應天　東吳王絕食不屈

　　兩吳軍隊在平江（江蘇境內）僵持近十個月之久，其間西吳軍團不但以重兵將張士誠圍困在城中，還在四周築起了土台，把割下來的敵軍首級、腐爛的屍體，以及一些雜七雜八的廢物垃圾，全都用投擲機投進了城裡。雖然總指揮徐達曾多次勸降，也表明了將會保障其生命及財產的安全，但張士誠始終不為所動。於是徐達便在今年九月發動了總攻擊，一時間百道攻城、火石俱進。最後堅實的城牆終於禁不起炮火的摧殘而倒塌，西吳軍蜂擁而入，而張士誠則是倉卒退守內城。眼看著大勢已去，至死不肯屈撓的張士誠決

定有尊嚴的自我了結，便招來妻兒，然後縱火焚燒宮殿，準備在熊熊大火中以上吊的方式結束全家，包括他自己的生命。但是就在他快要斷氣時，已經投降西吳的舊部屬衝上去把他救了下來，隨後送往徐達的大營之中。徐達又多次派張士誠的舊將去勸降，他卻自始至終都閉目不答，就算是走到了日暮窮途，也不願意向朱元璋屈服。最後，徐達只好派人由水路，將張士誠押往應天（南京，江蘇境內）接受審判。據聞，目前張士誠在船上還是一直拒不進食，完全沒有半點要屈服的意思。

避兵鋒亡命海上　方國珍正式歸降

在張士誠被解決了之後，朱元璋便集中力量，命湯和為征南將軍，進討在東南擁兵自重的方國珍。而方國珍見部隊數度落敗，情勢不利於己，趕忙帶著他所有的家當，搭乘剛建好的海船逃入海中。不過，朱元璋哪有可能這麼容易就放過他，於是便任命廖永忠為征南副將軍，率領舟師入海，與湯和一起追擊方國珍。雖然有人批評方國珍過於短見，未能趁著兩吳交兵時，抓準時機偷襲朱元璋的腹心之地，而只顧著搜括珍寶、建造逃亡用的海船。但評論家認為，其實方國珍這樣做，是有策略性的。之所以沒有乘機攻擊朱元璋，是為了和他保持住

較為友好的關係。搜括珍寶、建造海船，則是為了增加自己的實力及未來談判的籌碼。在經過研判，確認自己不可能打得過朱元璋之後，這樣的安排或許才是最佳選擇。果不其然，朱元璋在派兵窮追猛打的同時，也開出極為優渥的條件勸降。而最後方國珍也接受了這些條件，歸順了朱元璋，並保全了他那一大堆的金銀珍寶。

元軍惡鬥不止！　擴廓被拔軍權？

北方元軍的內鬥日前已進入了另一波的高潮，李思齊等將領與擴廓帖木兒（王保保）之間交戰了不下百次，而原本支持擴廓帖木兒的皇帝妥懽貼睦爾（元惠宗，元順帝）態度又開始搖擺，轉而支持李思齊陣營。為了節制擴廓帖木兒，皇太子愛猷識理達臘已經受命總制天下兵馬，這等於是完全剝奪了擴廓的軍權。被拔除軍權及中書左丞相（第二

總理）之職，僅剩「河南王」空銜的擴廓帖木兒，此時營中又發生了窩裡反事件，手下的兩個部將竟然背他而去，令他的情勢更是雪上加霜。但王保保可不比之前的傻脫脫，在不願乖乖的把軍隊指揮權給交出來的同時，便已率領部隊退據澤州，然後又攻占冀寧（皆山西境內），殺盡朝廷命官，明白的宣示了他決不屈服的立場。

天日照爾不照我　張士誠慷慨赴死

兵敗被俘的張士誠在船上絕食多日之後，終於被押到了應天（南京，江蘇境內），並交由左相國（第一總理）李善長主持審判。飽受折磨的張士誠雖然身體已經虛弱不堪，但其心志仍是頑硬而堅強，非但不肯就此屈服，還出言辱罵李善長說他只是個狗仗人勢的傢伙。而被這樣一講，李善長當然也動怒了，馬上就拍桌反嗆張士誠不過是個失敗的

鹽販子，淪落到此地步，居然還敢這般囂張。由於問不出個什麼東西來，只好中止審訊，由朱元璋來親自處理本案。但是張士誠此時早已將死生置於度外，在說了一句「天日照爾不照我」之後，便閉上嘴、合上眼，不再做任何表示。朱元璋見張士誠始終堅不屈服，最後也只能下令用弓弦將其絞死，留給這位也曾是一方霸主的英雄一個全屍。

情勢大好　吳軍同時南征北伐

元軍因內鬥而發散出的那股虛弱瀕死之味，當然沒有辦法逃過朱元璋如餓狼般的靈敏嗅覺。於是他在日前正式發布了集團軍將同時南征與北伐的消息。南征的部分，由胡美（胡廷瑞）率領精銳部隊從陸路進入福建掃蕩，水軍則在湯和及廖永忠的率領之下，沿著海岸一路往南，從海上對福建、廣東等地發起攻擊。而北伐的部分，則以徐達為征虜大將軍，以常遇春為副將，統領二十五萬的主力軍團，向北進擊。

三勸讓　終點頭
朱元璋將即皇帝位

由於北伐軍團表現亮眼，在年底時又從元軍手中拿下了山東諸郡，讓西吳集團內的文武百官找到了一個理由，在左相國（第一總理）李善長的率領下，再度勸請朱元璋登上皇帝之位。而朱元璋則是如千百年來的往例一樣，虛偽的再次謙讓不受。一直到第二天，李善長等人又第三次勸進時，他才勉為其難的答應。

到底安排好了沒？怎麼拖那麼久啊…

照古例要先假仙兩次啦…

第　二　章

開國定制　功臣窮途

（西元一三六八年～一三九八年）

元·至正二十八年　明·洪武元年

大明王朝建立　洪武皇帝登基

　　朱元璋（明太祖）在去年（一三六七年）底接受百官的勸進之後，今年元月初四，便於應天（南京，江蘇境內）正式登上皇帝之位，並將國號定為「大明」，建元「洪武」。同時冊封一路跟隨著他打天下的馬氏為皇后，立長子朱標為皇太子。在中央設立最高行政機關「中書省」，並以李善長為左丞相（第一總理）、徐達為右丞相（第二總理）。評

論家表示，朱元璋「大明」這個國號定得很有意思，既是象徵一個全新的光明時代已經到來，又呼應了當初紅軍起事抗元時所提出「明王降世」的口號。不但滿足了紅軍中為數眾多的「明教」徒眾的情感需求，在「明」的前面特意強調一個「大」字，也有取「小明王」而代之的意義，宣示了自己才是真正的天下共主。

田畝核實除弊　賦稅更為公平

正式建國之後，朱元璋（明太祖）不只繼續在軍事上增強自己的力量，也對國家的財政根基下了不少工夫。日前，他便派了周鑄等高級官員，帶著一百多個工作人員，前往浙西一帶進行田畝的核實工作，以革新元末留下的各項積弊，釐清百姓應繳納的田賦，避免人民有不合理的負擔。在出發前，朱元璋還特別要求工作人員，一定要如實統計整理，不可循私舞弊，否則必將嚴懲。另外，由於之前張士誠的大本營平江（江蘇境內）一帶，在兩吳征戰期間大力的支持著東吳集團，慷慨的捐輸糧餉，讓西吳軍圍城長達九個多月，吃了不少苦頭。所以在張士誠被消滅之後，朱元璋便下令將附近地區的稅賦調高，而且是高到很誇張的地步，藉此懲罰當初押錯寶的那些地主富豪們。

大明軍南平福建
陳友定拒降身亡

朱元璋（明太祖）在去年（一三六七年）派兵討伐浙東霸主方國珍的同時，也命胡美（胡廷瑞）領了一支部隊，由江西出發，對據守福建的元系軍閥陳友定展開攻擊。而當湯和擺平了方國珍之後，也受命把部隊拉過來，與胡美一同合圍延平（福建境內）。一開始陳友定還堅守不出，但就在圍城第十天時，城中的兵器庫卻無故起火了，使得守備部隊陷入一陣慌亂之

陳友定兵敗之後堅不投降

中。湯和見狀，便下令全軍乘亂發動急攻，才終於破城而入。陳友定在兵敗之後，一度還企圖結束自己的生命，可惜沒有死成，就這樣被押回應天（南京，江蘇境內）去了。原本，朱元璋還懷著愛才之心，想說只要陳友定肯歸順的話就放了他，但是這位敗將之將卻展現出對大元帝國的赤膽忠心。不但立場毫不動搖，還對著大明王朝的皇帝高聲叫嚷著：「國破家亡我可死，尚復何言？」最後朱元璋也只好放棄，將陳友定和他的兒子都一併處死了。在消滅了陳友定之後，興化、泉州、彰州（皆福建境內）等地紛紛投降，福建全境也被明軍平定。目前，除了四川的明夏帝國，以及盤踞廣東的軍閥何真之外，南方群雄已盡數被掃平。朱元璋接下來將可以集中全力，進行對大都（北京）的北伐之戰。

兩大謀士之戰！！ 李善長劉伯溫針鋒相對

朱元璋（明太祖）才於不久前外出巡視，剛站穩腳步的大明王朝竟然就爆出高層不和的危機。據本報記者得到的獨家資料，皇帝前往淮南及汴梁（河南境內）等地視察之後，京師（南京，江蘇境內）的一切大小政事便交由左丞相（第一總理）李善長及御史中丞（監察總長）劉基共同協調負責。由於李善長等早期就隨朱元璋白手創業的淮西派，在朝中的勢力越來越龐大，甚至開始出現一些結黨收賄的傳聞，使得劉基（劉伯溫）不但不肯與之同流，還跟李善長起了摩擦。原來，朱元璋在臨行前特別囑咐劉基，要他放手對官員

> 想跟我鬥！？
>
> 哼！怕你不成

李善長與劉伯溫兩人針鋒相對，情勢十分緊張

所犯的不法之事進行糾舉，所以身為國家監察政風首長的劉基，一直很努力的做調查工作。而被劉基給逮個正著的倒楣鬼，就是貪贓枉法的中書省都事（國務院職員）李彬。李彬是李善長的心腹，此人一被逮捕，李善長便已出面為之說情。但以劉基的脾氣，當然不可能因為有人來關說就這樣把罪犯給放了，他立刻派人將李彬違法的調查報告送去給朱元璋。目前雙方仍為了此事僵持不下，不論最後李彬是生或是死，看來劉基與李善長之間的這個梁子是結定了。

安全下莊！！ 方國珍棄權力保富貴

之前已經歸降的方國珍，懷著疑懼的心被送往應天（南京，江蘇境內），其後朱元璋（明太祖）果然信守承諾，給與極為優厚的待遇。由於方國珍一直以來就刻意與朱元璋保持著還算不錯的關係，也未曾主動攻擊過明軍，所以朱元璋雖然沒有交付給他實權，只授與一個廣西行省左丞（副省長）的空銜，但仍讓他保有原來的財物珍寶，甚至還賜了他不少額外的封賞。可說是當初割據南方的群雄中，還能安度晚年的極少數吧。

殺李彬　天必雨！！

之前讓劉基（劉伯溫）與李善長相持不下的李彬一案，又有了最新的發展。朱元璋（明太祖）批准執行李彬死刑的命令，就在日前送抵了京師（南京，江蘇境內）。當時，官員們正在祈雨，李善長在看到劉基手上的執行令之後，雖然當場傻眼，但還是試著阻止行刑。他質問劉基說：「在進行祈雨這個重要的儀式時，怎麼可以殺人，這樣根本就是頂逆上天的行為。」劉基毫不動搖，只回答

李劉之爭趨近白熱

了一句「殺李彬，天必雨」，隨即下令將李彬處決了。政治評論家認為，劉基與李善長，或是說與淮西派權貴之間的衝突，至此已經完全浮上檯面。將來只怕在政府高層之間，因私怨而互相攻訐的情況會越來越嚴重。而一向不擅長與人結黨搞鬥爭的劉基，是否能在這場風暴中全身而退，除了考驗他自己的政治智慧之外，也取決於朱元璋要不要繼續和他推心置腹，給與完全的信任了。

元帝態度再變
轉向擴廓示好

對於擴廓帖木兒（王保保）與李思齊等反擴廓聯盟之間的爭鬥，元帝妥懽貼睦爾（元惠宗，元順帝）的態度真是一變再變，去年（一三六七年）才剛下令拔除擴廓的軍權及中書左丞相（第二總理）之職，不久前看擴廓擊敗了貂高、關保的部隊，又好像忽然悔悟一般，再度轉而支持擴廓。命他依軍法將敵對的貂高、關保處死，還下詔恢復他所有的爵位與官銜。

我們復合好嗎？

知道我的好了吧…

元帝態度搖擺不定，又再度轉而支持擴廓帖木兒

一般認為，元帝會做這樣的決定，是因為此時明軍已經渡過黃河，直指大都（北京）而來，所以才向擴廓帖木兒示好，要他領兵勤王，擋住明軍的攻勢。不過，已經又重新得到中央支持的擴廓，倒是沒有急著率領軍團去捍衛大都，而是繼續與李思齊等人相互攻伐。由目前的情勢看來，明軍拿下大都應該只是遲早的事情。

你知道皇帝換人當了嗎？

我只知道雞排的老闆換人，沒有以前那麼酥脆了…

在朱元璋的要求之下，明軍雖然攻破大都，但民眾作息依然維持正常

大都被破 天子易人　市場繼續交易 百姓作息照常

徐達領軍北伐之後，很快便以破竹之勢奪下了山東，但就在外界預測他將會直取大都（北京）的同時，明軍卻改採了另一戰略，就是先不急著攻打大都，而是切斷元廷的所有外援。在大將軍徐達的命令之下，明軍走水路由鄆城（山東境內）渡過黃河直搗汴梁（河南境內），先剷除了元軍的左右羽翼。接下來又派馮勝（馮國勝）、康茂才等將領奪取潼關（陝西境內），然後據關而守，堵住李思齊等部隊的來援之路。之後，朱元璋（明太祖）還親自至汴梁重新部署攻勢，讓徐達、常遇春由汴梁率軍北上，在臨清（山東境內）與其他部隊會師。又令大軍沿著運河北進，連克德州、長蘆、青州（皆山東境內）等地，兵鋒抵達直沽（河北境內），逼得元軍大將也先從海口逃出。最後大軍力拔通州（河北境內），嚇得元帝妥懽貼睦爾（元惠宗，

元順帝）連夜帶著后妃、家當奔竄出京，從居庸關（河北境內）逃往上都（大元帝國的陪都，為避暑行宮，內蒙古境內）避難去了。八月初二，明軍填壕登城，終於奪下了象徵蒙古人統治的大都。不過在此之前，朱元璋特別交代過徐達，在破城之日，絕對禁止士兵有擄掠姦淫、殺人放火等等的劣行，一定要讓市場能夠繼續交易，民眾能夠維持平常生活，並善待元朝之宗室貴族。所以在大都陷落時，徐達只有執殺了監國的淮王帖木兒不花、中書左丞相（第二總理）慶童等數人。然後將所有的府庫都貼上封條，派士兵守衛各宮殿門口，還留在宮中的女性則交由太監守護，並嚴禁士兵有任何侵犯及暴力的行為。於是整個城市在很短的時間內，便又恢復正常的運作，改朝換代對一般的平民百姓來說，倒也沒有帶來什麼衝擊。

驛站設立　傳訊邁入新紀元

　　為了加強聯絡與通訊的效率，大明政府在年初時，下令在許多地方設置水馬站、遞運所、急遞鋪。因為試辦的成效很好，所以到了九月時，便擴大實施，在各水陸交通要道，每六十或八十里設置一個「驛」，以傳遞軍情及緊急公文，並負責過往官員迎送。學者認為，在驛站系統建置完成之後，由於訊息的傳遞更有效率，將使得中央政府控制各地方的力量更為增強。

是誰把這種鼓拿來的，吵死了

我想說這比較能夠吸引年輕人…

── 京城午門設登聞鼓　開放民眾擊鼓申冤 ──

　　為了杜絕官員舞弊或欺凌百姓，以及減少冤案的發生，朱元璋（明太祖）已在日前下令，於京城（南京，江蘇境內）的午門之外設置「登聞鼓」，接受來自民眾的直接陳情。依規定，每天都會有一名御史（監察官）輪值監督登聞鼓。不管是民間的訴訟冤屈、各級政府該受理卻不讓民眾陳述也不給審理的案子，或者是涉及機密的重要案件，都允許百姓擊鼓申冤，然後由輪值的御史引見奏聞。不過，當然也不是所有的案件在擊鼓之後都

會被受理，像是一些關於戶籍婚姻、田產土地，或是鬥毆、軍役等等的事件，則只准向相對應的責管衙門告發，而不得鳴鼓申冤，輪值的御史也不許擅自接狀。辦法中也規定，如果有人企圖以自殘的手段脅迫守鼓官員接狀的話，那麼守鼓官員應立即使用刑具，當場將其拘捕，然後再向上奏報案情，並追究是否有人涉嫌教唆。一般認為，登聞鼓的設置不但直接提供了百姓一個申訴的管道，也間接遏阻了某些瀆職官員的惡行。

大明軍團西推進
第一目標王保保

雖然明軍已經攻下了大都（北京）並將之改名為「北平」，但元軍的力量並未真的被剷除乾淨。環顧四方，擴廓帖木兒（王保保）在山西的軍力仍不可忽視，而陝西一帶則有李思齊、張良弼等元系部隊擁兵自重，在遼陽一帶更有納哈出盤據，連在四川都還有明昇的大夏政權。這些勢力，對朱元璋（明太祖）才剛剛建立的大明帝國來說，還是一大威脅。為了早日平定天下，朱元璋已經在九月時，再度派徐達、常遇春率領大軍西進，準備對擴廓帖木兒進行掃蕩了。

擴廓帖木兒的勢力已成為明軍掃蕩的第一目標

君臣關係生變？　劉基請辭獲准！

朱元璋（明太祖）長久以來極為倚重的核心幕僚劉基（劉伯溫），在今年夏天因為妻子去世的緣故提出了致仕（退休）的申請，並且獲得了批准。相較於之前老是捨不得劉基離開自己太久，朱元璋這次竟然願意讓他告老返鄉，似乎也意味著兩人之間那種緊密的關係開始出現了鬆動。據本報記者得到的情報顯示，這樣的變化，其實都和李善長及淮西集團脫不了關係。劉基自從上次李彬事件得罪了左丞相（第一總理）李善長之後，李善長便不斷利用各種機會進行挑撥。先是向皇帝告狀，說劉基在壇土下殺人是不敬之舉，又讓之前那些曾被劉基糾舉的官員，也都跳出來誣陷他。這時因為正逢天旱，所以朱元璋便要求群臣對此提出對策。劉基上奏說：「由於陣亡、病故將士的遺孀，被遷往寡婦營不許改嫁的有數萬人，陰氣鬱結。加上許多工匠身故之後，腐屍骨骸暴露在荒野中，沒有安葬；投降的張士誠麾下將吏都被編為軍戶，得不到寬大的對待，怨氣無法消散，才會導致天旱不雨。」而朱元璋也一如過往的完全照著他的話去做，妥善處理這三件事。只不過這次素有神機妙算之稱，善於觀天象知因果的劉基竟然失準，十天之後，天空還是沒有降下半滴雨。這使得朱元璋對劉基的能力開始感到懷疑，加上周圍又有那麼多人在說他的壞話，所以才會在這個時候，批准了劉基的離職而未加慰留。不過，劉基在離開之前，還是語重心長的上書提醒朱元璋，要他取消把故鄉鳳陽（安徽境內）營建為國都的構想，並且叮嚀在對擴廓帖木兒（王保保）作戰時，絕對不能過度輕視。

趁敵背後空虛　擴廓逆襲北平

大明軍團在留下部將孫興祖駐守北平（北京）之後，徐達、常遇春便將主力部隊分成兩路同時挺進，準備對擴廓帖木兒（王保保）形成夾擊之勢。其中由常遇春率領的北路軍，一路南下保定、中山、真定（皆河北境內），直逼山西而來。而由徐達率領的南路軍，則前進到彰德（河南境內）一帶。擴廓帖木兒在探得作為徐達軍前鋒的湯和部隊，已經孤軍冒進的從懷慶（河南境內）打到澤州（山西境內）時，便立即派出一支勁旅攻擊湯和的部隊。雙方在韓店（山西境內）一帶爆發了激烈的戰鬥，最後明軍以慘敗收場。已經躲到上都（內蒙古境內）的元帝妥懽貼睦爾（元惠宗，元順帝），在聽到這個振奮人心的捷報之後，高興得立刻下詔晉封擴廓帖木兒為「齊王」，並賜金印，還要他統率所有的軍力收復大都（北京）。而據前線記者得到的最新情報顯示，目前擴廓帖木兒已抓準明軍精銳盡出的大好時機，調集主力北出雁門關（山西境內），直接向大都進發。

朱元璋因無法解讀星象，又將已退休的劉伯溫召回

還鄉不過三月　劉基又被召回

朱元璋（明太祖）批准了劉基（劉伯溫）的致仕（退休）才不到三個月的時間，便又因為無法解讀最近異常出現的天象，而寫信將其召回。而且，這次不只要劉基回中央政府任職，還打算在大封功臣之前，就先封給他第一等公爵。劉基雖然乖乖的回到了京師（南京，江蘇境內），但他一再堅辭這樣的冊封，不想貪圖虛名，讓自己惹上不必要的麻煩。後來，朱元璋為了表示對這位「老先生」的特別肯定，便追贈劉基已故的祖父及父親，讓他們都位列公爵。不過朱元璋與劉基之間，到底能不能回到之前那種君臣交心，相得歡甚的美好時光，還是未知之數。

明軍夜襲老巢　擴廓兵潰敗逃

之前趁著明軍後防空虛之際，親率大軍出雁門關（山西境內）直撲北平（北京）的擴廓帖木兒（王保保），原本打算如果徐達不還救的話就直接奪取，要是還救的話就在半路予以截擊。但是徐達的反應，卻不在擴廓原先預設的選項之中，因為他選擇了直接強攻擴廓的老巢冀寧（山西境內）。結果這樣一來，反而使先下手的擴廓帖木兒陷入被動，不得不回師撲救。不過擴廓麾下的元軍可是以善戰聞名，就在他們緊急回師之後，一萬名精銳的前鋒部隊便意外的與明軍遭遇了。明軍沒有心理準備，只能靠著傅友德等將領率領著數十名的敢死隊不斷向前衝鋒，才暫

時擋住了元軍的攻擊。就在這個時候，擴廓手下的一位部將剛好祕密派人前來向明軍傳達歸降之意，並表示願意當作內應。於是徐達便在約定好的日期，派出精銳騎兵乘夜銜枚進攻，並以火把為號令，裡應外合。忽然受到內外夾擊的元軍陣營大亂，明軍主力緊接著又發動進攻，一下子便打得元兵潰不成軍。而原本正在燭火下研讀兵書的擴廓帖木兒，一時之間也驚惶失措，只穿了一隻鞋子，就隨便騎上一匹瘦弱的小馬，帶著十八位隨身侍衛逃走了。在擴廓下落不明之後，剩下的元軍也全數棄械投降，使得徐達不但順利拿下冀寧，還多增加了四萬名的軍力。

想要偷襲明軍大本營的擴廓帖木兒，最後自己的根據地反而先遭受對方攻擊

 GREAT MING NEWS 西元一三六九年

元·至正二十九年　明·洪武二年

倭寇囂張　肆虐沿海

　　自從張士誠、方國珍等人相繼被朱元璋（明太祖）消滅或是歸降之後，原先這些集團中，沒有歸附明軍的若干殘存舊部，便亡命逃入海中，並與日本的浪人結盟，組成了海盜集團。近來，這批被稱為「倭寇」的海盜行徑可說是越來越囂張，不只在海上肆虐橫行，還屢屢劫掠山東的沿海地區，嚴重侵犯當地百姓的財產及生命安全。

元皇帝驚慌逃入漠北

　　在擴廓帖木兒（王保保）敗逃之後，山西的元軍勢力已被明軍剷除，於是常遇春便領兵向陝西的李思齊發動攻擊。兩軍短暫交手之後，李思齊自知不敵只好投降，歸順到明軍帳下。不過就在主力兵團節節獲勝的同時，元朝的中書右丞相（第一總理）也速則是趁著明軍西征之際，領兵反襲通州（河北境內）。而常遇春一得到急報，便立即與李文忠（朱元璋外甥）率九萬步騎回軍相援，不但連敗元軍，還直搗上都（內蒙古境內），逼得元帝妥懽貼睦爾（元惠宗，元順帝）再往北逃入沙漠之中。但常遇春豈肯讓對手就這樣溜走，他親率部隊追擊了數百里之遠，最後俘獲近萬名的將士，掠得三千匹馬、萬餘輛車，以及五萬頭牛。只是正當大家都在想著會得到何種程度的封賞時，常遇春卻在今年七月病死於回師途中。根據記錄，性格深沉而勇猛的常遇春，自從領兵征戰以來，不曾嘗過敗績。他雖然沒有讀過兵書，但用

常遇春病逝凱旋歸途

兵之法卻往往與古代名將相合，經常自詡能夠統兵十萬橫行天下的他，也因此被稱為「常十萬」，可說是朱元璋（明太祖）在徐達以下的第二號戰將。朱元璋驚聞噩耗，悲痛不已，已準備要在常遇春靈柩運回時親自出迎祭奠，並將追封他為「開平王」，賜諡「忠武」。至於常遇春的部隊，就改由李文忠統率，並前往慶陽與徐達的大軍會合。

避免宦官弄權
太監不得識字

你們每個人都應該向大雄學習…

嘻！

朱元璋（明太祖）在當上皇帝之後，雖然也在宮中留用了許多宦官，但他鑑於歷史上屢見宦官為禍，因此特別下詔對宦官的權力加以限制。在最新的規定中，內宮太監即日起不得念書識字，而且從今以後都要照此辦理。朱元璋表示，他在讀《周禮》的時候，發現在周朝時宮中的閹人總數還不到百人。而經過歷代演變之後，竟然增加到數千人之多，以至最後終於釀成大患。從這些閹人之中，若要找到良善之輩，機率可能連百分之一二都不到。所以，如果皇帝將他們用來當作耳目的話，就會耳目不明而蒙受欺蔽；當作心腹的話，日後就會成為心腹大患。朱元璋更明確的指出，這些宦官要負責的只是些宮內的灑掃、使喚及傳令罷了，絕對不可以交付重要的任務給他們，以免他們因為獲得功績而變成驕傲放縱。為了大明王朝的長治久安，所以他才立下此項規定，並要求後代子孫嚴格遵守。一般認為，若往後的歷代皇帝都能恪遵這項祖訓，那必定能讓這個新興帝國免除歷史上宦官亂政的憂慮，但就只怕實施沒幾代，新接手的皇帝便會圖自己的方便而漠視這項規定了。

明軍再下慶陽　守將投井獲救　仍遭斬首示眾

明軍在山西擊敗擴廓帖木兒（王保保）的主力軍團之後，轉而圍攻慶陽（甘肅境內），而原本想要倚靠擴廓外援的慶陽守將張良臣，由於被明軍切斷了聯繫，所以便陷入孤立無援、矢盡糧絕的困境。經過了多日的圍困，已經沒有存糧的慶陽城中開始出現熬煮人肉湯，然後和著泥土吞食的慘狀。在苦等不到友軍來援的狀況之下，部分城中守軍終於無法再繼續忍受而自行開城投降。當徐達領兵進入慶陽城時，張良臣見大勢已去，就跳入水井中企圖尋死。但對一個敗軍之將而言，連想要依照自己的方式結束生命也是一種奢求。因為他才投井沒多久，便被徐達命人給拖了出來。那麼，徐達是好心要救他嗎？倒也不是，只是想要將他當眾斬首，以作為頑抗不降者的借鏡罷了。

數度招降
明夏政權仍未回應

環顧天下，大半江山已盡在明軍的掌控之下，唯獨在四川的大夏政權，還倚仗著蜀地天險而置身事外，遠離中原的混戰。原屬於天完系統的明玉珍在獨立為大夏皇帝之後，便積極的治理此地。他在一三六六年去世，然後由年僅十歲的兒子明昇繼承帝位，從此大臣之間相互鬥爭的情況便越來越嚴重，國力有明顯下滑的趨勢。不久前，朱元璋（明太祖）又派人前往蜀地招降，但眾大臣仍是各有堅持及算計，並沒有對明軍開出的勸降條件做出任何回應。

Knowledge is power!!
各府州縣普設學校

為了從根本上增強國力，朱元璋（明太祖）已經決定要從教育開始著手。日前，大明皇帝便發出了一道詔令，宣布全國各府州縣都要設立學校。府級的學校設教授一名、訓導四名，收生員四十人；州級的學校設學正一名、訓導三人，收生員三十人；縣級的學校設教諭一名、訓導二人，收生員二十人。在各級學校任職的學官可享有月俸，而校內的師生則可按月領取糧米。

擴廓再起　兵圍蘭州

之前狼狽敗逃的擴廓帖木兒（王保保）收聚殘部，很快的便又重新集結了一支重兵，並趁著明軍南還的時候率兵對蘭州（甘肅境內）發動攻擊。而明軍鎮守鞏昌（陝西境內）的鷹揚衛指揮使于光在得知這個消息之後，立刻率兵前往救援。不過，于光的反應卻早在擴廓的預測之中，部隊才行進到一半便受到元軍的截擊，于光也在此役中被敵軍俘虜。之後元軍將于光押往蘭州城下，強迫他向城內喊話，叫守將張溫出城投降。結果于光並沒有依照元軍的要求進行勸降，而是大聲的呼喊著要守軍加強防衛，並表示大將軍徐達所率領的援軍就快要抵達了，使得元軍氣到用鞭子把他的臉抽打得血肉模糊。雖然于光後來傷重不治，但城中守軍卻因為他的喊話而更加強了抵抗的決心，目前仍在堅守之中。

被押著勸降的于光竟然反過來激勵守軍

大明新聞

GREAT MING NEWS

西元一三七〇年

元・至正三十年　明・洪武三年

明兩路北進　元蘭州撤圍

在得知擴廓帖木兒（王保保）率兵圍攻蘭州（甘肅境內）的消息之後，大明政府高層為此召開了緊急軍事會議。包括徐達在內的所有將領，因為都不想與擴廓的部隊正面交鋒，所以都主張派大軍直撲元帝妥懽貼睦爾（元惠宗，元順帝）所在的應昌（內蒙古境內），以逼迫擴廓帖木兒從蘭州撤軍。但最後朱元璋（明太祖）卻獨排眾議，決定將主力軍團分為東西兩路。西路軍由大將軍徐達率領，與鄧愈、湯和一同自潼關經西安（皆陝西境內）救援蘭州，並伺機殲滅擴廓帖木兒的本部兵馬。東路軍則在左副將軍李文忠（朱元璋外甥）的指揮之下，與馮勝（馮國勝）從北平（北京）經居庸關（河北境內）直搗應昌。而正在圍攻蘭州的元軍，一得知明軍即將來援的消息，就立刻解圍而走，蘭州被破城的危機也終於解除。

你們要保護好爸爸喔…

……

朱元璋分封諸子為王，以期他們能翼衛皇室

禦外保內　九子封王

今年夏天，朱元璋（明太祖）正式冊封他的九名皇子為王，分別是秦王朱樉（朱元璋次子）、晉王朱棡（朱元璋三子）、燕王朱棣（朱元璋四子）、吳王朱橚（朱元璋五子）、楚王朱楨（朱元璋六子）、齊王朱榑（朱元璋七子）、潭王朱梓（朱元璋八子）、趙王朱杞（朱元璋九子）、魯王朱檀（朱元璋十子），同時又分封從孫朱守謙（朱元璋姪朱文正之子）為鎮江王。朱元璋表示，之所以做這樣的安排，是仿效古代的封藩建國制度，對外可以抵禦外敵、保衛邊疆，對內則能拱衛皇室、避免權臣凌主。在規畫中，各王府之中都設有專屬官員，以及三千至一萬多名的護衛甲士。諸王的服飾、府第等各項規格，也都只比皇帝低一級。公侯等貴族見諸王時要行跪拜之禮，而內外大臣則不得與諸王對等行禮。不過到時諸王前往各封國就藩之後，對當地的百姓並沒有管轄權，也就是說諸王並不臨民，只有王號而沒有實際的疆土。

徐達下令部隊在夜裡製造噪音來騷擾元軍，讓敵人每天晚上都不得休息

徐達智取元軍　保保敗逃和林

聽聞明軍來援便從蘭州撤圍的擴廓帖木兒（王保保），下令全軍移駐安定（皆甘肅境內），並縱放手下的兵士四出擄掠，附近許多居民的妻兒家產全都遭到蒙古兵的洗劫。等到徐達大軍開抵之後，便與擴廓帖木兒的部隊隔著深溝紮營對峙，雙方兵馬每天都進行好幾回合的交戰。徐達還下令部隊輪流在夜裡製造噪音來騷擾敵軍，搞得擴廓的部隊每晚都失眠，根本沒辦法休息。就這樣連續疲勞轟炸了數天，有一天夜裡明軍忽然偃旗息鼓，一點聲響都沒有。結果已經疲累多日的元軍，便因為一時的放鬆而紛紛倒頭昏睡，

而徐達也抓緊了這個時機全軍出擊，大敗其眾，斬首無算，還生擒了嚴奉先、韓扎兒、李景昌、察罕不花等將領。擴廓本人灰頭土臉的帶著妻子，在幾個侍衛的保護之下倉皇逃竄。行至黃河時，還因為後有追兵而只能抱著流木冒險渡河，不過最後他仍安全的逃到和林（蒙古國境內）去了。而奉命追擊的明軍將領郭英，則是在追到寧夏之後，才因追趕不及而回師。徐達此役大獲全勝，共計俘虜了大元官吏一千八百六十五人、將校士卒八萬餘人，馬匹一萬五千餘匹，外加大量的駱駝、驢騾、牛羊等牲畜。

元帝駕崩 新主北竄

隨著擴廓帖木兒（王保保）慘敗的同時，應昌（內蒙古境內）也傳出元帝妥懽貼睦爾（元惠宗，元順帝）駕崩的消息，使得李文忠（朱元璋外甥）逮到機會發動奇襲。可憐的愛猷識理達臘（元昭宗）才繼承帝位不久，就落到只能帶著數十個貼身侍衛狼狽北逃的下場。而愛猷識理達臘的兒子、后妃，數百名元廷官員，以及六萬兵民，則是全都成了李文忠的俘虜。

大明開科取士

在政府各部門逐漸穩定運作之後，朱元璋（明太祖）已於日前正式下令開科取士。在新的科舉辦法中規定，三年一試，每逢子、卯、午、酉年八月舉行「鄉試」，次年的二月則舉行「會試」。而在考試內容的方面，辦法中也做出了明確的規範：第一場考《五經》和《四書》，第二場考「論」，第三場則考「策」。三場考試都通過的人，便於十天之後複試騎術、射箭、書法、數學、律學等五門。表現優良者，便可得到任官的機會。

> 啊…我連慶祝蛋糕都還沒切…

> 快走！來不及了

新的元帝登基不久，就被明軍打得狼狽北逃了

久旱未見甘霖 元璋親自祈雨

由於久旱無雨，造成農作極大的傷害，使得朱元璋（明太祖）在今年五月底宣布要親自齋戒祈雨。據了解，在整個齋戒活動期間，是由皇后及妃子親自掌廚，皇太子及諸王則在齋所內饋獻吃飯，祈求降雨。六月初一當天，朱元璋身著素服，腳上穿草鞋，以徒步的方式來到祭壇，然後在鋪著稻麥稈子的地上席地而坐。朱元璋白天頭頂烈日，夜間也露宿於此，就這樣前後連續了三天之久。在完成儀式之後，朱元璋還下詔賞賜出征將士，並給獄中的受刑人減刑。不知道是本來就快要下雨了，還是上天真的被朱元璋求雨的誠意感動了，到初五時，竟然就真的天降甘霖，紓解了大地的旱象。

—— 以利誘之　商人協助運糧 ——

由於儲存在大同（山西境內）的糧米，從山東、河北運送到太和嶺（山西境內），路途遙遠，運輸成本過重，所以山西行省的官員在日前便提出了一項可行的建議。也就是針對販鹽法令與邊疆生計結合，由商人來代替政府運糧。而要讓商人願意投入及配合，當然就必須提供他們可以賺進大把銀子的機會。於是在這個辦法中規定，凡是商人在大同的糧倉繳納一石米，或是在太原（山西境內）的糧倉繳米一石三斗，便可以換取政府發給的淮鹽一引，每引二百斤。而所謂的「鹽引」，就是由政府核發的販鹽許可，商人在拿到憑證之後到指定的鹽場支鹽，再將鹽運到指定地點銷售，這樣就能夠賺取豐厚的利潤。據聞，該提案已得到朱元璋（明太祖）的批准，準備實施。一般認為，此法的施行，將可以有效的解決邊境守軍的軍糧問題，可說是為政府及商人製造了雙贏的機會。

高層又見政爭　楊憲失算身亡

中書左丞（第一副總理）楊憲日前因犯罪被處死一案，儘管對政壇造成極大的震撼，但政府到目前為止，卻還沒有針對楊憲所犯的案由做出其他說明。幸好在本報記者的追蹤調查之下，還是挖掘出了事情的真相。據不願透露身分的政府高層表示，楊憲聰明有才、辦事牢靠，在之前任官期間一直為朱元璋（明太祖）所信任。不過，自從他進中書省掌握了實權之後，其心胸狹小的個性便顯露出來。他開始試著改變辦事成例，把原有的官吏都一一汰換罷免，

差點就被他給弄死了…

楊憲屢次排擠汪廣洋，到最後自己難逃一死

然後換上自己的心腹親信。當時汪廣洋擔任中書左丞，而楊憲還只是右丞（第二副總理）。雖然汪廣洋刻意保持模稜兩可的態度，一切交由楊憲專斷，但還是逃不過對方的極力排擠。楊憲甚至教唆御史（監察官）劉炳彈劾汪廣洋，說他侍奉母親沒有盡孝，使得汪廣洋因此被朱元璋嚴斥，並讓他辭官回鄉。誰知楊憲到此仍未死心，非要把汪廣洋給趕盡殺絕不可，所以又上奏請求將汪廣洋流放到海南去。只不過這樣一來，反而使朱元璋開始起疑，猜測楊憲是否想要圖謀不軌。這時，御史劉炳又再次對汪廣洋提出彈劾，於是朱元璋便判定這一定是刻意的排擠誣陷。劉炳被下獄嚴訊，最後才供出了是受到楊憲的指使。朱元璋大怒之下，當即下令將楊憲、劉炳處死，並重新召回汪廣洋。

朱元璋大封功臣!! 劉伯溫竟不在列??

在大敗擴廓帖木兒（王保保）及新任元帝愛猷識理達臘的大軍，將其逐回蒙古荒漠之後，朱元璋（明太祖）於日前大封功臣，並親自確定所有人的名次排行。在諸位功臣中，排名第一的是李善長，其爵位也由宣國公改封為韓國公，而徐達則是由信國公升為魏國公。已故的開平王常遇春之子常茂被進封為鄭國公，李文忠（朱元璋外甥）為曹國公，鄧愈為衛國公，馮勝（馮國勝）為宋國公。自中山侯湯和以下，位列第二等侯爵的也有二十八人，並與公爵一樣獲頒誥命及鐵券。

只是在宣布完數十位的第三等伯爵之後，竟然都沒有唸到劉基（劉伯溫）的名字。這位隨著朱元璋打天下的核心幕僚，明朝開國的第一謀士，是在經過二十天以後，才被想起來而補封了個「誠意伯」的爵位，而且俸祿只有二百四十石，比同樣是伯、功勞卻遠不及他的文臣汪廣洋還少了一百二十石；若是與李善長的四千石相比，那就更是天差地別了。這樣弔詭的安排，確實跌破所有人的眼鏡，各政論節目也紛紛在探討朱元璋與劉基之間，到底是出了什麼樣的問題。

朱元璋首次大封功臣的時候，並沒有把劉伯溫的名字給放在其中

【專題報導】鐵券

「鐵券」是皇帝賜給功臣，允諾其世代享有特殊優厚待遇，以及犯罪時可以免死的一種憑證。鐵券為瓦狀鐵製品，其上所有的字體都以黃金鑲嵌。依照功勳的差異，共分七個等級，而各等級的長寬尺寸都不同。鐵券的外側刻著持有人的履歷和蒙恩次數，詳盡記載著所為國貢獻的功績。而內側則刻有免罪減祿的次數，以提醒持有人不可再犯。每份鐵券都分為左右兩邊，左半邊頒給功臣，右半邊由朝廷收執，有事時則左右兩半勘合以作為查驗之用。

戶 帖 制 度 正 式 實 施

為了改善自元朝末年以來，因為百姓的戶籍散失嚴重，而導致徵稅沒有依據的混亂情況，大明政府在今年十一月，已經由戶部（財政部）開始推行新的「戶帖制度」。將所有百姓的戶口分為民戶、軍戶、匠戶三類分別管理，戶籍身分一旦確定之後，子孫的身分別也成為世襲，就連戶籍地址也是固定的，沒有任意搬遷或是更改的自由。戶帖為一式二份，分別用半印鈐記，百姓持有的稱為「帖」，而戶部留存的則稱為「籍」。在戶帖及戶籍資料中，必須詳實登錄百姓之鄉貫、丁口、姓名、年歲，並記載該戶之田產、房屋、黃牛和牲畜等財產。然後每年官府都會對轄區內的所有戶帖進行核對檢查，同時也記錄其變動。而實際的戶口清查工作，中央不但會督促各地方政府普查，還會動員軍隊去實地清點家口人數以做勘合，若經比對發現有登錄不實或躲避登載者，都要受到充軍的處分。若發現承辦官吏有舞弊隱瞞的情形，斬立決，以作為其他官員的警惕。

逃兵問題惡化　立法加以嚴懲

據統計，從吳元年（一三六七年）十月到現在，明軍累計的逃兵人數竟然已經多達將近四萬八千人。為了避免這種情況繼續惡化，朱元璋（明太祖）下令對這些逃兵進行追捕，同時也立法嚴懲，以示警戒。至於各級軍官，將依其麾下逃亡人數之多寡，對其管理不力，分別給與罰俸、降級、革職等等處分。而逃兵的事實如果發生在從征期間，則所有的罰責都會加倍。

針對日益嚴重的逃兵問題，政府已經立法嚴懲

李善長因病致仕　徐達接任其位

　　大明政府發布最新的人事消息，由於中書左丞相（第一總理）李善長因病致仕（退休），所以改由徐達接任左丞相，之前曾被楊憲陷害，後來又重新獲得起用的汪廣洋為右丞相（第二總理）。不過政論家一致認為，目前朝中高官大多屬於淮西集團，而李善長又是此集團的精神領袖，縱使他退休還鄉，對國內政壇的影響力也仍然存在。

劉基告老還鄉　不再過問政治

　　曾是明軍陣營中核心幕僚的劉基（劉伯溫），不久前以年老為由再次申請致仕（退休）獲准，並宣布將永遠退出政壇，從今以後回到家鄉務農，不再過問政治。評論家表示，或許對上次朱元璋（明太祖）大封功臣時的刻意打壓感到心灰意冷，或許對高層政客們的惡鬥逐漸厭煩，也或許是嗅到了未來可能會出現的危機，才使得劉基萌生退意。據聞，在劉基回到老家青田（浙江境內）之後，當地的縣令（縣長）曾多次表示要前往拜會，但都被劉基婉拒了。後來，縣令不死心，改成微服私訪。劉基以為只是尋常的訪客，便熱情的招待他，直到在閒談間發現對

方真實的身分，才驚得連忙下跪磕頭。而昔日皇帝御前的紅人，如今卻做出這樣的舉動，當然令青田縣令尷尬不已，趕緊想要扶起劉基。但劉基仍然謙稱自己目前只是個鄉野村夫，沒有資格與官員平起平坐，一同閒談喝酒。在這件事之後，劉基便將自己完全的封閉起來，不再接見任何外人了。

元帝握手盡釋前嫌　擴廓扛起復國大任

　　之前幾乎已經被明軍逼到絕境的元帝愛猷識理達臘（元昭宗），與僅以隻身敗逃的擴廓帖木兒（王保保）在和林（蒙古國境內）會合之後，這對同為天涯落難人的君臣，便以恢復大元的榮光為目標，盡釋前嫌，再度攜手合作。愛猷識理達臘任命擴廓帖木兒為中書右丞相（總理），把全部的權力及復國的重責大任都交託給他。而擴廓目前也已經積極的在招聚失散的部隊，準備東山再起，重振蒙古帝國的往日雄風。

大夏宣告終結　四川歸明所有

　　朱元璋（明太祖）一統天下的棋局，終於下到了四川這一塊。由湯和、廖永忠率領的大軍從東路進川攻重慶，另一支傅友德所率的部隊則從北路入蜀取成都。但由於夏軍據瞿塘峽天險固守，不僅在峽上安了吊橋，還在吊橋上加裝石弩，用以攻擊來犯的明軍水師船艦及岸上拉縴的水手，使得湯和的部隊在強攻了三個月之後仍是破不了關。倒是傅友德趁著夏軍將注意力集中在東線戰事的時候，找到敵方防線的空檔一舉南下，連續攻克了階州、文州（皆甘肅境內）、綿州、漢州（皆四川境內）等地。在得手之後，傅友德把軍情寫在木牌投入江中順流而下，藉此與東路軍互通聲息。廖永忠得報，決定改繞小道攻瞿塘，先以炮火摧毀了吊橋，再強攻瞿塘峽陣地，然後西上奪取夔州，直逼重慶而來，大夏皇帝明昇也因無法扭轉頹勢而出降。於此同時，北線的成都也不戰而降，大夏政權自此走入歷史之中，轄下八萬四千餘民戶全歸大明王朝所有。

糧長制度建立　協助政府徵糧

　　為了讓政府在徵糧的工作上更為順利，朱元璋（明太祖）已在今年九月下詔設立「糧長制度」。在新的規定中，將以地方上田土較多的地主為「糧長」，主持納糧規模約一萬石的地區內，所有田糧的催徵、點收以及解運。但除了徵糧的工作之外，糧長也同時負有教化鄉民、檢舉不法官吏等職責，而且可直接向皇帝報告。如此一來，散布在全國各地的糧長，便成為協助皇帝維持基層社會秩序、監督官吏與地方豪強，並維護中央集權統治的工具。

元·宣光二年　明·洪武五年

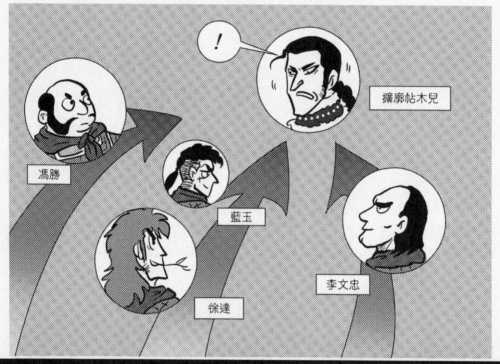

擴廓帖木兒

馮勝

藍玉

李文忠

徐達

明軍三路北進　和林勢在必得

在順利拿下四川之後，大明帝國現在僅存的威脅，就是已撤退到漠北的擴廓帖木兒（王保保）。不過，據最新的情報顯示，擴廓目前集結的兵力總數又已經突破了十萬人，要是不盡早予以剷除的話，只怕將是未來的一大隱憂。所以朱元璋（明太祖）便調集了十五萬名的精銳部隊，兵分三路：中路主力軍團由帝國第一大將徐達率領，從雁門關（山西境內）出塞，跨過戈壁沙漠，直趨元帝及擴廓大本營所在的和林（蒙古國境內）。東路軍由李文忠（朱元璋外甥）率領，從居庸關（河北境內）至應昌（內蒙古境內），然後從西北方對和林形成夾擊之勢。西路軍則由馮勝（馮國勝）率領，向甘肅進發，以作為混淆敵人的疑兵。據前線傳回的最新戰報說，徐達的先鋒藍玉出雁門關向北挺進，在野馬川（克魯倫河）遭遇到一支元軍。兩相交鋒，最後由明軍新一代的年輕將領藍玉取得這場戰役中的首勝。而明軍主力也在土喇河一帶，發現由擴廓帖木兒親自率領的一支蒙古部隊，在短暫接戰之後，擴廓已向和林方向退走，徐達也令全軍繼續向前推進。

擴廓逆襲成功　明軍慘敗而歸

當徐達大軍追擊擴廓帖木兒（王保保），一路前進到和林（蒙古國境內）之後，忽然出現為數眾多的蒙古軍團，將明軍給團團圍住。原來這些都是擴廓所設下的圈套，先以自己為餌假裝落敗，將敵人誘入埋伏圈中，然後再讓早已等待多時的主力軍團伏擊明軍。接著擴廓的部隊也急速掉轉，與伏兵一起夾擊徐達大軍，令其首尾不能相顧。之前未曾嘗過敗戰滋味的徐達，居然在這場戰役中栽了個大觔斗，在損失數萬人之後匆忙撤退。而李文忠（朱元璋外甥）所率領的東路軍，也是在緊追元軍時，遭到敵軍的掉頭抗擊。

由於形勢忽然逆轉，明軍只能在臨時搭建起來的防禦工事中拚死抵抗。就這樣撐了三天，元軍才放棄攻擊而撤退，李文忠也只好帶著這些飽受驚嚇的兵士們撤回甘肅。倒是原本要當作疑兵的馮勝（馮國勝）部隊，在這次的行動中，沿途打了不少勝仗，也俘獲了不少的牲口帶回內地，將河西走廊穩穩的收入大明王朝的版圖之中。學者表示，此役可說是朱元璋（明太祖）起事以來所遭遇到的最大挫折。經此慘敗之後，他原本想要併吞外蒙古的雄心壯志，可能也隨著狼煙消散在戈壁沙漠之中了。

皇帝成為正義哥　民眾拍手齊好評

在隆冬的十二月，外出巡視的朱元璋（明太祖）在行經京城（南京，江蘇境內）三山門的時候，無意間瞥見了幾個在護城河中淌著水，不知道在撈什麼東西的農夫。由於這時早已天寒地凍，根本不可能會有人想要站在冰冷的水中，所以此舉引來朱元璋的關注。結果一問之下，才曉得這幾個農夫是被徵召來服勞役的，不慎得罪了督工的官吏，使得賴以為生的鋤頭被扔到河裡去，他們也只好冒著嚴寒下水撈鋤頭。於是朱元璋便命兵士前去幫忙打撈，另外又賞了一些鋤頭跟工具給這幾個農夫。之後，又差人立刻去把那些整人的督工官吏叫

你被丟進水裡的是金鋤頭還是銀鋤頭呢？

到現場來痛打一頓。同時下令所有被徵召來京服役的農民一律停役，立即放假回家。而皇帝痛懲惡吏的消息，則是很快的就傳遍了京城內外，獲得民眾一致的好評。

北伐失利重心轉移　文官權能凌駕武將

在北伐擴廓帖木兒（王保保）失利之後，大明政府似乎已經放棄了向北擴展疆土的野心，開始將國家的經營重心放在制度的創建上。資深評論家指出，雖然還是必須保留強大的武力作為國防屏障，但軍事問題在現階段似乎已經不是朱元璋（明太祖）最關心的

了。也就是說，接下來，曾經協助他打天下的這批功臣武將，儘管目前仍位居政府要職，但這些人在大明政權中的作用及地位，都勢必將逐漸的降低。其重要性，將會被那些能為帝國設計出良好制度，維持長治久安的文職官員們所取代。

大明新聞

GREAT MING NEWS

西元一三七三年

癸丑

元・宣光三年　明・洪武六年

給事中位卑權重　分六科督察百司

大明政府在一三六七年仿宋朝體制設立了「給事中（政風監察官）」之後，於今年三月又將給事中依中央六部的職掌，畫分為吏、戶、禮、兵、刑、工六科，以對六部進行監察。在設置辦法中，明定了給事中的職責為「侍從、諫諍、補闕、拾遺、審核、封駁詔旨，駁正百司所上奏章，監察六部諸司，彈劾百官，並與御史（監察官）互為補充」。品級雖然只有正七品（之前定為正五品），但卻位卑而權重，除了直接向皇帝提出諍諫之外，最主要的功能則是在於監督其科別所對應的行政部門，對其施政、奏章有疑議之處提出駁正或彈劾。

無端捲入風波　劉基赴京謝罪

兩年前早已致仕（退休）回鄉，不再過問政事的劉基（劉伯溫），日前竟然又捲入了「談洋案」當中。在本報記者深入調查後發現，在浙南一個叫做談的地方有一塊空地（洋是浙江話「田地」之意），夾於浙閩兩省之間，向來難以管轄且常有亂事發生。之前劉基還在朝中的時候，建議在此處建立一個巡檢司（縣級衙門之下的外駐警備所），以加強巡邏。結果治安是有改善了，但因為妨害了當地豪強的私鹽買賣，擋了人家的財路而惹禍上身。於是在他下台之後，這些豪強便一狀告到京城（南京，江蘇境內），說劉基真正的用意是想藉著巡檢司將地主趕走，以得到這塊有王氣的地來修他自己的祖墳，這樣他將來的子孫就能當上皇帝。無端被捲入這件事的劉基怎麼講也解釋不清，只好趕快親自赴京謝罪，並表明今後將待在京城中不再回鄉，方便政府可以就近看管他。朱元璋（明太祖）當然知道劉基不可能有謀反之心，再加上看到他這種可憐兮兮的樣子，所以也不想再繼續深究此事，便下令保留其誠意伯的爵位，但所有的俸祿則予以免除。看來劉基留居京城的日子也不會好過，不但在沒了俸祿之後生活將陷入困頓，還可能動輒得咎，隨時惹禍上身。當年在朱元璋身邊意氣風發的軍師劉伯溫，此時已不復見了。

王保保兵犯大同　大明軍奮力擊退

擴廓帖木兒（王保保）不久前又挾著去年大敗明軍之勢，引兵向大同（山西境內）發動攻擊。不過在有了上次的慘痛經驗之後，徐達再也不敢掉以輕心。他很快便調派了足夠的部隊協防大同，並頑強抵抗擴廓的攻勢，最後終於將之擊退，也阻斷了擴廓一舉南下恢復大元的企圖。

── 為免進貢之風殃民　皇帝退回葡萄美酒 ──

　　這幾年才剛歸附於大明帝國的「西番」部落（甘肅境內），於日前特地進貢了一批當地特產的葡萄美酒給大明皇帝。朱元璋（明太祖）雖然覺得很開心，並照例賞賜了部落酋長一些綢緞衣物，但他並沒有收下這批葡萄貢酒，而是讓使節們將酒及禮物帶回，還告訴他們以後不必再進貢此物。事後朱元璋以此告誡官員們，他說：「衣食只要夠用就好了，多餘的欲望只會帶來不必要的災禍。像之前元朝的時候，就是因為要西域進貢葡萄酒，使得貢使不絕於途，連帶害得沿路上

的百姓受苦不堪。那種慘狀我可是親自見識過的，所以現在決不能再因為這樣而禍害百姓。」據記者得到的資料顯示，其實不只這次的葡萄美酒被退回，早在大明建國之初，湖廣（湖南、湖北地區）進貢竹蓆、金華（浙江境內）進貢香米，以及去年（一三七三年）潞州（山西境內）進貢人參，也都一一被朱元璋給退回。為的就是不想開進貢之風，徒然增加了百姓的負擔。從這一點看來，從社會最底層起家的朱元璋，其關注的事物還是不同於歷代那些權貴出身的統治者。

文忠藍玉北擊獲小勝　元明兩軍邊境再僵持

今年再度受命北伐的李文忠（朱元璋外甥），以及近來表現亮眼的新銳將領藍玉，兩人又於不久前傳回捷報。在這次的行動中，明軍不但俘獲了大元高官不花等人，還攻克了大寧、高州（皆內蒙古境內），先後斬殺了元朝的宗王、魯王，擒獲其王妃、大臣數十人，以及為數眾多的馬駝牛羊。軍事分析師表示，由近來的幾場戰事評估，擴廓帖木兒（王保保）雖然重新站起，但實力並沒有達到足以南下復國的程度。而明軍雖然強盛，其力量卻也沒有辦法深入漠北，將殘存的舊元勢力一舉剿清。所以，目前元明兩軍在邊境上，這種互有勝負卻又相持不下的狀態，可能還會再持續一段時間。

李文忠與藍玉北征蒙古的行動又傳回捷報

重定兵衛之政　軍事制度更為完備

洪武元年（一三六八年），朱元璋（明太祖）採用了劉基（劉伯溫）的建議，正式創立衛所制。經過多年的試辦，他又於日前重定兵衛之政：以五千六百人為一「衛」，其下每一千一百二十人設「千戶所」，再其下每一百一十二人設「百戶所」，每個百戶所轄二個「總旗」，每個總旗轄五個「小旗」，每個小旗則領兵十人。而從「衛指揮使」、「千戶」到「百戶」等軍官，皆是世襲，當死亡、老病或退休之後，都由後代繼承其位。數個衛之上設「都指揮使司」（軍區司令部），但不論是都指揮使還是衛指揮使，都隸屬於「大都督府」（總司令辦公室）。

> 小白啊…最近兔子好像都抓完了，狗飼料又越來越貴，所以…

> ！

朱元璋在國家基礎都打穩之後開始對付功臣，令人有兔死狗烹的感覺

兔死狗烹？　　廖永忠踰制被誅

日前，當朝名將廖永忠因為遭人告發僭用一些只屬於皇帝層級的物品，而以踰越禮制之罪遭誅殺。由於此案震驚國內政壇，而且罪名定得實在是有些牽強，所以也引起了各界的討論。有評論家就認為，在廖永忠家裡所查獲的這一批罪證，是當年（一三六六年）迎接「小明王」到應天（南京，江蘇境內）時，韓林兒所攜行的御用器物。而當韓林兒在瓜步（江蘇境內）翻船溺斃之後，這批龍鳳政權的東西一部分歸朱元璋（明太祖）所有，另一部分則賞賜給了廖永忠等將領。多年來，

很多人都使用著這些東西，也一直都沒有出過什麼事。但如今朱元璋卻以此理由把跟隨多年，也立下不少大功的廖永忠處死，這背後的動機非比尋常。極有可能是在國家基礎已經打穩之後，準備要開始掃清內在的威脅，一一剷除這批手握軍權的武將，避免在他死後發生權臣凌主或篡位的情形。如果真是如此的話，那麼廖永忠之死，就不會只是個案，接下來只怕會有更多的功臣，將被安上各種莫須有的罪名，成為歷史上眾多兔死狗烹、鳥盡弓藏的案例之一了。

胡惟庸下毒!? 一代軍師劉伯溫病逝

這藥很有效喔，保證藥到命除…不…是藥到病除

……

劉伯溫在服用了胡惟庸帶去的藥之後，開始覺得身體不適，沒多久便去世了

年事已高的劉基，無奈又憂鬱的在京城（南京，江蘇境內）窩了三年之後，原本就不是很硬朗的身體終於支撐不下去而病倒。朱元璋（明太祖）聞訊，念著當年劉基與自己共患難的交情，立刻派中書省左丞相（第一總理）胡惟庸前去探望他。胡惟庸去的時候還帶了兩帖藥，說是皇上的關心，要他安心服用。但劉基在服藥之後，便覺得肚子裡面不是很舒服，好像有重物壓著一樣，病情反而惡化了。之後，朱元璋同意放劉基回鄉，並

在他臨走前差人給了他一封信。在信中，朱元璋不再像從前那樣稱他為「老先生」，而是一開頭便直接說「你劉基……」，還說當官的可以終老於家，已經是萬幸之事，這些話看在劉基眼中，自然是傷心落寞。回到家之後一個多月，六十五歲的劉基便溘然長逝，只留下民間「三分天下諸葛亮，一統江山劉伯溫；前節軍事諸葛亮，後世軍事劉伯溫」的稱頌之句。至於胡惟庸是否涉嫌毒害劉基的部分，目前檢方仍在調查之中。

擴廓帖木兒殞落　元軍將步向衰亡

根據從漠北傳回的最新情報，一直被朱元璋（明太祖）當作最強勁對手的擴廓帖木兒（王保保），已於日前病逝。一般認為，在擴廓死後，元帝愛猷識理達臘（元昭宗）手下已無能人，一度曾有再起之勢的元軍，將難逃開始衰敗的命運。

大明新聞

GREAT MING
NEWS

西元一三七六年

丙辰

元‧宣光六年　明‧洪武九年

地方大改制　行中書省職權一分為三

　　大明帝國自開國以來，許多的政府體制都是直接沿襲元朝，中央最高的權力中心為「中書省」，行政長官為「左、右丞相」（第一、第二總理）；在各地方，最高的權力中心則為「行中書省」，行政長官為「平章政事」（省長）。但由於行中書省總攬一省的民政、財政及軍政大權，造成地方不受控制，甚至形成軍閥割據的極大弊病，所以朱元璋（明太祖）便決意針對此點加以改革。在幾經討論之後，他將行中書省的職權一分為三：改為「承宣布政使司」（布政司），設「左、右布政使」（省級行政長官）各一人，僅管理一省的民政和財政，並分領府州縣，由中央六部統管；另設「提刑按察使司」（按察司），由「提刑按察使」（省級司法監察長）掌一省之監察、司法及刑獄，向刑部（司法部）和都察院（中央監察院）負責；軍事部分則另設「都指揮使司」（都司），置「都指揮使」（軍區司令）一人，以主管一省的軍政，聽命於兵部（國防部）和大都督府（總司令辦公室）。三司之間分權牽制，並完全聽中央政府之決策行事，可說是鞏固了中央對地方的垂直控制能力。而在布政司之下，也將行政機關由元朝的路、府（州）、縣三級制，簡化成府（或直隸州）、縣二級制，使得行政效率將更為提升。

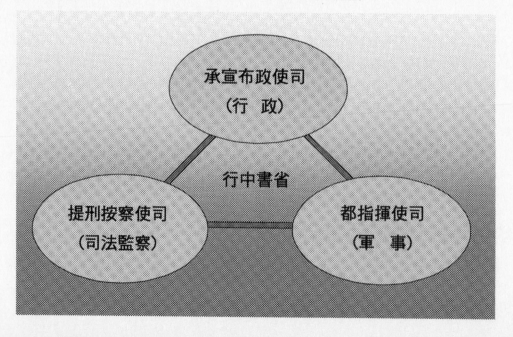

承宣布政使司
（行　政）

行中書省

提刑按察使司
（司法監察）

都指揮使司
（軍　事）

為免財務報表修改時要來回奔波，官員們都習慣在空白書冊上先蓋好大印以圖方便

──空印案起 數百官員遭到無情逮捕──

依據規定，地方政府每年都必須派人至戶部（財政部）報告財政收支帳目，而且所有的帳目必須在戶部審核完全相符後，才能算是結案。但由於錢糧在押解過程中難免都有損耗，官員們也無法預知到底沿路上會損耗多少，因此常常會出現結算數字與實際不符，遭到中央駁回的情況。而這種情況一旦發生，承辦官員就必須帶著所有資料回到地方上重新造冊，然後蓋上地方機關的大印，再千里迢迢的上京城（南京，江蘇境內）重新送件。如此一來，往往因為路途遙遠，在一來一回之間就耽誤了相當多的時間及旅費。所以，從元代以來大家的習慣性做法，便是在前往

戶部審核之前，負責的地方官員就會先準備一些事先蓋過印信的空白書冊，需要修正時可以直接拿出來使用。或者根本就是帶了已經壓好大印的空白文書，等到確定了數字之後再填上去。不過，這樣的權宜辦法，卻在今年大踢鐵板。因為朱元璋（明太祖）在發現這個弊病之後大為震怒，認為這是官員相互勾結的欺君重罪，他下令逮捕所有相關官員。據最新的傳言，對於掌管印信的主官，可能一律處以死刑，而輔佐的官員則將會被處以杖打一百並流放遠方之刑。目前已有數百名官員牽扯在內，他們都在遭到無情的逮捕後，陷入極度的恐慌之中。

茹太素舞文弄墨　提建言慘遭毒打

由於今年天象出現了一些異變，讓心中不安的朱元璋（明太祖）認為是上天示警，便依照古制，下詔要讓群臣對施政提出建言。結果刑部（司法部）主事（中階官員）茹太素洋洋灑灑寫了一篇長達一萬七千多字的奏章。朱元璋讓人幫他朗讀，但是一直讀到六千多字時都還沒有進入重點，使得聽到不耐煩的朱元璋一氣之下，便派人把茹太素給狠狠的打了一頓。當天深夜，臨睡前的朱元璋，又在楊上命人接著把剩下的部分讀完，

結果到一萬六千多字時才開始切入主題，整份奏章所要表達的五件事，也只在短短的五百多個字之內就說清楚了。朱元璋在考慮過後，覺得其中的四件可行，於是在隔天早朝的時候宣布照此實行。事後朱元璋大概也認為自己因為茹太素的奏章太過繁瑣囉唆，而將這位忠臣毒打一頓的做法確有不妥，所以便下令編纂一部《建言格式》來當作官員們寫奏疏的參考。要求今後官員上奏，只准陳述事實，不許再賣弄文筆。

葉伯巨建議削藩　惹聖怒死於獄中

上書建言的官員中，茹太素的下場還不是最糟的，因為據最新的報導，平遙（山西境內）訓導（縣教育局科長）葉伯巨因文字得禍而送了命。在他的建言書中，坦言當今施政三大過失為分封太多、用刑太繁，以及求治太速。同時還建議應當削藩，以避免漢朝的七國之亂重演。原本是朱元璋（明太祖）自己叫人家直言無諱，但在看到這奏疏後卻暴跳如雷，來個大翻臉，怒吼著說：「這小子分明是想離間我的骨肉之情，馬上替我把人逮過來，我要親手宰了他。」雖然當葉伯巨被逮至京城（南京，江蘇境內）之後，朱元璋並沒有親自動手，只是把他交給刑部（司法部）關在大牢中候審，但沒多久就傳出葉伯巨死於獄中的消息了。

諫阻無效　空印案數百主官全遭處死

在之前爆發的「空印案」中，有一位叫做鄭士利的知識分子，因為其兄長鄭士元也被捲入此案，所以當他哥哥被打了一百大棍放出獄之後，他便語重心長的寫一封萬言書進呈給皇帝，並對此案提出幾點的申辯，希望可以解救那些即將被砍頭的無辜官員。他認為，官方文書必須蓋有完整的印信才具法律效力，而此案中的錢糧文書蓋的只是騎縫章，並不能當成是要貪贓枉法的罪證。其次，先用印再補填數字，只是為了避免耽誤時效的權宜之計，絕非故意想要欺君瞞上。而且在此之前，政府並沒有明令禁止官員依照往例使用空印，所以官員們根本不知道自己已經觸犯了法律，如果就這樣定罪的話恐怕於法無據。況且，掌印的主官是政府經過數十年才培育造就的人才，如今這般輕易殺掉，未免過於可惜。雖然鄭士利說得頭頭是道，但朱元璋（明太祖）還是有自己的想法。身為一國之君，不可能坐視

官員為求方便就枉顧法令規定，就算是得犧牲掉數百名高級官員的性命，才能換來國家的長治久安，那也是值得的。所以到最後，鄭士利兄弟一起都被流放到外地去做苦工，而數百位掌印的主官，則是全數被砍頭，無一倖免。

砍到我手都快廢了…

劊子手

大明新聞

GREAT MING NEWS

西元一三七七年

丁巳

宦官插嘴政事遭驅逐

朱元璋（明太祖）對於宦官干政這件事，始終保持著一定的警覺心。除了之前早已下令宦官不得念書識字以外，連談論政事也在嚴禁之列。日前，一名在內廷服侍已久的宦官，無意間竟從容的在他面前評論起政事來了。於是朱元璋二話不說，直接將其逐出宮外，遣還鄉里，而且永不再敘用。事後朱元璋表示，這名宦官雖然隨侍他多年，但如果放任此人在皇帝身邊說三道四的，日後必會假威福而竊權勢。一旦開了這樣的惡例，時間久了，宦官干政的狀況便會無法控制，所以這件事絕對不可姑息，免得以後禍患無窮。

皇太子開始實習

為了積極培訓國家未來的接班人，朱元璋（明太祖）特別在今年六月下了一道命令，讓群臣今後所有大小政事，都先交由皇太子朱標（朱元璋長子）處置，然後太子再將自己經手的公文，一一向他奏聞。如此一來，可以讓儲君每天聽斷諸司啟事，以便練習國政之治理及決斷。其實，除了訓練批示奏章之外，對於皇太子的養成，朱元璋這個老爸可說是下足了工夫。不但替朱標找來了最好的老師，讓兒子受最完整的教育，還時常予以勸勉告誡，為的就是在他死後，大明王朝還能在朱氏的統治之下，長久存續下去。

丞相胡惟庸結黨擴權

據聞，近來頗受皇帝寵信的胡惟庸在升任左丞相（第一總理）之後，開始變得獨斷專行，許多生殺黜陟等大事都未經奏准，便逕自下令執行。官員們上奏的文件他也都一定會先過濾檢查，凡是對自己不利的便一律隱匿不報。於是想要出人頭地的投機分子，或是那些失職枉法的文武官員，無不奔走於其門下，爭相以金錢、名馬或珍玩來討好他。原本在政府中就有一定實力的淮西官僚們，也因集結到他門下，而使得集團勢力更為囂張，已然成為政壇的一大隱憂。

鄧愈病逝征途

從起事之初便隨著朱元璋（明太祖）打天下的衛國公鄧愈，今年奉命征討吐蕃，在攻入川藏並覆滅其巢穴之後，還窮兵追至崑崙山（新疆境內），斬敵萬計，掠得五千匹馬及十三萬頭牛羊，隨即班師回朝。不過就在凱旋的歸途上，他卻因病於壽春（安徽境內）一帶去世。朱元璋驚聞噩耗，悲痛大哭，為此輟朝三日，並在鄧愈靈柩回京時親往祭奠，追封他為「寧河王」。

大明新聞

GREAT MING NEWS

戊午

西元一三七八年

元‧宣光八年　明‧洪武十一年

多位皇子受封為王

朱元璋（明太祖）繼上次冊封九位皇子為王之後，又於今年正月初一，進封朱椿（朱元璋十一子）為蜀王、朱柏（十二皇子）為湘王、朱桂（十三皇子）為豫王、朱楧（十四皇子）為漢王、朱植（十五皇子）為衛王，並改封吳王朱橚（五皇子）為周王。

你之前不是在臉書上宣誓說要支持動物保護，不再吃魚翅了嗎？

嘿嘿…今天是例外…例外

之前一再嚴禁宦官接觸軍事或政務的朱元璋，如今卻讓宦官前往監軍甚至是閱兵

皇帝自打嘴巴　竟派宦官監軍

今年六月間，因為湖南、貴州交界處的「五開蠻」部落發生叛變，殺害了靖州衛指揮使過興，所以朱元璋（明太祖）在得到消息之後，便緊急任命辰州衛（湖南境內）指揮使楊仲名為總兵官，率領部隊前往平亂。但令各界不解的是，在這次的軍事行動中，負責監軍的竟然是宮內一名叫吳誠的宦官。到了十一月，當大軍完成平亂任務，凱旋歸來的時候，被派去代表皇帝檢閱部隊的竟然又是另一個宦官呂玉。令人不禁想起當初，朱元璋自己一再重申不可以讓宦官在宮廷灑掃服役之外，有其他機會接觸軍事或政務的說法。這些話還言猶在耳，但卻又自打嘴巴，前後兩次派遣宮內宦官到軍中出任務。要是大明王朝以後出現宦官干預軍事的亂象，始作俑者的朱元璋恐怕要負上一定程度的責任。

大明新聞

GREAT MING NEWS

西元一三七九年

己未

元・天元元年　明・洪武十二年

四川民變動盪　政府費力敉平

在今年四月初的時候，有一位名叫彭普貴的眉縣（四川境內）百姓，因不堪賦役過重而與官府發生了爭執，最後被逼得走投無路，只好煽動附近的民眾，與他一同採取武裝反抗的行動。由於地方政府已經多年沒有遇到這種民眾暴動的事了，所以倉皇之間不及應付，縣衙門一下子就被攻陷，知縣（縣長）也被當場殺死。彭普貴等一夥人乾脆一不做，二不休，挾著首勝的氣勢繼續向外攻掠別的州縣。等到中央政府得到消息時，已經有十四個州縣都淪陷了。於是朝廷立即派遣四川都指揮使（軍區司令）普亮帶兵征剿，但竟然被這些沒有受過訓練的雜牌兵多次打敗。最後朱元璋（明太祖）只好急調剛剛討平松州（四川境內）動亂的平羌將軍丁玉移軍進討，才在七月底平定了彭普貴等人的叛亂。

也是特權！！
丞相之子車禍亡
馬車駕駛被處死

日前在京師（南京，江蘇境內）鬧區發生了一起交通事故，死者竟是當今中書左丞相（第一總理）胡惟庸的兒子。據了解，當時胡惟庸之子乘著馬車經過鬧市，在命令車夫加速奔馳的同時，自己也因酒醉做了些危險動作而不慎墜車身亡。結果胡惟庸把喪子的悲痛全化成了憤怒，不由分說，將車夫處死了。朱元璋（明太祖）在得知此事之後，認為車夫雖有過失，但罪不至死，

你怎麼可以隨便就把人給處死？

大不了我就賠他錢嘛…

對胡惟庸這樣霸道的行徑感到十分驚訝，於是就下令召他前來責問。據聞，胡惟庸一開始時對此並無悔意，卻又在皇帝面前不得不認錯，便輕描淡寫的表示，那就賠車夫家裡一筆錢了事算了。朱元璋聞言大怒，還喝斥胡惟庸叫他以命償命。雖然此案進行到現在，朱元璋還沒有真的下令說要處死胡惟庸，但以他雄猜的個性看來，胡惟庸的好日子應該是已經結束了。

藩國朝貢未報　官員互踢皮球

　　胡惟庸才剛因為妄殺車夫的事被朱元璋（明太祖）盯上，卻又接著出了一個大紕漏。日前，占城（越南境內）派使者前來朝貢，但任職中書左、右丞相（第一、第二總理）的胡惟庸及汪廣洋，不知道是想暗槓貢品，還是想過過受到吹捧的乾癮，竟然在私自接待完貢使之後，將此事隱匿不報。偏偏好死不死，又恰巧被出來辦事的宦官撞見，於是回宮之後便向皇帝揭發了此事。朱元璋對於

這種僭越權位的事十分生氣，便召兩人前來質問。而胡惟庸及汪廣洋立刻把所有的責任都推給了負責此項業務的禮部（教育部），之後禮部官員又將過失推給了中書省（國務院）。這樣互踢皮球的結果不但沒能免責，還激怒了朱元璋，氣得他下令把一大票涉案的高級官員都關押到大牢裡面去待審。此案目前正在等待調查結果出爐，到時被判定為主謀的人，腦袋可能就要不保了。

右丞相汪廣洋被處死

　　貢使事件在結案之後，中書右丞相（第二總理）汪廣洋果然被處死，但汪廣洋的死卻引發了一件案外案。事情的經過，就是在賜死汪廣洋的同時，其妻妾也都必須造冊與夫一同殉死。結果因此而意外發現，他的小妾之中，有一位是因罪被註銷官籍的某官員的女兒。而依照規定，這些婦女只准許配給功臣，像汪廣洋這樣的文職官員是不符資格的。於是朱元璋（明太祖）便要求相關部門展開調查，追究左丞相（第一總理）胡惟庸及六部官員的刑責。

涉嫌發動武裝叛變的丞相胡惟庸與其同黨，已經被迅速逮捕並處死

丞相胡惟庸涉叛變　雲奇阻聖駕破陰謀

　　不知是否嗅到了皇帝想要拿中書左丞相（第一總理）胡惟庸開刀的氣息，在御史中丞（監察總長）涂節上書告發胡惟庸將要謀反之後，又有許多官員跟著落井下石，紛紛提出密告。四天後，朱元璋（明太祖）便下令逮捕胡惟庸，並於當天將其處死。根據官方的說法，胡惟庸覺得自己就快要被定罪了，乾脆放手一搏，騙朱元璋說他家裡的舊井中湧出了有酒味的泉水，說這是大明的祥瑞，邀請皇帝移駕前往觀賞。而就在朱元璋走到西華門時，一位叫雲奇的太監突然拉住馬車的韁繩，急得什麼話也說不出來。發生這種事，禁軍侍

衛當然是在第一時間便蜂擁而上，幾乎把他給打個半死。但雲奇仍然直指胡宅的方向，怎麼樣也不肯退下。這樣一來便讓朱元璋起了疑心，立刻掉頭回到宮中，然後登上城牆遠望，這才發現胡惟庸家的牆後早已埋伏了許多士兵，刀槍劍刃還在陽光下閃閃發亮。於是便下令逮捕胡惟庸，破解了他叛亂弒上的陰謀。不過，最先告發此案的涂節，最後也在調查過程捲入，被朱元璋認為是一開始就與胡惟庸同謀，後來看情勢不對才想以此脫身。涂節和胡惟庸、御史大夫（監察總長）陳寧等人都被一同處死了。

千年丞相制度遭廢除
皇帝統轄六部親裁決

朱元璋（明太祖）在處死胡惟庸之後，為了避免過於擴張的相權再次對皇權造成威脅，便下令廢除了中書省丞相（總理）的職位，同時把六部的地位提高，規定六部直接向皇帝負責。但是這樣一來，等於當皇帝的要總攬六部事務，大大小小的事情都得親自裁決。所以便又設立了諮詢性質的春、夏、秋、冬「四輔官」（國政顧問），來協助處理這些龐雜的政事，同時也負責

HELP～

皇上在哪兒？

好像被淹沒
在公文堆裡了…

廢除丞相並總攬六部事務，皇帝的工作量將十分驚人

講論治道，觀察各地所舉薦者的才能，並封駁刑官的疑讞。而四輔官的位階雖然有正三品，但為了避免再度出現大臣專權的局面，所以在規畫中，將從民間徵召有名望的學者來擔任此職，而且只讓他們協辦一般的事務，重大政務還是不會讓他們參與其中。

胡惟庸是制度改革犧牲者！？
謀反案疑雲重重大剖析

對於胡惟庸謀反案，有評論家認為其中疑點重重，官方說法可能掩蓋了許多不欲人知的隱情。首先，在胡惟庸被捕四天前，御史中丞（監察總長）涂節便已告發胡將造反，而以朱元璋（明太祖）善於猜疑的性格，於此敏感時期，怎麼可能會答應到一個謀反者的家中去看什麼祥瑞。再者，所謂雲奇告變的情節也是漏洞百出，不但沒人聽過這一號人物，而且若胡惟庸在家裡埋伏刀兵，又怎能那麼容易從宮城上看得一清二楚？所以就事實層面看來，要將胡惟庸以謀反定罪，證據上是相對薄弱的。只不過從政治層面來說，

胡惟庸卻又不得不死。原因就在於他過度膨脹的相權，以及欺上專擅的行為，已經嚴重的威脅到皇權，讓朱元璋不得不去思考「丞相」這個歷史上已經沿續了千餘年的制度，對於皇帝的統治權而言，到底是好還是不好？在幾經考慮之後，朱元璋終於決定藉著懲治胡惟庸，徹底的根除未來權臣凌主的可能，改由皇帝直接統轄六部，把所有的權力歸到皇帝一人身上。所以，如果要說胡惟庸陰謀叛國，倒不如說他權力過大且行徑囂張，使得自己成為朱元璋想要改變制度，走向極度皇帝專制過程中的犧牲者了。

軍制革新 改設五軍都督府

在廢除了丞相制度之後，朱元璋（明太祖）似乎是有計畫性的要把一切權力都收回到自己手中，於是便在日前又宣布廢去「大都督府」（總司令辦公室），改設中、左、右、前、後「五軍都督府」（五軍司令部），每一個都督府都以「左、右都督」為長官，分別統領在京城（南京，江蘇境內）的各衛所及在外地的各都指揮使司（軍區司令部）、衛所。五軍都督府掌管軍籍、軍隊，但平時不能統領或調動軍隊。而「兵部」（國防部）雖然有任免升調、練兵及發布軍令之權，卻無法直接指揮軍隊作戰。一旦要作戰時，必須由皇帝做出決策，任命了出征的軍事統帥之後，再由兵部發出調兵命令，都督府則奉命出將領兵。如果是大型的戰事，則會另外加掛諸稱號將軍之印信，以統領所有的作戰部隊。等到戰事結束之後，統帥歸還將印，軍隊則各自回到衛所。在這樣的制度之下，軍權便又牢牢的收回到皇帝的手中，也大大的降低了武將謀反叛亂的可能性。

離終點還有…
一千五百公里

宋濂雖然逃過一死，但能否走得到遙遠的
流放之地，仍是未知之數

老學究捲入胡案 馬皇后力保宋濂

胡惟庸的案子到目前仍在繼續發酵，有許多的官員都陸續因為被牽扯其中而遭禍，連之前曾任太子教師、為大明朝制定許多禮制的老學究宋濂也差點為此送命。被學術界視為泰斗的宋濂本身當然是不可能牽涉到什麼謀反的事情，但是他的孫子宋慎卻不知怎的被捲入此案當中。朱元璋（明太祖）在處死宋慎及他叔叔宋璲之後，原本想連爺爺宋濂都給砍了。後來因為皇太子朱標與馬皇后力保，才得免一死，改判成流放到茂州（四川境內）去。但流放邊地這種苦差事，對宋濂這個已經七十幾歲的老頭來說，只怕跟被判死刑也沒有什麼太大的差別了吧。

實施迴避制度 任官不在原籍

中央政府為了避免官吏與地方勢力勾結舞弊，已於日前宣布實施「迴避制度」。在新的規定中，被派往地方任職的官員，將會避開他自己的原籍地。如此一來，將可以避免圖利自己的家族，或在斷案的時候產生偏袒等弊端。一般認為，這項制度的實施，確實會有助於提升政府的廉能，也減少地方惡霸或富豪與官員之間有太多的淵源及往來，讓施政及司法更為公平。

── 開國猛將化身惡霸 朱亮祖父子遭鞭死 ──

之前跟著朱元璋（明太祖）東征西討，十分勇猛善戰的永嘉侯朱亮祖，對於攻城掠地很有一套，但現在天下太平了，卻反而開始適應不良，仗著自己是開國功臣，就常常自以為有特權而無視於法紀的存在。他自從去年（一三七九年）奉命鎮守廣東之後，便因驕橫無理的脫序行為，與執法相當嚴謹的番禺（廣東境內）知縣（縣長）道同有過幾次摩擦。偏偏道同就是一塊又臭又硬的石頭，只要是不合理不合法的事，就算朱亮祖再怎麼用權勢來威脅他，他不買帳就是不買帳。

SAFE!

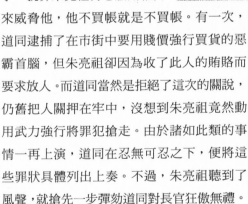

知道自己將被彈劾的朱亮祖，搶先一步告死了對方

有一次，道同逮捕了在市街中要用賤價強行買貨的惡霸首腦，但朱亮祖卻因為收了此人的賄賂而要求放人。而道同當然是拒絕了這次的關說，仍舊把人關押在牢中，沒想到朱亮祖竟然動用武力強行將罪犯搶走。由於諸如此類的事情一再上演，道同在忍無可忍之下，便將這些罪狀具體列出上奏。不過，朱亮祖聽到了風聲，就搶先一步彈劾道同對長官狂傲無禮。

朱元璋在收到朱亮祖的上奏之後，派出了使者前去將道同處死，而道同的奏書這時才送到了皇帝的手中。朱元璋當下就明白了這是怎麼一回事，於是又派另一位使者快馬加鞭去阻止行刑。可惜當這紙救命詔書送抵廣東時，道同卻已在同一天稍早行刑完畢了。對此悔恨不已的朱元璋，大發雷霆，下令將朱亮祖及他兒子召回，然後當場用鞭子把他們父子倆給活活打死。

晉燕二王就藩 協助皇室禦外

朱元璋（明太祖）在洪武十一年（一三七八年）讓晉王朱棡（皇三子）就藩西安之後，今年又讓燕王朱棣（皇四子）前往封地北平（北京）。在朱元璋的規畫之中，將他的兒子們分封為王並派駐各地，其用意是讓邊防重地的藩王可以捍禦外患，而在內地的藩王則分駐各地要衝，以協助統治。如此一來，才能保障大明的江山可以長久都由朱氏所統治，當朝皇帝則可以藉著這些有血緣關係的兄弟、親族，更加鞏固大寶之位。

大明新聞

GREAT MING NEWS

西元一三八一年

辛酉

元‧天元三年　明‧洪武十四年

政府推行里甲制度

　　為了能夠更落實基層的管理，大明政府已經開始推行「里甲制度」。每一百一十戶為一里，以其中丁糧多者為「里長」。除了里長本身管理的十戶之外，其餘的一百戶再分為十甲，每甲十戶，設一「甲首」。里長必須負責里民之追繳錢糧、勾攝公事、祭祀、應接官府的徵求等事務，以及協助排解民間的糾紛。另外又設「里正」、「甲正」，以掌管田糧及戶口簿冊。

元室仍據雲南 兩路明軍進逼

　　朱元璋（明太祖）雖然取得了天下，但地處蠻荒的雲南，卻一直在元朝宗室梁王把匝剌瓦爾密的控制之下。大明政府曾經試圖以和平招諭的方式來解決，可惜前後幾次的使者都有去無回。所以朱元璋便於今年九月初一，命傅友德為征南將軍，藍玉為左副將軍，沐英（朱元璋義子）為右副將軍，統率三十萬大軍往征雲南。傅友德照著臨行前朱元璋親自制定的進軍方略，兵分兩路，一路由湖廣（湖南及湖北）、一路由四川，已經逐漸的逼近雲南了。

確保賦稅公平　再立黃冊制度

　　本朝建立「戶帖制度」，雖然在戶籍管理上有了劃時代的進步，但在施行多年之後，便發現還是有無法即時反映人丁及產業變化的問題。於是，經過相關單位的研究，又以戶帖制度為基礎，建立了「黃冊制度」。這份由地方政府編寫的賦役冊籍，詳細登載著每一戶的籍貫、姓名、年齡、丁口、田宅、資產，以及該戶是歸在軍民匠灶四籍中的何者。除了軍籍之外，在民籍當中，又分為一般應役之民戶，以及儒、醫、陰陽等；匠籍登載各類手工匠戶，以便承應工匠差役；而灶籍登錄的則是製鹽戶。其內容則

黃冊島的防衛十分嚴密

是每十年便必須更新一次，以反映其間所產生的變化，確保能夠公平而順利的徵調差役。除了三套青色封面的副本青冊存放於各級地方政府之外，另一套黃色封面的冊籍必須上交戶部（財政部）。也由於此簿冊以黃紙作為封面，所以便被稱為「黃冊」。中央收齊黃冊之後，便以嚴密的保安措施存放於京城（南京，江蘇境內）玄武湖的島上。此島防衛極為周密，只有每旬的一、六兩天，可以允許規定的船隻進出。其他時間若有擅自闖入者，則一律處以斬首之刑。

GREAT MING NEWS

大明新聞

西元一三八二年

壬戌

元·天元四年　明·洪武十五年

雲南成為第十三個布政司

由傅友德、藍玉、沐英（朱元璋義子）所率領的南征大軍，在去年（一三八一年）底分別攻取曲靖和昆明，並乘勝攻下烏撒之後，一路勢如破竹，於今年閏二月攻克大理，平定了雲南全境。依據中央的規畫，大軍將於明年班師，只留下沐英在此地領兵鎮守。而為了能夠更有效率的管理此地，也已於日前批准設立了雲南都指揮使司（軍區司令部）

和雲南承宣布政使司（省級行政單位）。據統計，目前全國除了京城（南京，江蘇境內）與邊疆少數民族之外，共計有浙江、江西、福建、北平、廣西、四川、山東、廣東、河南、陝西、湖廣、山西、雲南等十三個布政司，其下有一百五十九個府、二百三十四個州，以及一千一百七十一個縣。全國行政區的畫分及建置，已經趨於完整。

很難找得到第二個像我柯P這種表現亮眼的政治素人了

由於素人出身的四輔官表現不如預期，所以已經被裁撤，改換成內閣大學士來作為皇帝的輔佐

四輔官功能不彰改換內閣上場

由於之前設置春、夏、秋、冬「四輔官」（國政顧問）時，為了避免群臣結黨及大臣專權，所以特別找了民間的著名學者來擔任這樣的職務。但如此一來，反而因為四輔官都是素人出身，不熟悉政務的運作，最終並沒有達到朱元璋（明太祖）預期的效果。於是在不久前又宣布罷去四輔官之職，改設官階只有正五品的華蓋殿、武英殿、文淵閣、東閣、文華殿

「大學士」（皇帝高級祕書官），來幫皇帝閱讀奏章、起草及處理文書，兼司平駁，侍從左右，以備顧問。在規畫中，朱元璋希望透過這些沒有政治包袱的低階官員，來約制朝中各部的高官。由於大學士的辦事地點都是在宮內的殿閣，所以又被稱為「內閣」（皇帝高級祕書處）。從其定位看來，內閣應該只是輔助性質的諮詢組織，並不會直接參與政務的決策。不過，內閣成員長伴皇帝左右，一般認為其重要性勢必與日俱增。

教育改革　國子監體制完備

　　禮部（教育部）於日前宣布，將國子學改制為「國子監」（國立大學），設「祭酒」（校長）一人為最高主管，其下有司業、監丞、典簿、博士、助教、學正、學錄、典籍，以及掌饌。實際的上課由「博士」負責授課，「助教」、「學正」、「學錄」輔導學生的經義文字，「典籍」管理書籍，「掌饌」負責飲膳。所有學科共分六堂授課，修業時間為三年，期滿之後，考試及格者給出身，參加科舉，或是由吏部直接任官，不及格者仍繼續在國子監內修業。

皇帝直屬特務機關　錦衣衛偵察逮捕　鎮撫司酷刑審訊

　　朱元璋（明太祖）為了強化自己的掌控能力，已於日前將原本職掌儀仗和侍衛的「儀鑾司」，改制為帶有特務色彩的「錦衣衛」。這個機構，除了作為皇帝的侍衛之外，還被賦予了掌管刑獄和巡察緝捕的權力。錦衣衛的長官為正三品的指揮使，由皇帝最親信的武將擔任，並直屬皇帝本人指揮。在指揮使之下，又分為專任皇帝護衛的禁衛軍，以及專責巡察緝捕這兩大部門，分別設有將軍、力士、校尉等職位。比較特別的是，錦衣衛之下設有獨立的刑訊機構「鎮撫司」（皇帝特務偵訊處），以從事偵察、逮捕、審問等特務行動。理論上，鎮撫司在處理刑獄案件時，應該要會同三法司，也就是刑部（司法部）、大理寺（最高法院）和都察院（中央監察院）進行審理。但實際上，由於鎮撫司直接向皇帝負責，所以儘管這個單位才剛剛掛牌運作，它卻已經不把三法司給放在眼裡，不僅常常直接單獨進行偵訊，還會使用極為殘酷的手段嚴刑逼供。

御史的品級雖然不高，但卻有著可以向皇帝彈劾大臣的大權

中央改設都察院 增設十三道御史

在朱元璋（明太祖）廢相之後，由於六部的地位相對跟著提高，使得他又開始擔心，部權過重會對皇權造成威脅。雖然之前已經不斷的加強了六科給事中（政風監察官）的權力，但就算他們直接向皇帝負責，朱元璋卻仍然覺得如此尚不足以制衡六部。於是便將原有的「御史臺」裁撤掉，改設「都察院」（中央監察院），以「左、右都御史」（監察總長）為長官，負責糾劾中央和地方的官員及施政。並對監察機構進行大規模的改革，不但擴大了人員編制，以加強其職權，還在每一個承宣布政使司（省級行政單位）設一道監察御史（監察官），以糾察地方官吏，全國共計十三道，計有御史一百一十人。值得一提的是，監察御史只是個和知縣（縣長）同等級的七品小官，但他的地位雖低，卻因為可以直接向皇帝彈劾大臣，所以權力其實大得驚人。

馬皇后因病駕鶴歸 朱元璋痛失賢內助

今年八月，一向受臣民愛戴，連朱元璋（明太祖）也非常敬重的皇后馬氏，因病重而臥床不起。群臣聞訊，紛紛請求能為馬皇后禱祀，並延請良醫入宮診治。不過，馬皇后卻向朱元璋表示：「死生都是命中注定，並非禱祀或求醫就能改變。如果大夫開給我的藥吃了沒有效，還請皇上不要因此而遷怒，加罪於這些為我看病的大夫。」然後還交代朱元璋要求賢納諫，慎終如始。不久，馬皇后便與世長辭，享年五十一歲。慟哭不已的朱元璋望著愛妻的遺容，悲傷的表示在他有生之年，將會把皇后的位子保留著，不會再冊立其他人了。

【專題報導】馬皇后

馬皇后在童年的時候，生父就去世了，她自幼是被父親的摯友郭子興當作養女撫育長大。當朱元璋（明太祖）投入郭子興帳下之後，因為屢立戰功且表現出色，所以郭子興便將馬氏許配給他。但後來又因為郭子興心胸狹窄而善於猜忌，所以對朱元璋開始有所顧忌並加以冷凍。在最慘的期間，馬氏還為了弄點食物給已經餓到發昏的朱元璋，趁著在廚房幫忙的時候，偷偷的把剛出爐的炊餅藏在胸前，忍著被燙傷的疼痛及自己的飢餓，就是要讓朱元璋可以撐過這一段日子。後來，馬氏還把自己所有的私人財物及首飾，都拿去賄賂郭子興的妻妾，讓她們幫說好話，朱元璋才得以脫離困境，成就日後的一番大事業。

鳴…

在跟隨著夫婿南征北戰的這段期間，馬氏還親手為將士們縫衣做鞋。在陳友諒軍臨城下，人心惶惶的時刻，她也把自己所有的金帛財物拿出來犒賞士兵，穩定了軍心。而在他們婚後不久便收養的朱文正（朱元璋之姪）、李文忠（朱元璋外甥），以及沐英（朱元璋義子）等人，也都在馬氏視如己出的細心照顧之下，成為獨當一面的大將。

在入主中宮之後，馬皇后仍然每天親自操辦朱元璋的三餐飲食，並親自過問所有皇子皇孫的飯食穿戴等事項。如有宮女或妃嬪被幸得孕，她也會加倍體恤，特別的予以關照。當妃子或宮女不小心惹怒皇上時，她也會設法從中維護調解。

對於自己，馬皇后則一向稟持著勤儉持家的原則，平常所穿的都是洗了又洗的舊衣服，就算已經破損了也捨不得更換。甚至還在後宮架起了織布機，親自織些綢布緞面，然後以皇室的名義賞給那些年紀很大的孤寡老人。就是因為這些事情，才使得朱元璋對馬皇后一直十分敬重，在她去世時也才會如此悲傷。

至於馬皇后是否真的有一雙大腳，雖然一直以來便有這個傳聞，但因記者未能有幸親眼得見，也無法直接向當今皇帝直接求證，所以也無法得到更進一步的確認。不過，可以肯定的是「露出馬腳」這個成語在元朝時便已經有人用過，指的並非露出馬皇后的大腳，也請讀者不要再以訛傳訛了。

父子親情乃天性　酷刑皇帝法外恩

當朝天子朱元璋（明太祖）的用刑之酷是天下皆知的，尤其是那些貪官污吏被他查到之後，一般都是嚴懲不貸，毫無逃脫說情的機會。不過，日前卻也發生了一件令他法外施恩的案件，那就是有一名百姓的兒子犯了死罪，而這位父親在情急之下多方奔走，試圖透過向官府捐輸錢財來替兒子贖罪。這樣的做法被御史（監察官）發覺，認為做父親的這種行為也違法了，所以打算將父子倆一同治罪。朱元璋在看到奏章之後，認為死亡是人生的一大變故，而父子之間的親情乃是天性，這位父親只是盡其所能的想要保全自己兒子的性命而已。如果依據法律的話，這位父親當然得一同治罪，但考量到他的行為實在是情有可原，所以便破例下令法外施恩，將這名百姓給釋放了。

刑部爆重大醜聞　尚書侍郎皆論死

刑部（司法部）日前爆出重大醜聞，包含尚書（部長）開濟、侍郎（副部長）王希哲、主事（中階官員）王叔徵在內的高級官員，都因捲入此案而被處死。據了解，事情的起因是有一個獄官發現要處決的死刑犯被人調了包，原本應該死的那個人早就被開脫出去了，而被砍頭的則是另一個替死的死囚。該獄官查出是刑部郎中（司長）仇衍搞的鬼，便立刻向上級舉發。但他萬萬沒有想到的是，整個刑部，早就在尚書開濟收受了萬兩的巨額賄款之後，都已經被上下打點好了。而開濟等人擔心東窗事發，竟然聯手將這個獄官殺了。不過，這件事最後還是被御史（監察官）陶垕仲給揭發出來，同時更查出開濟不只犯下此案，他還向許多罪犯家屬勒索過錢財。這起醜聞雖然使得政府，尤其是刑部的形象重挫，但卻意外捧紅了勇於打老虎的陶垕仲，使得他在國內的政壇聲威大震。

刑部爆發高級官員集體收賄縱囚的醜聞

皇帝難為
工作壓力驚人

朱元璋（明太祖）在藉著胡惟庸事件廢去了丞相（總理）一職後，便將所有的政務全都攬回了皇帝身上，使得每天必須親自決斷的事多到一般人難以想像的程度。據說，這位當今皇帝，不管是在用膳還是在休息的時候，都無時無刻的在思考著如何處理朝政。每當他突然想到一件事情的時候，就會立刻記在紙條上，然後把這張紙條貼在身上，等到這件事

接下來就辦這件事吧

遵命…

嗯，便利貼還是3M的好用…

朱元璋常在身上貼滿了寫著重要待辦事件的紙條

辦完了才將該紙條取下。所以一整天下來，他常常都是身上貼滿了紙條，活像一隻在宮中走動的鵪鶉。而且不只是他身上，連他寢宮的牆壁上，也都貼滿了紙條。據統計，今年光是在九月下旬的八天之中，各部門送來給他批閱的奏章就有一千一百多份，其中所提到的事更高達三千多件。平均下來，朱元璋每一天，至少要處理四百多件事、閱看十多萬字的奏章。這樣的工作量，看來除了擁有超人般體力、反應能力極快，以及對政務充滿高度熱忱的朱元之璋之外，應該沒有人能夠應付得來吧。

嚴禁官員下鄉擾民
閩布政使丟官喪命

朱元璋（明太祖）日前以官員下鄉擾民之罪，下令將福建右布政使（省級行政首長）陳泰處死，同時下令刑部（司法部）、都察院（中央監察院）通知中央及各地方部門，

嚴禁官員再犯類似行為。評論家表示，朱元璋在年輕時期，就親身經歷過元朝官吏下鄉時給百姓帶來的禍害，所以深知其苦，才會對這種行為如此深惡痛絕。相信經過這次的震撼教育之後，短時間之內應該不會再有官員敢下鄉擾民索賄了。

GREAT MING NEWS

大明新聞

西元一三八五年

乙丑

元‧天元七年　明‧洪武十八年

官員大計　考核嚴謹

大明王朝自建立以來，便不斷的針對各項制度做出革新，其中官員的任免與考核，與前代相比之下，更是有著長足的進步。根據規定，中央政府對官員的考核可分為「考滿」及「考察」兩種形式。「考滿」是指在官員自身的任期內，由上層的考核機關依其表現，在任滿三年時進行初考。然後在任滿六年時進行再考，九年時做通考，並分別做出「稱職」、「平常」、「不稱職」的評定。「考察」又稱為「大計」，為六年一次的全國性考核，其中被列為不稱職的官員，還會被分為貪、酷、浮躁、不及、老、病、罷（疲）、不謹等八種過失類型，而受到降職或是罷官等等的處分，嚴重者還可

老婆婆，我扶您過馬路…

我沒…

縣長怎麼變這麼好心？

今年要大計考核啊…

能終身不再錄用。今年對全國四千一百多名官員進行大計，其中被評為稱職的有四百多人，相當於百分之十左右，而被評為不稱職的也有四百多人，其中被抓到貪污的就有一百七十一人，辦事能力太差的則有一百四十三人。由這些數據看來，考核可說是相當的嚴謹。

第一武將徐達　背疽發作病逝

大明開國武將中的第一功臣魏國公徐達，日前因背上的疽瘡發作而病逝。據聞，之前徐達在病重時，朱元璋（明太祖）曾多次親往探視這位與自己從小結識，並一同出生入死打天下的摯友，還從各地找來了最好的醫生為他治療，但無奈最後他還是敵不過病魔的糾纏，年僅五十四歲即離開人世。朱元璋驚聞噩耗，也顧不得皇帝的形象，衣服沒換，頭髮也沒整理，便光著腳，一路邊灑紙錢邊哭著趕往徐達家中奔喪。除了安慰徐夫人，並代為安排後事之外，還下令逮捕那些為徐達治病的醫生，不過醫生們早就全部逃之夭夭了。相關單位也表示，已接到皇帝的指示，要將徐達追封為「中山王」，諡「武寧」，同時追贈其祖上三代的王爵，並賜葬於京城（南京，江蘇境內）東郊的鍾山。神位也將配享太廟，並於功臣廟中塑像接受祭祀。

徐達死因之謎大解密！！

安啦，我上次吃了河豚也沒事啊…

……

據聞徐達是因為吃了燒鵝後毒瘡發作才死的

徐達死後，網民之間一直有項傳言，說當初徐達病重，朱元璋（明太祖）雖然多次親往探視，並指派名醫為其診治，但卻在他病情有所好轉的時候，派人賜了一桌酒食給徐達。原本徐達還非常感動，等他看到桌上豐盛的菜餚時，眼淚忍不住流了下來。因為依據一般的醫學常識，身患疽瘡者是不能吃鵝肉的，而偏偏這桌御賜的酒食中有一道蒸鵝。徐達一見，便知道朱元璋的意思了，儘管明朝天下是他幫著打出來的，自己也一直出自內心的對朱元璋謙卑恭順，但畢竟功高震主，久握兵權的大將在太平盛世對於皇帝來說總是一個威脅。所以，徐達只好流著淚，把朱元璋送來的菜餚全部吃完，然後吩咐幫他診治的醫生們趕緊出逃，免得成為代罪羔羊。果然在不久之後，吃了蒸鵝的徐達，便因背疽惡化而死亡了。雖然以上說法對整個過程描述得生動逼真，但也有學者質疑其真實性，明白的指出此說中最大的幾點矛盾。第一，朱元璋做事一向愛恨分明，毫不掩飾，如果有心要除去徐達的話，根本也不須如此迂迴。其次，朱元璋對徐達的評價是：「令行禁止，不居功自傲，不貪圖女色財寶，處理問題不偏不倚，沒有過失。當世有此美德者只一徐達。」由此看來，徐達可是所有官員及功臣的表率，為了國家的長治久安，朱元璋也斷不可能殺了這個模範生。第三，徐達自始至終，從來就未曾有過任何狂妄驕縱的行為，對於君臣的分際更是謹守不渝。況且軍政制度經過多次改革，沒有皇帝的命令，軍隊已經不是大將可以隨意調動得了的。第四，從徐達死後，朱元璋命其長子徐輝祖承襲了魏國公之位，對其他的兒子也都安排了很好的職位，若是有意要剷除徐達的話，豈不是應該要趕盡殺絕才對。再者，食用蒸鵝會導致瘡毒大發而死的說法，向來只是民間訛傳，毫無醫學根據。若朱元璋真要徐達死，手段多的很，為何選了這麼一個不保證奏效的殺人法，這實在是不合邏輯。綜合以上幾點，不難看出這個傳聞的荒誕無稽之處，應該又是酸民們多事的推論，或是有人想要朝小說界發展的虛構作品吧。

重辦科舉取士　八股優劣決勝

雖然在洪武三年（一三七〇年）時，大明政府就曾經舉辦過科舉來作為官吏選拔的途徑，但由於當時規定不夠周全，使得實行效果並不如預期理想，選出的人也多半無法勝任工作，所以不久之後朱元璋（明太祖）便下令暫時停止辦理。一直到今年新的辦法出爐，才又重新恢復科舉制度。在新的科舉辦法中，考試的科目全都取材於《四書》、《五經》，測驗方式則是須以「八股」的結構，完整的在文章中由破題、承題、起講、入手、起股、中股、後股、束股來表達看法。同時也明定每三年舉行一次考試，分三級進行，「童生」先在州縣應考，通過者可獲得「生員」（秀才）的身分，並具備參加「鄉試」（省級考試）的資格。鄉試上榜者稱為「舉人」，可以參加由禮部（教育部）舉辦的「會試」（全國性考試）。會試上榜者，就可以參加由皇帝親自主持的「殿試」，並被欽點為「進士」。殿試成績最高的三人名列一甲，分別為「狀元」、「榜眼」、「探花」，都是「賜進士及第」。狀元被授與從六品「修撰」（負責典簿編修校注的官員）的官位，榜眼和探花則出任正七品的「編修」（負責典簿記載的官員）。二甲取若干人，都是「賜進士出身」，三甲則是「賜同進士出身」。在二三甲之中，還會另外選取有發展潛力的為「庶吉士」，在翰林院中實習磨練。其他的則授與給事中（政風監察官）、御史（監察官）、主事（中央六部的中階官員），或是派駐地方做府推官（府級輔佐官）、知州（州級行政長官）、知縣（縣長）等。不過中央政府也表示，在中短期的規畫中，長久以來一直存在的「舉薦」將與「科舉」並行不廢，同時成為任用官員的重要管道。

郭桓侵吞官糧　萬人涉案喪命

要發出去的稿子，記得美化一下數據喔，就像我等會兒上節目，得先化好妝一樣

遵命！

由於郭桓侵吞官糧數目過大，朱元璋還特地把數字給美化了一下才公告此案

　　朱元璋（明太祖）不久前收到密報，指出戶部侍郎（財政部次長）郭桓夥同多名共犯，侵吞了各地應上繳的官糧，於是便下令相關單位對此案展開調查。御史（監察官）余敏、丁廷舉等人在搜集罪證之後，提出了正式的調查報告。依照起訴書內容所載，郭桓利用職權之便，勾結了北平承宣布政使（省級行政長官）李彧、提刑按察使（省級司法監察長）趙全德，以及其他多名高級官員，私吞太平（安徽境內）、鎮江（江蘇境內）等地的賦稅，把應該上繳的稅糧幾乎都私扣了一半下來。不僅如此，這個犯罪集團還在對地方徵收賦稅時，到處巧立名目，向人民強收各種「水腳錢」、「口食錢」、「庫子錢」、「神佛錢」……等奇奇怪怪的賦稅，中飽私囊。前前後後幾年加起來，該集團所侵吞的官糧總數，竟然已經高達了二千四百多萬石。朱元璋看到報告時，簡直氣到七竅生煙，不

但下令擴大追查，還要求承審官員嚴刑拷訊一干罪犯。最後，全國十二個布政司（省級行政單位）都牽連在內，禮部尚書（教育部長）趙瑁、刑部尚書（司法部長）王惠迪、兵部侍郎（國防部次長）王志、工部侍郎（國家工程部次長）麥至德等幾百個高級官員涉案，全數遭到正法。但案子到此並沒有結束，當調查單位開始追查贓糧流向時，又演變成全國性的騷動。追贓追到全國大部分的富戶都為此破產，總共有數萬人因為捲入此案而丟了性命。不過，中央政府最後在對外說明此案時，為了不要讓數字過於驚悚，還是將二千四百多萬石的贓糧總數美化成只有七百萬石。評論家表示，從本案當然可以看到朱元璋掃貪的決心，也將使得短期之內沒有官員再敢貪贓枉法。但是因打擊層面過大，致使在肅貪的過程中有許多人蒙受不白之冤，也讓本案蒙上一層陰影。

皇帝欽定大誥　重刑治理天下

由於接連發生了許多官吏貪贓枉法、豪強害民避稅等重大刑案，使得朱元璋（明太祖）決定將近幾年來的這些案例整理出來，並親自寫定刑典，向全國發布《大誥》，強調以重刑治天下的決心，進而導正官風民氣。這次頒行的七十四條《大誥》，主要是摘錄了洪武年間的重大刑事案件，並結合這些案例頒布了法律地位高於《大明律》的重刑法令，還有朱元璋對天下臣民的警誡訓導之詞。預計於明年春冬兩季，將再陸續頒布《大誥續編》八十七條，以及《大誥三編》四十三條。為了將《大誥》推行於全天下，中央政府還規定，凡是家中有乖乖收藏《大誥》的，在犯了笞、杖、徒、流等刑之時都可以罪減一等。要是家中沒有收藏《大誥》以便時時閱讀的，則反過來罪加一等。至於那些拒不接受《大誥》的刁徒，則會被強迫搬遷到化外之地，永遠也不准回來。法律學者表示，《大誥》中的

量刑標準，遠遠的超出了《大明律》，許多原本只會被判輕罪的尋常過犯，到了皇帝親審時，全都變成了族誅、凌遲、梟首等重刑。同時也恢復了刖足、斬趾、去膝、閹割等久廢之刑，還另外創設了斷手、剁指、挑筋等古所未有的酷刑。還有一身兼受數刑，或一事株連數百人的情況。而這種與法制相抵觸的做法，突顯出在目前這種專制的時代之下，皇帝高高在上，完全不受法條約束，用刑殘酷，而且漠視人民基本的生命財產權利。

現在開始實施優惠方案，全部都免費升等喔…

死刑↑罰金　死刑↑杖　死刑↑徒刑　剝皮↑死刑

效力在《大明律》之上的《大誥》，用刑非常的嚴峻殘酷

李善長之弟涉胡案　特赦免死未謝恩

日前有人告發李存義（李善長之弟）父子當年也曾參與胡惟庸謀反的計畫，在相關單位調查之後，原本打算治以連坐死罪，但朱元璋（明太祖）想到在創業初期，李善長一直追隨著他，於是便法外開恩，下詔免除李存義父子的死罪，改成將他們安置到崇明（江蘇境內）去。不過，據說朱元璋後來因為李善長並未上書謝恩，而感到有些惱怒。不知道他日後會不會改變態度，再把已經免死的人給弄死。

湯和自願解甲　換得平安財富

才剛從蠻荒地帶班師回京不久的信國公湯和，因為深知朱元璋（明太祖）年歲漸大，不想要這些老部屬們長期掌有軍權，對皇室未來的接班人產生威脅，所以他主動提出要解甲歸隱的想法。朱元璋聽到之後當然很高興，不但立刻大加賞賜，還派人在故鄉鳳陽（安徽境內）為湯和修建宅院，以鼓勵其他的公侯也效法跟進，用主動放棄軍權來換得下半輩子的平安與財富。

還是命比較重要…

鄉民遭人誣謀反　知縣詳察救危亡

不久前，有人到京師（南京，江蘇境內）提出檢舉，告發麗水（浙江境內）的大戶人家共有五十七人約謀造反。於是朱元璋（明太祖）便命令錦衣衛千戶（中階軍官）周原，帶著人馬前去逮捕這些想要陰謀作亂的人。麗水知縣（縣長）倪孟賢聞訊，趕緊召集了鄉中長老打聽，但從鄉里口中都完全沒有聽說過有人要叛亂的事。倪孟賢只好換上私服親往察看，結果發現這些被指控者的家中男耕女織，一切照常如舊，根本沒有半點要謀反的跡象。他知道要是錦衣衛介入了此事的調查，恐怕無辜者也會因為酷刑而屈打成招，到時便真的成了叛逆大罪。於是他立即將此狀況上報朝廷，又讓縣中的鄉紳耆老四十人到京師去訴說鄉民遭受到的誣陷。而朱元璋在查明真相之後，也已經命令相關單位對誣告者加以治罪，並另外賞賜酒食飯錢及往返路費給這些到京的請願人士，還派人護送他們回鄉。

倭寇屢犯近海　再令湯和領兵

日本倭寇近來又一直侵犯近海，不但造成沿海民眾生命及財產極大的損失，也大大的影響了國家的安定。對此十分憂慮的朱元璋（明太祖），幾經思索，還是覺得已經申請解甲退休的湯和，是執行這項掃蕩任務的最佳人選，於是便下令讓湯和再出最後一次的任務。湯和在接到命令之後，為了彌補自己海上作戰經驗的不足，請求對海防戰事十分熟悉的方鳴謙（方國珍之姪）一同率軍出征。目前大軍已經點齊，準備向浙江進發，進行殲擊倭寇的任務。

大明新聞

GREAT MING NEWS

西元一三八七年

丁卯

元・天元九年　明・洪武二十年

明大軍進略東北　納哈出投降受封

在完全平定了雲南之後，朱元璋（明太祖）按照著他先西南後東北的戰略部署，命馮勝（馮國勝）為征虜大將軍，傅友德、藍玉為左右副將，率軍二十萬，向東北開拔。而明軍的目標，就是還盤踞在金山（遼寧、吉林交界處附近）的元將納哈出。雖然遼寧大部分的地區，都已因鎮守該地的元將先後歸降

而納入大明版圖，但納哈出仍屯兵二十萬於此，並四出騷擾遼陽、遼東等地（皆遼寧境內）。當馮勝大軍抵達金山之後，先剿滅了周圍的一些敵軍，再以重兵圍困元營。納哈出見大勢難以挽回，於是也只好全軍投降，然後他隨軍返回京師（南京，江蘇境內），受封為「海西侯」，投入了明軍的陣營之中。

錦衣衛用刑過當刑具被皇帝焚毀

從朱元璋（明太祖）設立了錦衣衛作為皇帝直屬的特務機關以來，因用刑過於殘酷，導致屈打成招的冤獄就層出不窮，而這種情況最後當然也傳到了朱元璋耳中。在看過鎮撫司（皇帝特務偵訊處）所使用的一些逼供道具之後，連他本人也覺得不可思議。也由於這並非當初設立錦衣衛的本意，所以朱元璋已經在日前下令，將錦衣衛裡面各式稀奇古怪的刑具全部焚毀，並將其關押的犯人全部移交刑部（司法部），經由正常程序審訊。

沿海加強守禦　嚴防倭寇侵擾

　　日本現在正陷入分裂時期，許多內戰中的殘兵敗將，或是一些無家可歸的浪人，都因為在國內無法討生活而冒險入海，做起打劫海上商船或是掠奪臨海村鎮的勾當，這就形成了所謂的「倭寇」。而不久前受命南下處理倭寇問題的湯和，在抵達浙江之後，便依副手方鳴謙的建議，挑選了三萬五千名壯丁，在各地及沿海修建五十九座的衛所城，以便能夠即時防禦倭寇的入侵。之後，朱元璋覺得這樣還是不夠，又命江夏侯周德興也在福建加強對倭寇的防務。於是周德興在福建各地構築了十六座的海上城堡，並增建了四十五個巡檢司（縣級衙門之下的外駐警備所）。

遠征軍高層互咬　馮勝常茂皆下台

　　出征東北的明軍雖然凱旋班師，但在部隊高層卻發生了人事大地震。先是隨軍出征的鄭國公常茂（常遇春之子）因故被統帥馮勝（馮國勝）枷解京師（南京，江蘇境內），之後馮勝自己也被收繳了大將軍印並從陣前召回。據記者得到的資料顯示，之前納哈出投降時，在酒宴上，常茂因發現納哈出似乎有逃跑的企圖，連忙一個箭步上前逮人，並在扭打中砍傷了納哈出的手臂，結

果意外的導致納哈出原本已經投降的部隊潰散。於是馮勝便上奏說常茂激起兵變，因而將他枷械解往京師。不過，在這期間，一些對於馮勝不利的傳聞，也陸續從前線傳回京裡，說他將征戰所擄獲的良馬，引匿在軍中不往上報；又派守門人酙酒敬獻納哈出之妻，藉機強要大批的珍珠及寶物；納哈出的兒子剛去世兩天，就企圖強娶其女，使得降將失去對朝廷的歸附之心。而且還在班師途中，因指揮不當，讓負責殿後的部將濮英遇伏身死，連帶折損了三千精銳騎兵。這時正好常茂也被押解至京，並在朱元璋（明太祖）面前攻訐馮勝。於是朱元璋便下令將馮勝召回，改以藍玉統轄管理前線的軍事，至於常茂，則打算把他安置到龍州（廣西境內）去了。

魚鱗圖冊施行　專管土地田賦

朱元璋（明太祖）自開國以來，便積極的著手進行土地清丈，重新核定了全國的田賦稅額，並於《黃冊》中詳實登載各戶的丁口和產業情況。今年，又在這個基礎之上，編製了《魚鱗圖冊》，以防堵隱匿不報或逃漏稅的情形，更精準的掌握國家的財政收入。《魚鱗圖冊》又可分為〈魚鱗分圖〉及〈魚鱗總圖〉。分圖以田塊為單元，按照「千字文」的順序編號，在圖冊上繪有田塊的形狀，並在旁邊加注坐落、面積、邊界、地形、土質及所在鄉鎮等等的資料。同時也預設一個「分莊」的欄位，以便在土地買賣分割或是父子兄弟分家時填寫。而總圖則由各分圖田塊組成，並注有田塊編號、面積大小，以及附近的水陸山川以及交通情況。由於總圖上各田塊排列的樣子，看起來像極了魚鱗，所以便稱為《魚鱗圖冊》。各地方的《魚鱗圖冊》經過匯總整理之後，再逐級向上呈報到戶部（財政部），以作為管理全國土地和徵收田賦之用。另外，值得一提的是，這次下鄉繪製圖冊的任務，主要由「國子監」（國立大學）的監生來負責執行，為的是要讓這些學生有更多的實際經驗，並同時將所學貢獻在有利於天下國家的事務之上。

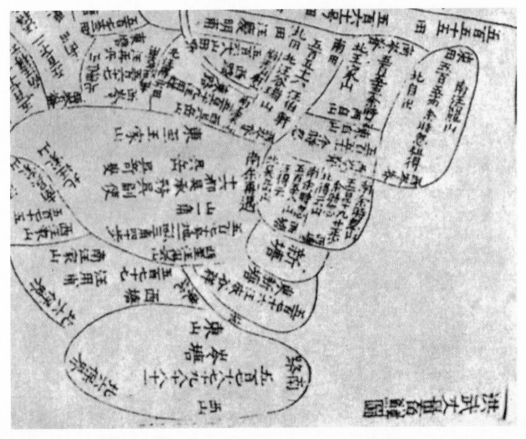

哈哈，這次的收穫真是不小，還有漂亮的王妃…走吧

藍玉大獲全勝，不但擊潰敵軍，繳獲了寶璽、符敕，連元帝的妃嬪也全都被抓了

藍玉深入大漠　明軍大獲全勝

今年年初，藍玉被任命為大將軍，統率著十五萬的兵馬，再度深入大漠征討脫古思帖木兒（元益宗，為元昭宗愛猷識理達臘在一三七八年駕崩後的繼承者）。藍玉在探知元主的確切位置是在捕魚兒海（貝爾湖，蒙古國境內）之後，便下令部隊穴地而居，並不得升起任何煙火，然後利用漫天沙塵及夜色的掩護，悄悄的逼近敵營。最後在距離很近的地方，由前鋒王弼率領騎兵發動閃電突擊。而在元軍方面，因為沒有想過明軍在缺乏水草的情況之下，竟然還能深入大漠，所以毫不加以防備。直到明軍的旗幟伴隨著震天的喊殺聲忽然出現，才倉卒應戰。其結果當然是被打得潰不成軍，高級官員不是被殺就是投降，只有脫古思帖木兒及太子天保奴在數十個親衛騎兵的保護下狼狽逃走，次子地保奴及上百個元主的妃嬪、公主，則是全部淪為明軍的俘虜。此役明軍總共俘獲了七萬七千餘人，並收繳了元廷的寶璽、符敕金牌、金銀印信等物，外加馬駝牛羊十五萬餘頭。雖然脫古思帖木兒可能會逃往蒙古的舊都和林（蒙古國境內），並尋求東山再起的機會，但學者表示，元軍經此一敗，受到了嚴重的打擊，未來勢必一蹶不振。

湯和告老回鄉 殊榮無人可及

已經初步完成抵禦倭寇任務的信國公湯和，於今年六月要起程回到故鄉鳳陽（安徽境內）歸隱之前，特別帶著妻兒來向朱元璋（明太祖）辭行。由於兩人自幼便是玩伴好友，所以不但在臨行前有好多說不完的話，也約好了以後每年湯和都要回京和皇帝敘敘舊、聊聊天。朱元璋還特別賞賜他三百兩黃金、二千兩白銀、寶鈔三千錠，以及彩緞四十餘匹，也賜給其夫人許多能符合並彰顯身分的物品，同時又頒發璽書褒獎其功。分析師認為，由於湯和急流勇退，完全抓準了朱元璋想要向舊部將收回軍權的胃口，所以他享有的殊榮，在所有功臣中可說是無人能比。

功比漢唐衛李 敗在逼姦元妃 藍玉梁國公變涼國公

北伐大捷的消息傳至京城（南京，江蘇境內）之後，大明上下可說是舉國歡騰，而朱元璋（明太祖）也在龍心大悅之下，打算封藍玉為「梁國公」。不過就在要宣布的時候，又聽聞了藍玉在軍中竟然逼姦元主的妃子，並有許多驕縱蠻橫的劣跡，所以便改變了主意。雖然他還是在詔諭中讚譽藍玉可比漢之衛青、唐之李靖，但卻將其封國由「梁」改為「涼」，不但身分地位降了一大級，種種的過失還被鐫刻在鐵券之上。

現在要頒發胖虎體育第一名的獎狀，不過老師也在上面寫了些他的特殊表現，有欺負大雄、掀靜香裙子、搶小夫玩具…

幹嘛把這些寫在人家的獎狀上啦

藍玉不但從梁國公被降為涼國公，連一些過失也都被鐫寫在免死鐵券上面

GREAT MING NEWS

大明新聞

西元一三八九年

明·洪武二十二年

遼王內附 東北統一

去年（一三八八年）脫古思帖木兒（元益宗）被藍玉擊潰，在敗逃和林（蒙古國境內）之後不久，便遭到族人的襲殺篡位。這使得早已奄奄一息的元廷，從此分崩離析，許多官員、將領都紛紛向新興的大明帝國表示歸誠之意，連元朝的遼王阿札失里也請求內附。至此，除了蒙古、新疆和西藏等地之外，南北各路的軍閥均已被明軍消滅，境內歸於完全統一。而阿札失里也被任命為泰寧衛（吉林境內）指揮使。泰寧衛與其他兩個也是剛設立的朵顏衛（內蒙古境內）、福餘衛（黑龍江境內），並稱為「兀良哈三衛」，自此成為鎮守大寧（內蒙古境內）的寧王朱權（朱元璋十七子）在戰略上之最佳屏障。

政府嚴禁武官擾民

近來屢屢傳出許多地方的指揮使藉著興建軍事設施，或是製造兵器的機會，任意調用民力，甚至擅立名目科斂民財等等違反禁例的事。於是朱元璋（明太祖）便於日前下詔，嚴禁武臣干預民事。在新的規定中，如果有興修軍事設施的需求時，不可以再直接從民間徵調民夫或擅取財物。都必須由當地的軍事單位，一層一層經衛所、都指揮使司（軍區司令部）移文申請，然後由五軍都督府（五軍司令部）向上奏准立案，才可以開始進行。而且使用的施工材料，也一定要從政府依程序撥給，不可以再直接從民間徵用。就連民間訴訟有牽涉到軍務的，武官也都不得介入，必須交由司法單位進行審查。一般認為，此項規定的頒布，將能更有效的阻止武官擅權擾民，減少軍民之間的糾紛與對立。

聽聞百姓受災 皇帝迅速發賑

貧民出身的朱元璋（明太祖），對於百姓生活潦倒困苦的境遇可說是特別有感觸。日前，他聽聞幾個地方因故出現許多可憐的民眾，立即把戶部尚書（財政部長）楊靖找來，要他派人運了將近一百萬錠寶鈔下鄉，發給九江（江西境內）、黃州、漢陽、武昌、荊州（皆湖北境內）、岳州（湖南境內）等地方的貧民每丁鈔一錠，並發給沿江遞運所（運遞官方物資及軍需的單位）水驛夫每人鈔五錠。幾天後，又下令賜給居住在京師（南京，江蘇境內）的山東流民每人鈔二十錠。隨後，又發了二十幾萬錠鈔賑濟山東萊州、兗州二府的飢民；發了將近一百五十萬錠鈔給湖廣（湖南、湖北地區）的貧民。雖然這些錢只能在短期之內讓可憐的民眾日子好過一些，但卻可以實際的感受到朱元璋對他們的關心之情。

── 燕王朱棣智勇雙全　兵不血刃肅清大漠 ──

元廷崩解之後，雖然東北的元軍都已降服，但在大漠之中依然還有許多殘存的蒙古勢力。為了能夠進一步掃清這些對大明帝國潛在的威脅，燕王朱棣（朱元璋四子）與大將傅友德奉命率軍出古北口（河北境內），執行掃蕩任務。朱棣在探知蒙古大將乃兒不花部隊的蹤跡之後，便先派乃兒不花熟識的一位部將前往降低其戒心，然後下令全軍冒著大雪，悄悄的逼近敵營。等到乃兒不花發現時，明軍早已擺出了突擊陣勢將其困住。乃兒不花看到一切為時已晚，又聽使者說燕王有意招降，就率領著所有部眾向明軍投降。而鄰近的其他蒙古部隊聞訊，也紛紛群起效尤，陸續歸附。對於朱棣可以兵不血刃便肅清大漠，朱元璋（明太祖）非常高興，不但一直稱讚說這些全都是朱棣的功勞，還把那些投降的軍隊全數交由燕王去調遣指揮，也使得朱棣的軍事力量遠遠的超出其他兄弟之上。

胡惟庸案 繼續發酵 李善長受牽連喪命

十年前早已結案的胡惟庸謀反案，又因為發現新的事證而重啟調查，把李善長也給牽連進去

退休將近二十年的韓國公李善長，被捲入多年前喧騰一時的胡惟庸案，結果不但因此自己丟了命，連帶整個家族七十餘口也共赴黃泉。之前，李善長有個叫丁斌的親戚因為其他的事情受到株連，要被發配到邊疆去，於是李善長便多次進行關說，甚至請求赦免其罪，此舉反而惹怒了朱元璋（明太祖），直接把丁斌打入獄中治罪。就在審訊的過程中，丁斌又意外的供出了李存義（李善長之弟）與胡惟庸暗中交往，不但兩人共謀反叛，而且還曾多次與李善長接頭，希望他也一起入夥。而李善長雖然一開始表示震驚且予以拒絕，但當對方開出的籌碼越來越豐厚時，他的態度似乎也動搖了起來。不但沒有舉發此事，還不置可否的說他自己已經年老，等他死了之後，要他們幾個人好自為之等話。朱元璋看完供詞，氣得火冒三丈，表示李善長貴為皇親國戚，知道有人陰謀反叛卻不加以舉發，而是徘徊觀望、心懷兩端，實在是大逆不道。剛好這時天象又有異變，而照專家的說法是禍事即將降臨在大臣身上，如果違逆天意的話，國家就會有更大的災難發生。於是朱元璋便下令賜死七十七歲的李善長，其妻女弟姪等全家七十餘口也都一併遭到牽連誅死。家族裡面只有李祺（李善長之子）因與皇長女臨安公主結了婚而逃過死劫，後來駙馬、公主及孩子們被遷徙至江浦（江蘇境內）定居。因本案牽連而丟了命的功臣還不只李善長，在擴大追查之後，連吉安侯陸仲亨、延安侯唐勝宗、平涼侯費聚、南雄侯趙庸、滎陽侯鄭遇春、宜春侯黃彬、河南侯陸聚等人也都牽扯在內，統統被處死。事後，朱元璋還親自條列這些人謀逆的罪狀，寫成了《昭示奸黨三錄》以布告全天下。

又是捲入胡案　潭王自焚身亡

不久前又再度掀起的胡惟庸舊案，不但因為連坐而弄死了一大票的開國功臣，連貴為潭王的朱梓（朱元璋八子）也因此自焚而死。據了解，由於朱梓之妃於氏，是前軍都督府都督僉事（司令部高階軍官）於顯之女，而於顯的兒子於琥，目前則是受了胡惟庸案牽連，正遭到相關單位調查中。朱梓最近早已對此感到十分不安，深怕禍事會牽扯到自己身上。而這樣的消息當然也傳到了朱元璋（明太祖）的耳中，朱元璋為了安撫這個寶貝兒子的情緒，還特地派遣使者前來慰問，並召朱梓入宮。結果這樣一來，反而使得朱梓更為害怕，以為老爸一定是要把他叫進宮去殺掉。所以驚恐萬分的潭王，便與王妃於氏一同自焚身亡。由於其下並沒有子嗣，所以他的封國也被取消了。

部將面前誰說了算!?
藍玉耍威風惹惱皇帝

為了鎮壓西部地區的叛亂事件，朱元璋（明太祖）特別在藍玉出征前將他召入宮中面授機宜。當時藍玉與幾位部屬一同面聖，準備聽朱元璋的作戰部署，朱元璋在對所有人講完話之後，便要藍玉留下而要其他人都先行退下。但令人驚訝的是皇帝說了三次，這些將領們竟然都好像沒有聽到一樣，

我很帥吧…

是啦…是啦…

藍玉在部將面前大耍威風的事已經讓朱元璋產生戒心

連動也沒動一下，一直到藍玉揮了揮手，他們才敢離開。根據當時在場的人表示，藍玉還因為這些部屬對他的高度忠誠及服從性，露出了滿意的笑容，彷彿在告訴朱元璋說：「你看，我這大將軍很有本事吧，所有的部將都對我唯命是從，所以把任務交給我就對了！」但政治評論家表示，藍玉這種看起來很威風的行為，其實是極度危險與愚蠢的。或許他帶兵打仗很在行，可是對人心及政治的了解卻大概只有中學生的程度。試想有哪一個皇帝，願意看到所有的將領只聽命於某個大將軍，而不把皇帝說的話放在眼裡。這不是擺明了如果要造反的話，隨時都有可能嗎？或許這種事，在從前曹操挾天子以令諸侯時可以突顯自己的權威，對自己的政治地位有加分的效果。但朱元璋是何等人物，怎麼可能容許手下威脅到自己。看來，藍玉就快要大禍臨頭了，而他本人到現在卻還是毫無知覺。

大明新聞

GREAT MING NEWS

西元一三九一年

辛未

明·洪武二十四年

強迫搬家 五千多戶富豪遷居京師

為了讓京師（南京，江蘇境內）更為繁華穩定，朱元璋（明太祖）在今年七月告諭工部（國家工程部），表示說他要仿效當初漢高祖劉邦徙天下富豪於關中（陝西境內）的做法，要求相關單位開始著手規畫，從資料庫中找出國內人丁資產殷富的那些家族，勒令他們入居京師。據了解，工部在收到這樣的指示之後，已經立刻從全國的戶籍與田產資料中，整理出了五千三百戶符合標準的富豪之家，準備把他們全都強迫遷到京師來居住了。

你們要搬家喔!?…

是啊！我們這種有錢人都要搬到京師去住了…

諸王行為不檢　太子挺身說情

朱元璋（明太祖）雖然將國都定在應天（南京，江蘇境內），但為了方便走動管理，同時也立了開封（一三六八年改汴梁路為開封府，河南境內）為「北京」，他的故鄉鳳陽（安徽境內）為「中都」。之前，又因為有官員建議，應該將古都西安（陝西境內）也列為都城之一，所以朱元璋便讓太子朱標前往當地巡視，以研究是否進行此一計畫。不過據了解，朱標此行其實還另有任務，就是秦王

朱樉（朱元璋次子）之前因為多有過失而被召回京師，現在老爸要做大哥的朱標順便調查一下，看看朱樉在當地的言行及風評如何。同時，也讓近來被人告發行為驕縱並多有不法的晉王朱棡（皇三子），隨太子一同返京接受訓誡。對待手足一向寬厚的朱標，則是極力維護兩個弟弟，不斷替他們求情。最後朱元璋也總算消了氣，只是臭罵兒子一頓，就讓秦、晉二王返回封國去了。

王國用上書批判李善長案細分析

日前，工部（國家工程部）郎中（司長）王國用可說是做出一件膽大包天的事，居然上書批判李善長被處死一案，真切的分析了李善長不可能參與胡惟庸謀反的種種理由。王國用認為，李善長以勳臣第一的身分，生封公、死封王，兒子也娶了公主，親戚也都當了高官，稱得上是達到了人臣的最高點。今天如果說他自己圖謀不軌，想當皇帝，那還有可能。但如果說他有意要幫助胡惟庸的話，那就是太荒謬了。因為即使真的成功了，他最高的地位也不過和現在一樣而已啊，根本沒有必要冒著這麼大的風險，去做這件可能會誅九族的事。如果說是當時天象有異變，需要殺大臣以避國禍，那就更萬萬不可了。因為如此一來，天下人都會驚訝像李善長這樣立有大功的尚且得到這種下場，何況我呢？那麼，勢必造成人心離散。或許朱元璋（明太祖）也覺得確是如此，所以竟然沒有因此發怒或降罪，真是讓所有的人都替王國用捏了一把冷汗。

這鬼屋好可怕喲…

這些假鬼有什麼好怕的，就算是皇帝我也沒在怕的啦…

從小人家就叫我王大膽

王國用毫無所懼的上書批判朱元璋對李善長一案的處理方式不對

大明新聞
GREAT MING NEWS

西元一三九二年

壬申

明・洪武二十五年

皇太子忽然病逝　朱允炆隔代接班

今年四月，從宮中傳出一件噩耗：一直保有高人氣的皇太子朱標，在去年（一三九一年）受命前往陝西考察的回程中，因過度疲勞且受到風寒而染病，之後雖經醫生多次診治，但卻一直沒有起色，最終回天乏術，在三十六歲這一年便結束了生命。在朱標被立為儲君之後的這二十五年間，朱元璋（明太祖）可說是費盡了心力在栽培他，不但選了才德一流的學者當太子教師，還收集了古今圖書，聘請名儒為他講課。而生性本來就聰穎敦厚的朱標，也能認真學習、虛心受教，言行學識也都廣受各界的肯定。雖然朱標溫文儒雅的個性與朱元璋的霸氣完全不同，常因不忍父親對官員們過於嚴厲的責罰而提出勸諫，甚至還因為這樣惹惱了父親。但是朱元璋仍疼愛這個嫡長子，一心一意要在朱標接班之前，幫助他站穩腳步，可以在日後好好的治理天下。如今一切都成為泡影，讓年事已高的朱元璋悲痛不已，有種數十年心血毀於一旦的感覺。不過，就算是這樣，大明帝國還是得繼續運作下去，於是朱元璋便以朱標年僅十六歲的兒子朱允炆為皇太孫，成為法定的接班人選。

怎麼會這樣…

太子朱標之死對朱元璋造成很大的打擊

130

懲治貪官下狠招　剝皮實草懸公堂

貪污六十兩以上被逮到的官吏，在斬首之後都要被剝皮，並陳列於官府的長官座位旁以示警惕

　　朱元璋（明太祖）對於官員貪贓枉法的行為一向無法容忍，雖然依《大明律》規定，凡是貪贓一百二十貫以上的就要發配到北方的邊遠之地去充軍，但是在實際執行時，往往只要貪了個幾十貫銅錢就會遭到流放，也有只貪污一百貫就被處以死刑的案例。而且，除了法律明定的「笞、杖、徒、流、死」五種刑罰之外，對於那些犯行較為惡劣的貪官污吏，朱元璋還會祭出挑手腳筋、挖掉膝蓋骨、剁手、剁腳、閹割……等等更為殘酷的刑罰。在這些酷刑之中，最令人毛骨悚然的還是「剝皮實草」這一項。朱元璋親自規定，凡是貪污達到六十兩白銀以上的官員，就要被梟首然後剝皮示眾。進行公開剝皮的場所，就是各州縣或是軍事基地的土地廟，所以這些廟宇現在也被稱為「皮場廟」。而被剝下來的人皮，則在填滿乾草之後，高高懸掛在官府公堂的長官座位旁，以作為警惕之用。後續接任的官員，便在這種恐怖的「裝置藝術」之下，每天戰戰兢兢的辦公。

朱棣利用入朝面聖的機會，暗指藍玉驕縱難馭，可能會是將來的一大禍患

朱棣暗控驕縱不法　藍玉桀驁身處險境

根據政府不願透露身分的高層表示，不久前燕王朱棣（朱元璋四子）在入朝面聖時，曾表示有些公侯將官長久以來都多行不法之事，越來越驕縱而難以駕馭，如不及早處理的話，將來恐怕尾大不掉。而他所指的，就是近年來立功甚多，甚至還在不久前被任命為「太孫太傅」（皇太孫教授，為榮譽虛銜）的藍玉。在記者深入調查下發現，朱棣會在這時針對藍玉做這樣的攻訐，其實是有跡可循的。因為當皇太子朱標還健在時，有一次藍玉自蒙古班師回朝，便私下去向朱標打小報告，說他發現燕王朱棣在封國的舉止行動，簡直把自己當成是皇帝一樣，而且還聽命理

家說燕國這邊有天子之氣。所以他才特別向太子提出警告，要他對燕王提防著點。雖然待人一向寬厚的朱標並沒有採信此事，但這些話後來卻不知怎的傳到了朱棣耳中，於是在心中恨藍玉入骨，才會利用時機整他一下。評論家表示，個性一向善於猜忌的朱元璋（明太祖）聽到這種事，當然不可能像朱標一樣置之不理，最可能的狀況，就是會安排些藉口，然後準備再興大獄，把這些手握軍權的將領們一一除去。而原本一直與太子朱標關係很好的藍玉等將領，依舊是桀驁不馴，完全沒有察覺到朱標的死亡已經使得政局丕變，自己也身處險境了。

晉王改過自新 重新贏得信任

之前曾被控在封國中素行不良的晉王朱棡（朱元璋三子），在被朱元璋（明太祖）召到京師（南京，江蘇境內）狠狠的訓誡一番之後，返回封地，他竟像完全變了一個人似的。在記者實地走訪下發現，以前那個驕縱蠻橫、無視法紀的晉王，現在不但修身自省，對待下屬彬彬有禮，行事還變得以謙恭謹慎而聞名。而朱棡這樣的表現，又重新贏得了父皇的信任，並多次被委以統軍出塞征伐，以及築城屯田等重大任務。新生的晉王朱棡，可說是除了燕王朱棣（朱元璋四子）之外，另一個極度受到重用，並握有重兵的皇子。

藍玉被控謀反處死 一萬多人捲入喪命

錦衣衛查出了當朝第一武將藍玉密謀造反，已經將他火速逮捕，在審訊之後立即處死，同時還誅滅三族。起訴書中指出，藍玉近年來多次統領大軍並立下許多功績，深得皇帝的器重及優禮。但他卻不知感恩，反而日漸驕橫，放縱手下蓄養的一堆莊奴、義子為非作歹。還曾強占民田，遭到御史（監察官）查問，結果在大怒之下直接把御史趕走。也曾在領兵夜抵喜峰口（河北境內）時，因超過規定時間守關官吏不肯開門，便強行縱兵毀關，破門而入。這次又被人舉發有謀反的意圖，說他想要趁著皇帝在籍田上親耕的時候動手謀刺奪國，還在家中被搜出近萬把的日本刀，因此被判處極刑。而在政府習慣性的擴大追查之後，共有一萬五千人因為捲入此案，陸續遭到處死，其中還包括了數十位的公侯貴族。在這些坐案死亡的官員中，吏部尚書（文官考選任免部長）詹徽可說是最冤的。他之所以被捲入，是因為在他陪同皇太孫朱允炆參加會審時，曾經對藍玉大聲斥喝：「快說實話，不要株連別人。」長期征戰沙場的大將軍藍玉哪肯受此侮辱，於是便大聲喊道：「詹徽就是我的同黨！」結果真的把詹徽給硬生生的拖到地府去作伴了。

等等、等等…現在是怎麼回事？而且我不是有免死鐵券嗎？

就算是鑽石券也沒有用啦…

朱元璋殺藍玉的真正動機 大剖析

評論家認為，朱元璋（明太祖）之所以要除掉藍玉，並不是真的發現了什麼謀反的事實，而是想要為將來的皇帝鋪路，先把路上的威脅一一掃除。此案不單單謀反的事證非常薄弱，連藍玉的犯案動機及反應也都很有爭議之處。因為如果藍玉真有心要造反的話，怎麼可能會毫無準備？要知道他可是手上握有軍隊的大將軍，只要下令部將反戈一擊，或許勝負也未必可分，怎麼會在死到臨頭時還乖乖的束手就擒？雖然他的態度隨著功勞累積而越來越狂妄自大，但他仍舊很在意自己在朝中的地位，像之前他便為了沒有被封為「太孫太師」（皇太孫首席教授，為榮譽虛銜）而斤斤計較。就這樣一個領兵打仗的武將而言，不擅長掩飾自己的脾氣，驕縱橫行是有，但也不能因此就說他暗藏更大的野心。不過，對於年事已高的朱元璋來說，把這樣一個如

爺爺殺人都是為了你啊…

……

狼似虎的悍將，留給他那才十幾歲的小皇孫，萬一將來真的搞個軍事政變，那麼他辛辛苦苦打下來的江山豈不是拱手讓人。所以藍玉反也得殺，不反也得殺，這樣或許算是對孫子另一種形式的愛吧。也難怪有人說，要是太子朱標沒這麼早死的話，或許藍玉案就不會發生，也不會牽連這一兩萬條的人命了。

公文費時人命關天　皇帝下詔先賑後奏

今年夏季，孝感（湖北境內）一帶發生饑荒，當地的官員依照程序上奏，請求將預備倉中的一萬一千石糧食先撥借給災民食用。朱元璋（明太祖）在知道這個消息之後，便立刻派人日夜兼程奔赴災區，火速發放糧食。同時下諭戶部（財政部），要求今後只要有饑荒發生時，都應該直接先將糧食借給災民，然後再奏報朝廷。否則經過公文的十天半月往返，一定會有很多人在這期間餓死。一般認為，這個小小的革新，將使得無數災民的性命，可以不用再因僵化的行政流程而犧牲，救災賑濟的效率也將因此而更為提升。

大明新聞

GREAT MING NEWS

西元一三九四年

明·洪武二十七年

殺兒獻祭治母病 滅絕人倫非孝行

為非作歹被判處極刑的案例時有所聞,但是因為孝順而受到嚴懲的事件可就不常聽聞了。不久前在日照(山東境內)有位叫江伯兒的百姓,因為母親患了重病,所以到泰山(山東境內)的岱嶽祠發願。只不過他發的誓願真的很奇怪,居然是說只要神靈可以保佑他母親痊癒,便願意殺掉自己的兒子來獻祭。回去之後,他母親的病竟然就這樣好了,而他也真的把他三歲的兒子殺了,祭祀岱嶽。官府得知此事,上奏朝廷。朱元璋(明太祖)大怒,斥責江伯兒簡直是滅絕人倫,便下令將他逮捕,打了一百杖,然後發配海南。同時命禮部(教育部)制定旌表孝行的有關條例,告訴民眾,政府雖然十分重視孝行的表揚及舉薦,但對於一些徒務虛名或是過於殘忍的孝行,則不在表彰之列。凡是像《二十四孝》故事中「割股療親」、「臥冰求鯉」等等傷害自己健康或生命的行為,不但不被承認為孝行,還要嚴格的加以禁止,以免百姓傻傻的仿效。

再戮功臣!! 傅友德含淚親割二子首級

在大將藍玉被以謀反罪處死之後,昔日的功臣舊將無不膽戰心驚,深怕下一個輪到的就是自己。今年冬宴時,潁國公傅友德便因宴席中有一道菜沒吃而受到指責。朱元璋(明太祖)罵完了傅友德,說他不敬,又開始數落起他兩個兒子的種種不是,還叫他去把兩人給帶過來。不知道是不是酒喝多了,在傅友德離席之後,朱元璋又嚷著要衛士傳話,叫他乾脆提著兩個兒子的首級回來好了。不久,傅友德竟然就真的提了兩顆人頭回來,朱元璋嚇了一跳,驚訝的問:「你怎麼如此殘忍啊?」接著傅友德從袖子裡拿出匕首,不屑的說道:「不過就是要我們父子的頭罷了!」於是便當場自刎身亡。結果這樣的死法,又惹怒了當朝聖主,索性下令把傅友德其他沒死的家屬,都全部流放到邊疆之地去了。而定遠侯王弼,不久之後也是莫名其妙的就被賜自盡,連爵位都被免除了。

驛站系統建置完成

全國的驛站網路終於在日前建置完成,在十三個布政司(省級行政單位)中,共設有三百六十一處馬驛、二百二十四處水驛,以及四百九十三處水馬驛,總數已達到一千零七十八處的規模,形成東至遼東都司、西至四川松潘、西南通雲南金齒、南抵廣東崖州、東南至福建漳州、北達北平大寧衛、西北延伸至陝西與甘肅的通訊網,大大的提升了聯絡的效率,並加強了中央對地方的控制力。

功臣窮途　馮勝謀反理由牽強
無奈自盡　先行毒死所有女眷

近年來開國功臣接連因為小事受戮，幾乎已經到了快被殺光的地步，而這張鬼牌，終於被宋國公馮勝（馮國勝）給抽中了。在紅軍起兵初期投身朱元璋（明太祖）陣營的馮勝，數十年下來可說是軍功屢立，一直受到重用。直到洪武二十年（一三八七年）出征東北時，因與常茂（常遇春之子）之間互相攻訐，才被收繳印信，從第一線領兵的大將軍位子上退了下來。在沉寂數年之後，又被賦與了招訓新兵及屯田的任務。但是就在一切看似好轉的同時，厄運卻又突然降臨在

他身上。不久前，有人告發馮勝私埋兵器，有謀反的意圖，於是朱元璋便下令展開調查。雖然偵查的結果，發現他只是在打穀場的底下埋了許多的瓦甕，但朱元璋仍下令將其賜死。馮勝在自盡之前，想到將來家中的女眷有可能會被充官而受到凌辱，索性在與家人們共進最後的晚餐時，下毒把女眷全部都毒死，然後自己才含淚了結生命。

秦王平亂表現亮眼　忽染重病猝然離世

今年年初，洮州（甘肅境內）地區發生蠻變，由於這時功臣舊將已經都殺得差不多了，沒什麼大將可用，所以朱元璋（明太祖）命秦王朱樉（朱元璋次子）調集鄰近諸衛的部隊前往討伐。雖然之前朱樉曾因行為不檢而被召回訓斥，但他這次的表現卻沒有讓父親失望。當大軍抵達時，叛軍懼戰投降，很快的便平定了這場動亂。朱元璋因此對朱樉極

為肯定，也給了他非常豐厚的賞賜，可惜這樣愉快的心情並沒有持續太久。因為到了三月時，朱樉便突然因病去世，只留給年事已高的朱元璋無限的悲痛。而隨著朱樉一同離開塵世的，還有自願為他殉葬的王妃，也就是擴廓帖木兒（王保保）的妹妹。不過本報還是得提醒大家，要尊重生命，殉情或輕生都是不值得鼓勵的。

皇帝恩寵有加　湯和病逝家中

湯和是開國功臣中極少數備受恩寵而且得以善終的

已歸隱多年的開國名將信國公湯和，日前以七十歲高齡於家中病逝。據資料顯示，在湯和回到故鄉鳳陽（安徽境內）之後，每年仍是到京朝聖一次，就算是病重到走不動了，朱元璋（明太祖）還是會派車把他送入內殿，然後兩個老友握著手，談些家常往事，以及當初起兵時的回憶。而一生行事謹慎的湯和，則是越到晚年越加恭敬小心，所有在宮中聽到的事情，回去之後都絕口不提，因此也讓朱元璋對他更加放心。後來他因中風而不能說話，朱元璋還為此而傷心流淚，並厚贈金帛以作為其將來安葬的費用。或許是朱元璋回想起當年還在廟裡當個乞丐和尚時，就是因為湯和的一封書信將自己拉入了紅軍，也或許是確信湯和絕對沒有半點威脅性，所以對他始終是恩寵有加，也讓他成為明朝諸位開國功臣中，極少數沒有被列為奸黨慘遭清算而得以善終的。

全國大興水利

今年全國大興水利，在中央的通令之下，各地方於冬季開挖了四萬多處的水塘及攔河壩，疏通了四千多處的河道，另外還修補了五千多處的水渠堤岸。農田水利專家評估，此番大肆整頓，將使得良田的比例更為提高，預計農產量將大幅增加，而人民的生活也將更為富庶。

燕王朱棣再擊漠北

在收到寧王朱權（朱元璋十七子）的奏報，說在邊境發現有蒙古部隊的蹤跡之後，朱元璋（明太祖）便命燕王朱棣（皇四子）率領精銳部隊前往大寧、全寧（皆內蒙古境內），沿著河岸監視敵人的動靜。後來，朱棣果然遭遇到蒙古部隊，經過一陣交鋒，由明軍取得勝利，並俘虜了包含敵軍首領在內的數十個人。蒙古兵向北敗逃，朱棣又一路追擊到烏梁海（蒙古國境內）一帶，再度擊敗敵軍，才率師返回。

與皇帝論是非　王朴無罪被殺

朱元璋（明太祖）又臭又硬的壞脾氣是大家都知道的，但沒想到的是竟然有官員敢跟他這樣直來直往，為了是非而數度與皇帝發生爭辯。這個人就是王朴，出身陝西，洪武十八年（一三八五年）進士，他一開始被派任為吏科給事中（文官考選任免科政風監察官），不久便因為他的性格過於鯁直而被免職了。之後，又再度被任命為御史（監察官），而他還是堅持著硬漢風格，決不在官場上和稀泥，也從不揣摩上意，該說什麼就說什麼，所以又好幾次與朱元璋為了誰是誰非展開舌戰。直到最後一次，朱元璋實在是被氣到七竅生煙，於是便下令把他給拖出去砍了。不過，朱元璋生氣歸生氣，倒也不是要真的殺了王朴，所以到了刑場之後，便又下令把他給召回。然後當面問他說：「你要認錯改過了嗎？」沒想到王朴還是不肯屈服，對答說：「承蒙陛下厚愛，授與我御史之職，豈可如此摧殘侮辱！如果我沒罪，為何要殺我？如果我有罪，又何必讓我活命？我今天只想快一點死。」結果這下子朱元璋真的被激怒了，便下令立即行刑。據目擊者指稱，當衛士把王朴拖往刑場，途中行經史館時，他還大聲喊著：「學士（皇帝高級祕書官）劉三吾你一定要記下來，洪武二十九年的這一天，皇帝殺無罪的御史王朴！」而這一次，朱元璋卻沒有再把他從鬼門關前召回了。

我沒罪！！

拖～…

什麼沒罪？
惹我不開心就是
死罪了…

【專題報導】朱元璋與文字獄

近年來一直流傳著許多朱元璋（明太祖）大興文字獄的傳聞，比如說杭州教授徐一夔在賀表中有「光天之下，天生聖人，為世作則」的句子，就被朱元璋認為說「光」是指光頭、「生」則是「僧」的諧音，都在諷刺他當過和尚，而「則」的發音與「賊」很像，這簡直已經是大逆不道了，所以便下令將徐一夔處斬。還有傳聞說高僧來復曾經寫了首詩，其中有「金盤蘇合來殊域……自慚無德頌陶唐」的字句，「殊」就是「歹朱」，意指皇帝「無德」，因而來復也被處斬。其他還有許許多多的流言，大多是說朱元璋在早期不甚注意諸司奏章，亦不曉儒臣所進表箋有譏訕之意，直到洪武中期之後，才慢慢發現這點，於是開始興起一件件的文字獄。

不過，這些傳聞已證明大多為子虛烏有的事。光是之前所舉的兩個例子，在本報記者追訪下發現，傳聞中被處死的徐一夔，現在根本還活得好好的，而高僧來復雖然被斬了，但卻是因為受到胡惟庸謀反案的牽連，也跟文字獄沒有關係。而且，分析了這些傳聞，光是因為「生」音似「僧」，「則」音似「賊」的案例就占了一大半。難道是這些受害者都約好了使用這幾個字嗎？那文壇的素質未免也太低落了。況且，已經有人因為寫了這兩個字而被處以極刑，請問如果是你的話，會傻到再寫同樣的字來諷刺皇帝老子嗎？就算要暗中批判，至少也會換個字吧，怎麼可能看見前面的人掉到洞裡，後面的人還故意摔進去呢？

我根本沒做過那些事，你們這樣也算是霸凌吧

許多關於朱元璋文字獄的傳聞已被證實是假的

邏輯上最說不通的是，傳聞中這些文字獄，都是因為有人影射朱元璋的出身而被砍頭的。但朱元璋本人從來就沒有隱諱過自己曾當過像乞丐般的和尚，以及他家祖上好幾代都是窮苦農民。甚至還很坦然的把他的貧賤出身公布於天下，當作勵志的最佳教材。所以說他因為別人的影射就大興文字獄，這種論點是十分荒謬的，不合乎邏輯。可見這些傳聞，都是一些有心分子故意捏造，然後又有人加以仿照吹噓，最後以訛傳訛的結果。朱元璋雖然生性猜疑，興起了數件大案，也幾乎殺盡了功臣舊將，造成數萬條人命枉死。但在文字獄這件事情上，我們還是必須還原真相，將這條罪名從他身上除去。

大明新聞

GREAT MING NEWS

西元一三九七年

丁丑

大明律誥公布 司法審判標準

中央政府以之前就編好的《大明律》為主體，再採擷《大誥》的要略條目附載於其後，於是編成並公布了《大明律誥》，使天下周知之。同時也宣布廢除其他的榜文禁令，以後除了謀逆罪之外，其餘皆依《大明律誥》作為司法審判的標準。據了解，皇太孫朱允炆也在朱元璋（明太祖）的指示下，參考《禮記》，對《大明律誥》中過於嚴苛的七十三條做出了改正。而這樣的修改，朱元璋則表示他治亂世要用重典，但朱允炆要治理的是太平之世，使用較輕的刑罰也是適當的，所以便同意了這項刑度的改正。朱允炆也因此得到法界專家及民間學者很高的評價。

富戶量才錄用

朱元璋（明太祖）認為富民久居田里之間，對於鄰近鄉里百姓的所有人事物都十分清楚，於是便要求相關單位編製富民冊籍，打算從中選出一些人為政府所用。日前，戶部（財政部）完成了冊籍的編造並向上呈報，除了雲南、兩廣、四川之外，從其餘的九個布政司（省級行政單位）及十八個府當中，揀選了田地超過七頃的富戶共一萬四千二百四十一戶，以作為朱元璋日後在一一召至京師（南京，江蘇境內）面談時，量才錄用的參考。

駙馬走私牟利 皇帝照樣開鍘

依洪武皇帝的脾氣，一般臣民犯了重罪大都難逃一死，但如果是皇族近親違法犯紀的話，是否又會有另一套的標準呢？相信在這重刑治世的年代，這是很多人心中共同的問題，而這個疑問在今天也有了答案。不久前，駙馬歐陽倫因為遭人舉發他走私茶葉以謀取暴利，以及縱容家奴橫霸鄉里等事，被皇帝下令賜死。而歐陽倫的夫人，就是馬皇后所生的皇四女，即朱元璋（明太祖）一向最為寵愛的安慶公主。在案發之後，雖然包括公主在內的許多人都前來求情，但朱元璋還是決意滅親，以維護國家的法紀。

走私被抓到要殺頭呢…

安啦…別忘了我老婆可是公主呢

大明新聞

從赤貧農戶的放牛小孩、四處乞討的和尚、士兵、軍官，一直到當了大明皇帝的朱元璋於日前駕崩

朱元璋高齡駕崩　皇太孫稱號建文

今年閏五月，已經七十一歲高齡的朱元璋（明太祖）因病於西宮駕崩，並帶著四十六位妃子同時殉葬。這位從無到有，從和尚、士兵，一路拚到成為全天下共主的大明開國皇帝，不但在生前事必躬親，以過人的精力每天親自處理繁雜的國政，還為他的接班人把路都先鋪好了。一開始先是廢除了丞相制度，把政權收歸皇帝，接著又殺光了那些握有軍權的功臣舊將，為繼承者清除了執政之路上的所有棘刺。在他自知來日無多的時候，又下令將諸王世子（王位的法定繼承人）以及受封為郡王的次子，都一併召到京師（南京，江蘇境內），以遺詔令他們在京師守喪三年才能返回封地。而他這樣做的目的，就是要把這些人當作人質，以壓制諸王，讓皇太孫可以安全接班。在這樣的安排之下，朱允炆（明惠宗，建文帝）果然順利的坐上了皇帝大位，並宣布以明年為「建文」元年。從朱允炆的年號不難看出，他不想仿效祖父「洪武」的嚴刑峻法治國，而決心採取寬政治世。不過，在他要實現理想之前，可能還有一些問題得要解決。因為就記者所知，朱元璋駕崩的消息一發布，燕王朱棣就請求到京師為父親奔喪，但被朱允炆以太祖遺詔為由給制止了。聽說這項禁止到京奔喪的命令已經引起了諸王的不滿，甚至還彼此煽動，目前的情勢可說是表面風平浪靜，而實際上則是暗潮洶湧。

方孝孺　齊泰　黃子澄

方孝孺、齊泰、黃子澄三人組成了建文帝的核心決策幕僚

黃子澄齊泰建議　建文帝決心削藩

朱允炆（明惠宗，建文帝）在登上皇帝大位之後，最先做的一件事便是把自己的心腹人馬全都安置在重要的位子上，而這些核心幕僚中，又以新任的兵部尚書（國防部長）齊泰，以及太常寺卿（祭祀署長）兼翰林學士（皇帝高級祕書官）黃子澄兩人最被看重。朱允炆除了開始推行一系列以寬仁為前提的新政之外，更祕密的在從事削藩的規畫。其實打從朱允炆還是皇太孫的時候，就為了他的諸位叔叔手握重兵而憂心不已，深怕他們會聯合起來威脅到他的皇位。據聞，他還曾經詢問黃子澄對於此事的看法，而黃子澄則告訴他說諸王的兵馬僅足自衛，不必擔心，如果日後真有亂事發生的話，到時再調動全國大軍前往討伐即可，一定很快便能平定。

朱允炆也因此吃了定心丸，決定在登基之後便開始展開削藩的行動。原本齊泰想要先解決威脅最大的燕王朱棣（朱元璋四子），但黃子澄對此卻持有不同的看法。他認為一下子就針對燕王，不但師出無名，而且不好對付。應該先針對那些原本就素有劣行的諸王，這樣就可以找到合理的藉口動手。等到諸王一一剷除，燕王勢單力孤時，一切就好辦了。而最先要對付的目標，就是燕王的同母胞弟周王朱橚（朱元璋五子），只要削了周王就等於是翦除了燕王的手足。於是朱允炆同意了黃子澄的看法，下令曹國公李景隆（朱文璋外甥李文忠之子）以巡視邊防之名，馳驛趕到開封（河南境內），迅速逮捕周王並將其押解至京。

方孝孺由學轉政　成皇帝貼身顧問

在學術界極具盛名的方孝孺，不久前被朱允炆（明惠宗，建文帝）從漢中府（陝西境內）教授直接調升為翰林院（職掌修史編書、文詞翰墨、皇室侍講的核心官員儲備所）侍講，成為皇帝的貼身顧問。據聞，朱允炆不但在讀書時請方孝孺為他講解疑難之處，連臨朝處理國事，也常命方孝孺坐在屏風前批答，與齊泰、黃子澄組成了皇帝的決策核心。

周齊代岷四王被廢
剩餘諸藩人心惶惶

　　在將周王朱橚（朱元璋五子）逮捕至京，並經過一番審問調查之後，生性仁厚的朱允炆（明惠宗，建文帝）原本已經心軟，打算把朱橚放回封國，但卻遭到齊泰與黃子澄的極力諫止。他們認為如此一來無異是縱虎歸山，朱橚一旦回到封地，勢必加強警戒並與諸王聯合，下次再要逮著他們，就不可能是這麼簡單的事了。於是朱允炆接受了建議，不但將周王廢為庶人並流放邊遠之地，連朱橚的兒子們也都被遷往他處。在處理了周王之後，齊王朱榑（朱元璋七子）、代王朱桂（十三子）、岷王朱楩（十八子）也都相繼遭到逮捕。由於見到兄弟們一一受到姪子的整肅，目前燕王朱棣（四子）等諸王心中都早已惴惴不安，深怕下一個遭殃的便輪到自己。

高人入府看相！
朱棣即將起兵？

　　在諸王陸續遭到清算之後，實力最為雄厚的燕王朱棣（朱元璋四子）已開始為自己的將來感到憂心忡忡。而據可靠的消息來源指出，燕王的親信高僧道衍（姚廣孝）便密勸他，與其坐以待斃，倒不如乾脆起兵發難。為此，道衍還特別推薦了善於相面的高人袁珙到燕王府中為其看相。朱棣為了測試對方的道行，就穿上衛士的服裝，然後找來九個相貌和自己很像的衛士，混在他們中間到酒店去喝酒。結果袁珙一進門，才望了一眼便跪在朱棣的面前，說：「殿下為何會輕率的到這種地方來？」嚇了一跳的朱棣立刻起身離開，並將他召入王府中。袁珙入府之後，仔細的端詳了朱棣的容貌，然後說：「殿下龍行虎步，日角插天，是太平天子的相貌。」由於袁珙的這番話，更加堅定了朱棣起兵之決心，於是便與道衍一同選將練兵，暗中廣收勇猛及異能之士。

朱允炆開始削藩，已有多位親王被廢為庶人

啊…

！

碰！

皇帝遲到遭勸諫 奏疏受褒廣流傳

有一天，朱允炆（明惠宗，建文帝）因為身體不適，所以很晚才上朝處理政事。但是御史（監察官）尹昌隆並不知道皇帝生病的事，還以為他繼位不滿一年就已經開始怠政，立刻寫了一道奏章直言上諫。尹昌隆在奏文中懇切的希望皇帝以太祖（朱元璋）為榜樣，聽到雞鳴便起床，天尚未明時就上朝，這樣才能讓文武百官都不敢懈怠。奏疏送入之後，左右侍從人員認為應該把皇帝是因為生病才會誤朝的事告訴尹昌隆，免得以訛傳訛，壞了皇帝名聲。但朱允炆卻認為敢像這樣直言不諱的官員十分難得，不能因這種小事使他有挫折感，所以下令將其奏疏頒發天下流傳，以作為百官的榜樣。

內線消息確定 燕王即將謀反

本報得到的獨家消息指出，燕王府長史（主任祕書）葛誠不久前奉了朱棣（朱元璋四子）之命到京奏事，朱允炆（明惠宗，建文帝）在召見他之後，又向他詢問了有關燕王府中的大小事情，結果葛誠便將燕王準備謀反的事全部講了出來。朱允炆確定叔父朱棣即將舉兵謀反，雖然心裡有些驚慌，但還是讓葛誠繼續回到燕王府之中作為內應。不過，聽說葛誠的演技好像不是很好，一下子就被朱棣給發現，並開始對他有所提防了。

中央布棋圍堵燕王

雖然燕王朱棣（朱元璋四子）祕密招兵買馬的事情十分低調隱密，但這等大事總是無法完全封鎖消息，很快的，有關朱棣在北平（北京）動作頻頻的密報便傳入了宮中。於是朱允炆（明惠宗，建文帝）緊急找來齊泰和黃子澄，共同商議此事。君臣幾經討論，決定趁燕王兵備尚未完全之前，先採取行動。在齊、黃二人的建議下，朱允炆任命謝貴、張信掌北平都指揮使司（軍區司令部），張昺為北平左布政使（省級行政長官），就近監察燕王的行動。另一方面，則以加強邊防戰備為名，抽調部分燕王的精銳衛隊，以削弱其力，並派兵進駐開平（河北境內）以作為必要時之接應。

再不反，下一個就輪到我了…

削藩

發！發！

第 三 章

燕王靖難　六下西洋

（西元一三九九年～一四二四年）

大儒建議 官制復古

連衣服也要改成這樣嗎？

嗯，這樣更好

朱允炆（明惠宗，建文帝）已於日前下詔，依方孝孺的建議，對中央政府體制做出大幅度的變更。六部尚書（部長）全都升為正一品，並增設地位高於侍郎（次長）的左、右侍中。將都察院（中央監察院）改為御史府，都御史（監察總長）改為御史大夫，同時廢去十二道監察御史（監察官），改設左拾遺及右補闕兩院。將通政使司（奏章受理司）改為通政寺，大理寺（最高法院）改為大理司等等，幾乎所有內外大小衙門，都按照《周禮》所定的階級及制度，做了全面性的復古變更。雖然評論家一致認為，這件事目前來說並不急，還有許多更重要的事等著處理，而且大規模變更官制，不但在實質上沒有多大的正面意義，也可能會造成不可預期的影響。但因為方孝孺十分堅持，而皇帝又對他的學識崇拜到不行，所以還是決定依他的意見來辦理。

削藩緊鑼密鼓 湘王轟烈自焚

在周王朱橚（朱元璋五子）被奪爵囚禁之後，中央削藩的動作仍是緊鑼密鼓的進行著。不久前，湘王朱柏（十二子）便很「湊巧」的被人指控說有謀反的意圖，於是朱允炆（明惠宗，建文帝）派人前往封國，準備將他押解到京師（南京，江蘇境內）進行調查。但一向胸有大志的朱柏聽到消息之後，知道自己一旦進了京，將會從此淪為階下囚，甚至因此喪命，便笑著對部屬們說：「我親眼見過許多太祖（朱元璋）手下的功臣舊將，在獲罪之後都不願受辱，寧可選擇以自盡來結束生命。我是太祖的兒子，怎麼可以只為了求一條活路，甘願忍受那些獄吏的百般折辱呢？既然我無法證明自己的清白，那麼也就只有以死明志這一條路了。」於是他拒絕讓使臣進入王宮之中，把妻小都聚集起來，遣散了其他部屬及宮人，然後緊閉宮門，自焚而死了。而在朱柏轟轟烈烈的赴死之後，齊王朱榑（七子）、代王朱桂（十三子），也都先後被以各種理由貶為庶人並囚禁起來了。

朱棣低姿態稱病　朝廷釋回燕王子

眼看著諸位兄弟相繼遭到清算，燕王朱棣（朱元璋四子）很清楚的知道朝廷下一個目標就是他了，但礙於自己有三個兒子還留在京師（南京，江蘇境內）當作人質，所以也不敢輕舉妄動。於是朱棣上書給皇帝，以身患重病為理由，請求朝廷允許他的兒子們可以暫時回北平（北京）探望。當朱允炆（明惠宗，建文帝）收到奏疏，詢問親信們的意見時，齊泰馬上跳起來反對，認為這樣無異是把手上的籌碼全放走了。但是黃子澄對此則有不同的看法，他認為應該要把燕王諸子放回去，以表示朝廷對他並無疑心，這樣可以鬆懈他的警戒，然後再乘其不備發動突襲，便可一舉成擒。朱允炆幾經考慮，決定採納黃子澄的意見，就把人質給放回去了。評論家認為，當初朱元璋（明太祖）在臨終前把諸王之子集中到京師，為的就是要以此壓制諸王，如今皇帝把燕王的兒子們放還，等於是讓軍事實力最強大的朱棣沒了後顧之憂，大大的增加他起兵與朝廷對抗的可能性。

燕王精神失常！！

最新的消息指出，之前被傳病重的燕王朱棣（朱元璋四子），日前又因病情惡化而導致精神失常。據聞，曾經馳騁沙場的朱棣，現在不但每天胡言亂語，還常常躺在地上打滾。更誇張的是，明明是大熱天，他竟裹著厚毯子在火爐邊烤火，令前往拜訪的賓客都不勝唏噓。不過，朝廷在收到密報後並沒有完全相信，目前已經派人循其他的管道前往查證之中。

據聞燕王朱棣已經精神錯亂，行為異於常人了

皇帝已下密詔逮捕燕王

之前造成各界震撼的燕王朱棣（朱元璋四子）精神失常一事，經過朝廷派人深入追查，果然被證實是燕王府故意發布的假消息。早就已經成為皇帝內應的燕王府長史（主任祕書）葛誠，不久前便暗中通知北平左布政使（省級行政長官）張昺，說燕王不但根本沒

有病，實際上還在不斷的加強戰備，而這一切都只是為了要鬆懈朝廷的戒心，以便爭取更多的時間。朱允炆（明惠宗，建文帝）在得報之後，立刻傳下密詔給張昺，以及北平都指揮使司（軍區司令部）的謝貴、張信二人，要他們迅即前往燕王府逮捕朱棣。

張信行動前 倒戈　燕王獲情報應變

根據可靠的消息指出，北平都指揮使（軍區司令）張信，在收到皇帝密詔之後，決定投靠到燕王陣營。於是他搶先在張昺、謝貴二人行動之前，三次前往燕王府求見朱棣（朱元璋四子）。不過在這種關鍵時刻，如此唐突的舉動，當然被還在裝瘋賣傻的朱棣給拒絕了。後來因為事態緊急，張信便乘著婦人的座車，避開眾人的耳目來到府門堅持求見，並成功的讓朱棣把他召進了內室之中。張信一見到朱棣就躬身下拜，把收到皇帝密詔要來逮捕燕王的事全盤托出，並表

示自己已經決意投誠。起初燕王不信，還繼續裝出瘋瘋癲癲、不能說話的樣子。但張信卻接著說：「殿下您不要再這樣偽裝了！如今我奉命前來逮捕殿下，您如果無意舉兵，就應當受到捆綁隨我進京，去向皇上好好的說明。但如果有意要做一番事業，就不要再欺騙臣下了。」朱棣這時才起身下拜，直說張信是他一家得以再生的恩人。在得知了官軍將採取的行動細節之後，朱棣已經召來他最重要的幕僚道衍和尚（姚廣孝），緊急討論起兵應變的計畫。

由於張信的誠心投靠，終於讓燕王卸下心防，不再裝瘋賣傻

閃擊拿下北平　朱棣起兵靖難

燕王用計將前來包圍王府的將領騙入府內，再以破瓜為號讓伏兵發動襲擊

在燕王暗中招兵買馬的行動曝光之後，朝廷終於決定攤牌，命謝貴、張昺所率領的部隊包圍燕王府，並要王府交出一些被指控犯下叛國重罪的官員。不過，朱棣（朱元璋四子）早就與道衍和尚（姚廣孝）擬定好了應變之計：先在王府中埋伏好了武裝士兵，然後再拿著一份已經逮捕的官員名單給謝、張二人，迎他們進王府接收人犯，而且擺宴款待。朱棣還在宴席上，有說有笑的表示要親自執刀切瓜，來請兩位貴賓品嘗。但就在現場氣氛好像變得沒那麼緊張的時候，朱棣卻忽然變臉，用力的把香甜的瓜果給擲在地上砸個稀巴爛。而此時預先埋伏好的士兵也蜂擁而出，謝貴、張昺都還來不及反應，項上人頭便已滾落在地。原本包圍在王府外的軍隊，聽到頭頭已被擒殺喪命的消息，一下子全部潰逃四散。於是燕王的部隊也乘機起兵，在很短的時間內便攻占了北平（北京）九門，牢牢控制住整個北平的局勢。在取得第一階段的勝利之後，朱棣立即上書朝廷，向全天下宣稱皇帝身旁的齊泰與黃子澄等人為奸臣，並援引《皇明祖訓》中諸王在此情況之下，得以發兵入援以清君側的講法，起兵「靖難」（平定災難），正式與朝廷兵戎相見。

燕軍攻克懷來　繼續往南推進

在奪得了北平（北京）的控制權之後，燕軍便依事先擬定好的計畫，以迅雷不及掩耳的速度奪下了通州，接著攻克薊州，再大破居庸關，然後直指懷來（皆河北境內）。由於懷來的許多部隊都是由北平調來的，所以守將宋忠便告訴兵士們，說他們在北平的家人都已經被燕王給殺了，想以此來鼓舞士氣。但沒料到這一手卻被燕王給輕鬆破解，直接回北平找來了這些守城兵士的家人，讓他們高舉旗幟走在燕軍隊伍的最前面。宋忠的兵士們遠遠就看到熟悉的旗幟，然後又看到自己的父兄親人，喜不自禁，兩軍之間竟相互呼喊慰問起來。在知道家中一切都平安之後，守城的兵士們對於宋忠欺騙他們的行為感到十分生氣，便紛紛解甲向燕軍投降。眼看著自己的部隊已經迅速瓦解的宋忠，只好趕緊重新下令布陣迎敵，但陣形都還沒排好，燕軍便已揮師渡河並大開殺戒。最後斬殺了守軍數千人之多，成功的奪下懷來，同時也繳獲了八千餘匹的戰馬。

燕軍已經把你們的家人全都殺死了，你們一定要替家人報仇啊

嗨！老婆…

我好像看到我爸了呢…

懷來城守將用來激勵士兵的伎倆，被燕王給輕易破解

老將耿炳文掛帥　大軍三十萬抗燕

在燕王宣稱「靖難」的反書送達朝廷之後，朱允炆（明惠宗，建文帝）便依齊泰的建議，下詔削去燕王的爵位，正式調動大軍準備征討朱棣（朱元璋四子）。不過，此時因為朱允炆正興奮著與方孝孺討論《周官》的制度，所以把征燕的軍事戰略全都交由齊泰與黃子澄二人裁決。只是當初跟隨朱元璋（明太祖）爭奪天下的猛將大多已經凋零，朝廷不得不起用已經六十五歲的長興侯耿炳文為征虜大將軍，調集了號稱三十萬的大軍，在中秋前夕開抵真定，並分兵於河間、鄚州、雄縣（皆河北境內），以成犄角之勢準備迎擊南下的燕軍。

南軍受到重挫　退回真定堅守

八月十五日，正當駐守雄縣（河北境內）的官軍都在歡慶中秋之時，黑夜中卻突然響起了燕軍的進攻號角，在守軍還來不及反應的情況下，朱棣（朱元璋四子）的部隊就已經奪下了城池。得手之後，又利用在橋下伏擊的方法，擊敗了從鄚州（河北境內）趕來的援兵，然後全力挺進攻克鄚州，並收編了官軍的剩餘部隊。之後朱棣又趁著燕軍主力與耿炳文大軍相持時，親自率領精銳部隊從側翼發動突襲，再一次擊潰了南軍，並俘虜了三千多名的士兵納入己方陣營之中。遭到重挫的耿炳文，只好率領著不到十萬人的殘部，逃回到真定（河北境內）城中堅守不出。燕軍隨後連續強攻了三天，都沒有辦法打下真定城，也只好先行返回北平（北京），重新整編隊伍並補充軍需。

出師不利 陣前換大將　傾國之師交付李景隆

前線的敗績令原本信心滿滿的朱允炆（明惠宗，建文帝）大失所望，考慮把出師不利的耿炳文給撤換下來，於是便為此事詢問幕僚的意見。黃子澄推薦名將李文忠（朱元璋外甥）之子李景隆，認為他最適合接任統帥的位子。而齊泰則認為李景隆能力不足以擔此重任，站在反對的立場。不過，最後朱允炆還是採納了黃子澄的建議，在八月底任命李景隆為大將軍，並將耿炳文從前線召回。李景隆重新調集了各路兵馬，加上之前耿炳文的部隊，以五十萬大軍的實力，在九月十一日推進到河間（河北境內），準備直搗燕王的根據地北平（北京）。據聞，朱棣（朱元璋四子）在得知南軍陣前換將，朝廷以五十萬傾國之師交付李景隆的時候，簡直樂壞了，還對外表示說：「李景隆根本不會用兵，給他五十萬大軍，等於自取滅亡。看來趙括之失必然重演，我軍必然得勝。」（趙括的事蹟請參考《戰國新聞》，二〇四～二〇五頁。）

你還是趕快回家養老去吧，哈哈…

……

老將耿炳文首戰不利，立刻遭到撤職，換上李景隆指揮全局

寧王遭朱棣挾持入夥　驃悍三衛軍編入燕營

在朱元璋（明太祖）生前分封的諸王當中，除了燕王朱棣（朱元璋四子）之外，力量最雄厚的就屬擁有甲兵八萬人、戰車六千乘的寧王朱權（皇十七子）了。朱權不但在多次征戰中表現出過人的謀略，他所統轄的「兀良哈三衛」——泰寧衛（吉林境內）、朵顏衛（內蒙古境內）、福餘衛（黑龍江境內）騎兵，更是以驍勇善戰著稱。正因為如此，所以在朱棣起兵之後，齊泰、黃子澄怕寧王會與燕王同聲一氣，便奏請皇帝下詔召朱權入京。朱權認為自己一旦到京城（南京，江蘇境內），必將有去無回，於是就找了些藉口加以拒絕。只是這些藉口並沒有什麼作用，朱允炆（明惠宗，建文帝）仍舊下令削除了寧王的軍事護衛。據聞，朱棣在聽到這個消息之後，便心生一計，想把朱權給賺入他的

陣營之中。他先假裝作戰不利，在窮途末路的情況下，前往大寧（內蒙古境內）向朱權求救。朱棣把部隊留駐在遠處，然後自己單騎入城，抓著朱權的手哀求，說他是不得已才起兵的，並請朱權念在兄弟之情，幫他起草謝罪奏章。數日之後，朱權送朱棣出城，但當一行人走到郊外時，燕王早已埋伏好的士兵便蜂擁而上，強迫朱權與他們同行。而早已暗中投靠燕王陣營的三衛將官及部分守軍，也在此時開始對城中發動攻擊。大寧守將抵擋不住，最後與寧王府左長史（主任祕書）石撰等人都不屈而死。王府的妃妾、世子（法定繼承人）也都跟著被半強迫入股的朱權，一起被送往北平（北京）。在寧王手下這批以驃悍著稱的三衛精銳被收編到燕軍旗下之後，朱棣的實力又大為提升。

怎麼樣，跟著老哥一起幹番大事吧，自己考慮考慮，我最不喜歡強迫別人了…

這…

寧王朱權在燕王的半脅迫之下加入了燕軍陣營，讓朱棣的實力又大幅提升

李景隆圍攻北平　朱高熾冰城禦敵

南軍統帥李景隆（朱元璋外甥李文忠之子）一聽到燕王朱棣（朱元璋四子）率兵親征大寧（內蒙古境內）的消息，便抓準時機對其根據地北平（北京）發動包圍戰。守軍在燕世子（法定繼承人）朱高熾（朱棣長子）的指揮之下，則是整肅軍紀並拚死頑抗，不但連婦女都登上城牆向敵軍投擲瓦石，還在夜間選派勇士用繩索垂降城外，對敵軍偷襲，迫使南軍後退十里紮營。但畢竟李景隆的部隊有五十萬人之多，所以攻勢還是一波又一波持續不斷的進行著。後來都督（司令官）瞿能與其子率領一千多名精銳騎兵拿下了彰義門，眼看著北平城快要被攻破時，李景隆卻又因為不想讓瞿能立下太大的功勞，而下達了停止進攻的命令，說要等大軍一起向前推進才行。就在這麼一耽擱之間，朱高熾已經下令守軍打水澆城，

這什麼鬼？

朱高熾在一夜之間築起冰城，讓李景隆在最後關頭無法攻破

利用天寒地凍的低溫，讓城牆在很短時間內便結成了無法攀登的冰牆，使得敵軍更加難以進攻。而反觀李景隆的部隊，總人數雖然呈現壓倒性的優勢，但因為從早到晚都實施戒嚴，夜以繼日的在冰天雪地中值勤，很多士兵凍死及過度疲勞，致使戰鬥力已經急速的下降。

■朱棣南返內外夾擊 南軍潰敗主將先逃

十一月初，燕王朱棣（朱元璋四子）終於率領燕軍主力逼近了北平（北京），並趁著氣溫急降、大雪紛飛的夜晚，利用河流結凍的機會渡過了河。不久，前方忽然出現李景隆（朱元璋外甥李文忠之子）所率萬餘名的前哨部隊，在朱棣的指揮下，燕軍發揮了機動性及強大的攻擊力，在很快的時間之內便奪得了勝利，並繼續向南軍主帥大營推進。

李景隆在得知燕軍已經殺到眼前的消息之後，慌慌張張的重新部署，又與燕軍主力軍團發生激烈的戰鬥。但就在這個時候，北平守軍也轉守為攻，使得南軍陷入了腹背受敵的窘境。歷經幾番戰鬥，李景隆見情勢不對，便趁著黑夜率先跑路，逃到德州（山東境內）去了。第二天清晨，南軍發現主帥竟然已經先溜走了，便丟下了所有的軍糧輜重，沒命的往南逃散而去。南軍此役，不但折損十萬兵士、喪失大批的物資，連士氣也受到重挫。

平安領兵折燕軍　朱棣斷後夜迷途

在李景隆（朱元璋外甥李文忠之子）受到重挫之後，朱允炆（明惠宗，建文帝）對他的信任並沒有減損，還是繼續把北伐大任交付給這個紈褲子弟。於是李景隆便約定了武英侯郭英、安陸侯吳傑，集結了六十萬大軍，分兩路北進，再度挑戰燕軍。燕王朱棣（朱元璋四子）當然也不甘示弱，領了兵便往南進發，於今年四月下旬渡過了白溝河（河北境內）。不過，這次燕軍首先遭遇到的是以勇猛著稱的都督（司令官）平安，在一陣拚殺之後，南軍以優勢的兵力及火器讓燕軍吃足了苦頭。朱棣為了讓部隊可以安全撤退，只好帶著幾個騎兵親自斷後，結果在入夜之後卻迷失方向。所幸朱棣久戰沙場，趕緊下馬伏在地上觀察各種地形，並參酌河水的流向，才找出了正確的方位回到營寨之中。

燕王逆勢反擊　景隆再嘗敗績

雖然前一天才吃了敗仗，但燕王朱棣（朱元璋四子）在第二天讓部隊吃飽之後，再次渡河挑戰南軍。擁有六十萬大軍的李景隆（朱元璋外甥李文忠之子）將部隊一字排開，以寬達數十里的陣仗正面迎敵，兩軍正面爆發了激烈的血戰。經過幾回合較量，朱棣發現情勢漸漸對燕軍不利，便親自冒著刀斧之危、箭矢之險在陣前領兵衝殺。而李景隆的部隊見到燕王的旗幟，哪裡肯放過，集中兵力緊咬著朱棣。在第一線拚殺的朱棣不但把身上三個箭袋的箭都射光了，連佩劍也砍到折斷了劍鋒，甚至坐騎都因受傷而三度更換。眼看著敵軍的包圍圈越來越緊縮，朱棣也只能邊戰邊退，一直到退路被河堤所阻斷。而就在敵軍幾乎要追上的同時，朱棣揚鞭策馬，居然一躍登上了河岸。李景隆原本要下令部隊追擊，但看到朱棣高揮馬鞭，便研判後面一定有伏兵，連忙止住部隊。過了一陣子，才發現根本沒有什麼伏兵，一切只是朱棣在情急之下所施的緩兵之計罷了。不過就在李景隆發現上當，要再重啟攻勢時，朱高煦（朱棣次子）的部隊卻已趕到，使得南軍白白失去一次活捉燕王的機會。接著雙方混戰到傍晚，原本還占優勢的南軍，卻因一陣突然刮起的大風把將旗吹折，導致陣列陷入混亂。於是朱棣抓準了這個時機，帶領一隊精銳騎兵繞到南軍後方順風放火，結果火乘風勢，南軍陣營一下子就被燒個精光，數名英勇的將領也葬身火窟。形勢經此逆轉，李景隆的部隊一潰不可收拾，在損失了全部的輜重糧草，並被俘虜了十幾萬名士兵之後，暫時敗逃到德州（山東境內）。

鐵鉉詐降設伏兵 朱棣大意險丟命

朱棣大意入城誤中埋伏，卻又兩次都僥倖逃脫

在李景隆（朱元璋外甥李文忠之子）敗退到德州（山東境內）之後，朱棣（朱元璋四子）繼續領兵追擊，並攻破德州防線，奪得了城中的上百萬石糧食，然後趁著聲勢大振之際，再度對上已經潰逃到濟南（山東境內）的李景隆。雖然南軍還保有十幾萬兵馬的實力，但朱棣卻看準敵軍尚未擺好陣勢的時候，派出騎兵衝擊敵陣，又漂亮的取得了一次勝利。李景隆兵潰逃走，燕軍便包圍了濟南城，朱棣立即下令決堤灌城。守軍見此情勢，也立刻表明了歸順的意願，不但派一千多名士兵出城跪伏在燕王面前投降，還撤去城中所有的防禦設施以表示誠意。不過，濟南守將鐵鉉也提出了附帶條件：為了讓城中百姓安心，知道大軍絕對不是來屠殺人民的，所以請燕王將部隊後退十里，然後自己單騎進城，這樣城中百姓一定會夾道歡迎明主的來臨。朱棣答應了這個條件，便下令退兵，等到第二

天，在幾個衛從的簇擁下騎馬緩步進城。結果才剛踏進城門，在城中百姓高呼千歲之時，城門上方便轟然落下一片極為厚實的大鐵板，當場轟掉了燕王坐騎的馬頭。原來這一切都是鐵鉉的計謀，他先利用降卒鬆懈敵方的警戒心，然後企圖一舉砸死朱棣。不巧的是時間沒有算準，讓朱棣得以死裡逃生，並在驚嚇之餘當場換馬往回奔逃。哪知鐵鉉的陷阱可不止一處，他早已在護城河的橋上預設了另一支伏兵，打算把橋弄斷以阻住退路。但是，幸運之神再度眷顧了朱棣，這些埋伏的士兵又因事出倉卒，手忙腳亂到沒有辦法在第一時間弄斷橋梁，讓朱棣得以策馬從橋上飛馳而過，安然無事的回到燕軍大營之中。目前，極為憤怒的朱棣已經下達再次圍攻濟南的命令，非要奪下此城以洩心頭之恨不可。但守城的鐵鉉也非等閒之輩，看來這場仗還有得打。

守軍祭出太祖牌位　朱棣不敢發炮攻城

燕軍在強攻猛打三個多月之後，仍然未能拿下由鐵鉉固守的濟南（山東境內），其間雖然一度用大炮轟城，將守軍打得幾乎無法支撐，但由於鐵鉉把書寫著明太祖諡號的牌位懸掛在城上，使得朱棣（朱元璋四子）有所顧忌，不敢再發炮攻城。最後朱棣打到無計可施，而由平安所率領的二十萬南軍部隊，又開始出兵擾亂燕軍的糧道，所以朱棣只好聽從道衍和尚（姚廣孝）的建議，從濟南城下撤軍。結果鐵鉉看燕軍開始撤退，便主動出城追擊。於是在一退一進之間，攻守易位，變成燕軍被打了個大敗，連之前拿下的德州（山東境內）也被南軍大將盛庸給收復了。

別亂來喔…當心會打到你老爸…

明太祖之神位

卑鄙…

皇帝不想殺叔　燕王大膽殿後

入冬之後，朱棣（朱元璋四子）決定再度南下，並僅用兩天的時間攻下滄州（河北境內），然後進逼濟寧（山東境內），迫使南軍大將盛庸從德州移駐到東昌（皆山東境內）城外，背城列陣。盛庸見到燕王親自率軍衝鋒，便張開兩翼將其誘入，然後再加以合圍。幸好燕將朱能率領蒙古騎兵及時來援，被重兵圍困住的朱棣才能乘機突圍而出。不過，此時燕軍已在火器的攻擊中傷亡慘重，連大將張玉也戰死於陣前。在損失數萬兵馬之後，

燕軍潰敗並向北奔逃，其間，有好幾次朱棣都已經身陷險境，但因為朱允炆（明惠宗，建文帝）不想背負著殺叔父之名，所以下達了不能殺死燕王的旨意，這使得南軍在動手時十分顧忌。而朱棣也就利用此點，在大軍潰敗撤退的時候，只領著少數騎兵殿後。南軍雖然追得及，卻始終不敢太靠近他。就這樣一直撐到朱高煦（朱棣次子）領著支援部隊來到，並擊退了追兵，燕軍主力才得以安然退出戰場。

大明新聞

GREAT MING NEWS

辛巳

西元一四〇一年

明‧建文三年

風神相助 燕軍逆轉獲勝

朱棣（朱元璋四子）在遭到慘敗之後，決心再度發兵雪恥。於是他親自撰寫祭文，泣拜了陣亡將士張玉等人，並將自己的袍服脫下於靈前焚燒，然後發表了一篇動人的演講以激勵全軍將士，隨即出師南征。這時，由大將盛庸所率領的二十萬南軍主力駐紮在德州（山東境內），而吳傑、平安的部隊則駐於別處以成犄角之勢。由於考量到攻城難而野戰易，為免攻城時另一支敵軍來襲，造成前後受敵的窘境，朱棣決定要在野戰中先與其中一軍速決勝負。在探知盛庸已經開到夾河（河北境內）布陣時，燕軍便也迅速立營於離敵四十里之處，然後趁著兩軍主力正面衝擊的當口，朱棣親率一萬名騎兵及五千名步兵，繞道向敵軍的側後方發動猛攻。雙方經過一陣激戰，互有勝負，南軍折損了部將莊得，燕軍大將譚淵也在此役中喪生。入夜之後，朱棣與其數十名衛從因為來不及回到營寨之中，便在敵營的附近露宿休息。沒想到醒來的時候，卻已經被南軍部隊給重重圍住。朱棣見敵我兵力懸殊，不可能以武力脫困，於是便孤注一擲，再次利用皇帝的禁殺令，引馬鳴角，就這樣大搖大擺的從敵軍中間穿過。南軍見到這種情況，反而不知道要如何反應，箭也不敢射，人馬也不敢靠近，就這樣讓朱棣揚長而去。朱棣回到營中，再度指揮部隊發動攻勢，與南軍又激戰了七八個小時。但就在雙方打得難分難捨的同時，忽然之間卻刮起了對燕軍有利的東北強風，漫天的塵土把逆風而戰的盛庸部隊吹得眼睛根本張不開。於是戰況急轉，南軍一霎時被打到潰不成軍，在折損了數萬人之後終於退回德州城中。而原本已經率軍出援的吳傑及平安，得知盛庸的部隊潰敗了，也匆匆引兵退回真定（河北境內）固守。

朱棣露宿醒來，發現已經被敵軍包圍了

齊泰黃子澄外放　密令下鄉募兵

由於敗戰後檢討聲浪四起，所以朱允炆（明惠宗，建文帝）已在日前下令，免除了核心幕僚齊泰及黃子澄的職務並謫出京城（南京，江蘇境內），以示對夾河（河北境內）之敗的負責。但是，據可靠消息指出，齊、黃二人的外放，除了暫時堵住某些官員的口之外，其實還有另一項任務，就是奉了皇帝密令下鄉募兵，以補充漸感吃力的兵員供應。

激烈拚戰　朱棣乘風掃敵

燕軍在上一役中擊敗了德州（山東境內）的盛庸大軍，重振雄風，便將下一個目標選定為真定（河北境內）。不過，燕王朱棣（朱元璋四子）在勘查過敵情之後，認為真定城防務堅固不容易得手，所以決定用計將敵軍誘出城外再來進行決戰。於是他派部隊四處去掠取糧食，假裝成營中空虛的樣子來引誘敵軍。真定的守將吳傑聽到這一消息，不疑有詐，立刻率領主力部隊出城，準備向燕軍營寨發動突擊。後來，果然如朱棣所預想的一樣，兩軍在曠野遭遇。吳傑的部隊在西南列出方陣，朱棣則是以大軍阻其三面，然後親率精銳部隊猛攻其東北角。在一陣激烈的

衝殺之後，朱棣又親領一隊騎兵繞到敵陣後方準備襲擊，哪裡曉得吳傑早已料到有這一招，在此埋伏了火器與弓弩，向朱棣發起了反突擊。結果一時之間火彈四射，箭如雨下，好多的燕軍士兵都死在火器及弓弩之下，連燕王大旗上所中的箭也像刺蝟毛一樣密集。但意外的是朱棣居然毫髮無損，還親率精銳騎兵衝破了敵陣，導致敵軍敗逃回城。數日之後，雙方重整旗鼓再度激戰，但幸運之神還是眷顧著朱棣，在關鍵的時刻又刮起了強烈的北風，再度幫助燕軍橫掃敵陣。最後吳傑的部隊潰不成軍，被斬殺的兵士超過六萬人，狼狽的奔回了真定城內。

這…太驚險了

在敵軍的箭雨之下，燕王居然毫髮無損

朱允炆故意寫信給朱高熾，企圖離間朱棣父子之間的關係

—— 皇帝致信燕世子　企圖使出離間計 ——

燕王朱棣（朱元璋四子）的部隊近來接連奪下幾場勝仗，還封鎖了南軍輸往德州（山東境內）的餉道，使得朱允炆（明惠宗，建文帝）為此憂心不已。於是方孝孺便獻上一計，打算利用朱高熾（朱棣長子）與朱高煦（朱棣次子）的矛盾，來離間燕王與世子（法定繼承人）之間的關係。朱允炆欣然採納其計，派錦衣衛千戶（中階軍官）張安帶著璽書給燕世子朱高熾，假裝成要與他訂立密約，

然後又故意把消息外洩給朱高煦知道。據聞，目前朱高煦已向父親舉發此事，說留守北平（北京）的朱高熾已與南軍達成協議，將要背叛朱棣，然後自己坐上燕王之位。評論家表示，如果南軍的離間計能夠成功的話，朱棣將因生疑而北返，原本被燕軍封鎖的餉道便可因此打通，而朱高熾則會被拉下燕世子之位，由覬覦此位已久的朱高煦成為名正言順的接班人。

離間信原封轉呈　朱高熾危機自解

正當朱允炆（明惠宗，建文帝）以為離間計將要成功之時，足智多謀的燕世子（法定繼承人）朱高熾（朱棣長子），卻巧妙的化解了這次危機。原來他在收到皇帝的密封詔書之後，還沒打開便已經猜到是怎麼一回事了。於是便命人將尚未拆開彌封的書信直接呈交給了父親。朱棣（朱元璋四子）在收到信之後，也立即明白了是怎麼一回事，不但沒有對朱高熾有任何的懷疑，還對他這樣的處理方式讚譽有加。朱高熾漂亮的破解了對方的計謀，同時也保住了自己的世子之位，可說是一舉兩得。而最感到失望的，除了朱允炆之外，可能就是原本以為自己可以取而代之的朱高煦（朱棣次子）了。

Good job!!

舉兵三年原地踏步　道衍建議直取南京 ——

南軍將領平安趁著燕王朱棣（朱元璋四子）率領主力軍團外出征戰時，直接揮軍進逼兵力空虛的北平（北京），而朱棣在得到消息的同時，也得知了盛庸的部隊正準備襲取保定（河北境內）。於是便決定回師北上，以保住自己的根據地，並在與敵軍幾番衝突之後回到了北平城中。

據可靠的消息來源指出，燕軍首席參謀道衍和尚（姚廣孝）在與朱棣商議時，認為舉兵三年以

道衍和尚

來，雖然朱棣親臨前線指揮，多次帶領將士贏得漂亮的戰役，也攻下了不少城池，但往往當部隊離開之後，南軍便又重新進據。結果到目前為止，真正在燕軍控制之下的，還是只有北平、保定、永平（河北境內）三地而已。講難聽一點的話，就是勞師動眾又徒勞無功，再長久這樣耗下去，局面可能會越來越艱困。所以，最後朱棣決定不再與盛庸、平安等部隊糾纏，也不再把重點放在攻奪城池，而要改變戰略，快速揮軍直取守備空虛的京師（南京，江蘇境內）。

大明新聞

GREAT MING NEWS

西元一四〇二年

壬午

奪橋之戰　燕王險境脫身

在聽聞燕軍正以勢不可當的氣勢南下時，朱允炆（明惠宗，建文帝）立刻命魏國公徐輝祖（徐達之子）率領京師（南京，江蘇境內）的精銳部隊北上增援。不久後，燕軍前進到睢水，大將陳文便指揮部隊架橋，準備渡河。一路尾隨著燕軍緊咬不放的平安部隊，卻趁著這個時機突然出現，並發動猛烈的攻勢，與燕軍爭奪渡橋。而就在燕軍忙著對付平安部隊的同時，又有另一支由何福率領的南軍部隊也趕到現場，張開左右兩翼沿河東進擊燕軍。在一陣混戰之中，陳文當場戰死，而朱棣（朱元璋四子）則是與平安短兵相接，並差點被橫槍刺中。所幸燕軍陣營中的鐵騎王騏及時躍馬入陣，扶助燕王逃脫，朱棣才能免於一死。最後由南軍成功的奪下渡橋，目前兩軍分別於橋的南北駐紮，正持續對峙中。

徐輝祖及時馳援　政府軍頹勢逆轉

在兩軍相持數日之後，南軍因為糧餉斷絕而開始士氣低落，整個情勢似乎轉為對燕軍有利。於是燕王朱棣（朱元璋四子）便決定搶在南軍的補給到達之前，趁夜率領一支部隊從遠處渡河，然後繞到南軍的背後突擊。而這個計策果然也如預期般的成功，打得平安的部隊大驚失色，幾乎瀕於全軍瓦解的危境。但幸運的轉盤這下子好像轉到了南軍這邊，就在最緊急的時刻，受命北上馳援的徐輝祖（徐達之子）部隊剛好及時開到。在這支精銳軍團加入戰鬥之後，情勢一百八十度的扭轉，燕軍猛將李斌奮戰而死，由南軍獲得大捷。

剛剛好！

徐輝祖及時出現化解危機

連續受挫　朱能力挺　燕軍出現北返聲音　燕王拍板繼續南征

在遭逢重大挫敗之後，燕軍將領中開始出現要求北返的聲音，於是朱棣（朱元璋四子）召開了高層軍事會議，詢問諸將的看法。結果大部分的將領都表示想要放棄接下去的行動並折返北方，只有朱能站在朱棣這邊向大家喊話，表示應該堅持到底。據在場的將領轉述，朱能當時撫著劍說：「漢高祖劉邦十戰九敗，終得天下。現在我們連連得勝，稍微受挫就回去，還好意思做臣子嗎？」朱棣也說：「敵軍長期饑疲，如果斷其糧道，可以將之困住而改變整個局勢。怎麼能輕言北返，鬆懈將士之心。」最後就是因為這番話，讓燕軍上下堅定了南征的決心。

三聲炮響　雙方暗號相同
兩方爭戰　南軍全軍覆沒

在成功的截擊燕軍並獲得重大勝利之後，朱允炆（明惠宗，建文帝）不知道從哪裡得到了燕軍已經兵敗北返的錯誤情報，於是便下令要魏國公徐輝祖（徐達之子）率領著精銳軍團回守京師（南京，江蘇境內），只留下平安等人的部隊在北方戰線繼續留守。平安等將領因為考慮到在河邊不易防守，所以便移營靈璧（安徽境內），構築深溝高壘，並由平安率領六萬名兵士執行護糧任務。而原本被認為已經撤營北返的燕軍，卻於此時忽然出現在地平線的一邊，由朱棣（朱元璋四子）親自率領的騎兵，在很短的時間內便向平安發動了奇襲，然後硬將護糧部隊給扯裂為兩半。留在營寨中的南軍將領何福見狀，便緊急全軍出動救援。但是這個反應也早在朱棣的預料之中，所以當何福行進到一半時，朱高煦（朱棣次子）也率一支伏兵從半路殺出，直接衝入陣中大敗敵軍。平安與何福倉

卒逃入靈璧城壘中之後，考量到糧草已經不足，他們決定在第二天聽到三聲炮響的暗號時，全軍便突圍而出，然後前往淮河取得補給。但是，事情就是這麼巧，燕軍第二天攻城時的進攻暗號，剛好也是三聲炮響。於是就在燕軍發動攻擊時，南軍也以為是己方的暗號，紛紛奪路而逃，結果被燕軍給逮個正著，一下子便全軍覆沒，靈璧之戰也就在這種意外的狀況之下結束了。此役燕軍生擒了陳暉、平安等三十七員敵將、四名宦官，以及一百五十名官員，並繳獲了戰馬二萬餘匹，投降的士兵更是不計其數，只有何福單騎逃走。而在這些被俘的將領中，又以平安最為勇猛，屢次打敗燕軍，還連斬數員猛將，讓燕軍上下對他是又懼又恨。儘管諸將要求殺掉平安以為同袍報仇，但朱棣見他是個人才，極力勸說他歸順投降，使得燕王麾下也從此多了一名善戰的勇將。

由於雙方設定暗號相同，使得南軍在關門撤退時剛好遇上發動衝擊的燕軍，因而全軍覆沒

揚州的投降引發連鎖反應，使得燕軍迅速逼近京師

投降引發連鎖反應　朱棣大軍逼近京師

　　士氣正盛的燕軍快速南下，於今年五月中逼近了揚州（江蘇境內），鎮守此地的官員王彬原本想要抵抗，不料卻在洗澡時遭到背叛的屬下所捆綁，揚州城也就這樣不戰而降。而這一降，卻好像引發了連鎖反應一樣，讓軍事重鎮高郵（江蘇境內）也跟著歸降燕軍陣營。由於敵軍逼近京師（南京，江蘇境內），驚慌不已的朱允炆（明惠宗，建文帝）在與方孝孺商議之後，定出了緊急的應變方案。首先是頒發罪己詔，先部分承認自己的過失，號召天下兵馬立即勤王。同時派練子寧、黃觀、王叔英等人外出募兵，並召回心腹齊泰、黃子澄共商大計。為了拖延時間，朱允炆還讓慶成郡主（朱元璋的姪女，朱棣的堂姐）去跟朱棣（朱元璋四子）談判，表示朝廷願意割地停戰。不過，朱棣當然知道這是緩兵之計，所以便冷冷的對郡主說：「這只是奸臣想要把我拖住，然後等待遠方之兵來援的計謀罷了。」郡主被這句話噎住了，頓時無言以對，只好訕訕而歸。

朱高煦接替世子!? 一句話勇如天兵

好好幹啊！
你大哥身體不好，
說不定…

嗯嗯…

在父親的激勵之下，覺得自己有機會取代世子地位的朱高煦奮勇作戰

朝廷的和談之計並沒有能減緩燕軍南下的速度，今年六月初，朱棣（朱元璋四子）的南征軍團便已抵達了浦子口（江蘇境內），準備渡江。但就在這個時候，南軍大將盛庸的部隊也開抵此處，並打算拚全力做最後的抵抗。兩軍對戰之下，沒有退路的盛庸部隊奮勇作戰，使得燕軍主力逐漸居於劣勢。一直到朱高煦（朱棣次子）引兵來援，才稍稍扳回了頹勢。這時朱棣為了鼓勵朱高煦，便拍著他的臂膀說：「好好幹，世子（法定繼承人）的身體不好。」聽到這句話的朱高煦，心想只要打贏了這場仗，老爸便會捨棄大哥朱高熾而讓他接班，之後這整個天下就都是他的了。於是腎上腺素大爆發，勇如天兵降臨一般的殊死力戰，一舉逆轉，擊敗了盛庸的部隊。

皇帝遣使談判 燕王明確回絕

先是擊敗盛庸的部隊，南軍的江防都督僉事陳瑄又帶著水師歸附燕軍，所以朱棣（朱元璋四子）便自瓜洲（江蘇境內）輕鬆渡江，並在鎮江（江蘇境內）不戰而降之後，推進到距離京師（南京，江蘇境內）僅數十里遠的龍潭（江蘇境內）。朱允炆（明惠宗，建文帝）被逼得如熱鍋上螞蟻一般，在殿間來回不停的走動。方孝孺應召入殿獻策時表示，城中尚有二十萬的軍力，加上城高難破，只要再派人出面談判以爭取時間，然後堅守待援，便一定會出現轉機。但是在朱允炆連續兩天派出李景隆（朱元璋外甥李文忠之子）、茹瑺，以及谷王朱橞（朱元璋十九子）、安王朱楹（二十二子）前往談判之後，朱棣仍是堅定的表示不要割地，只要奸臣的人頭，所以燕軍目前仍舊繼續往京城逼近當中。

李景隆開門獻降　建文帝自焚身亡

由於京城（南京，江蘇境內）經過朱元璋（明太祖）數十年的精心修築，城牆可以說是十分堅厚而難以攻破。所以原本各界預測，就算燕軍集中全力強攻，也必須損傷大批的兵員，並耗費不少時日才有攻下的可能。但事情的發展往往出人意料之外，當燕軍逼近這座固若金湯的雄偉巨城時，雙方根本都還沒開打，負責防禦金川門的谷王朱橞（朱元璋十九子）與曹國公李景隆（朱元璋外甥李文忠之子）卻忽然變節，開門將燕軍迎入城中了。在此同時，皇宮也燃起了熊熊烈火，於是朱棣（朱元璋四子）便命人立刻前往滅火。在火勢撲滅之後，從火場中發現了幾具已經燒得焦黑的屍體，據宮內的宦官供稱，

其中三具便是皇帝朱允炆（明惠宗，建文帝）、皇后馬氏，以及皇太子朱文奎（朱允炆長子）。雖然朱棣隨後也對外發布了皇帝駕崩的消息，並為其舉行了葬禮，但據說他並不大相信朱允炆真的已經葬身火窟。因為京中有傳聞說朱允炆根本沒死，早在縱火焚燒皇宮之前，他便已剃髮易容，假裝成和尚，帶著朱文奎從地底的密道逃走了。朱允炆是否身亡暫時還無法確定，但朱棣登上大寶之位的儀式仍然在進謁孝陵（明太祖朱元璋陵寢）之後完成。朱棣（明成祖）宣布承繼父親朱元璋的皇位，建元「永樂」，同時完全否定朱允炆在位的合法性，廢除「建文」年號，並將本年改稱為「洪武三十五年」。

已經自焚死了

……

有傳聞說朱允炆並沒有自焚，而是已經改扮成和尚從暗道逃走了

齊泰黃子澄不及赴京
雙雙被捕整族誅死

受召回京的黃子澄及齊泰，還來不及趕到，京城（南京，江蘇境內）便已經失守。於是黃子澄一面四處躲避朱棣（明成祖）的追捕，一面密謀反抗。不久之後來到嘉興（浙江境內）與知府楊任密謀起事，但因行蹤為人告發而遭到逮捕。被押到朱棣面前時，黃子澄仍是抗辯不屈，最終被凌遲處死。而齊泰則是在打算逃亡時，唯恐自己所騎的白馬過於顯目，便在馬身上塗墨汁偽裝，但後來才騎沒多久，白馬開始出汗褪色，還是被認了出來，因而被捕喪命。由於朱棣一開始就認定了齊泰及黃子澄二人，就是煽動朱允炆（明惠宗，建文帝）對付他的罪魁禍首，對他們倆可說是早已恨之入骨，所以連帶把他們整個家族，不論老幼也都一同連坐處死，倖存的婦女則遭到慘無人道的凌辱。

堅不褟臣　徐輝祖削爵軟禁　鐵鉉不屈遭凌遲

在朱棣（明成祖）進入京城（南京，江蘇境內）的時候，絕大部分原屬南軍的武將都前往恭迎，並表示歸降之意，只有魏國公徐輝祖一直在家中守著父親徐達的祠堂沒有現身。後來朱棣召他前去問話時，徐輝祖仍是不發一語，始終沒有表示說要擁戴朱棣為皇帝。被惹毛的朱棣一氣之下便將其投入獄中逼供，但徐輝祖還是只在口供上面寫了：先父是開國功臣徐達，而且有太祖（朱元璋）頒發的鐵券。朱棣因此更為憤怒，簡直氣到想殺了他，但礙於免死鐵券，又考慮到自己的正室夫人就是徐達的女兒，所以最後只有削其爵位，並勒令他返回家中軟禁。而在戰爭期間也曾令燕軍傷透腦筋的兵部尚書（國防部長）鐵鉉，則是在被逮到殿堂之上時，堅持背對朱棣，面朝外坐著，同時抗罵不屈。就算朱棣命兩個武士用夾棍挾持他，硬是要他把臉轉過來，也都沒有成功。但鐵鉉畢竟不像徐輝祖那樣有鐵券護身，所以朱棣在盛怒之下，便把他在鬧市中給凌遲處死了。

方孝孺批燕賊篡位　破紀錄誅盡十族

早在朱棣（明成祖）起兵之時，首席參謀道衍和尚（姚廣孝）便曾提醒過他，說：「方孝孺乃是當今天下第一名儒，其學識及品德都為各界所推崇。城破之日，他是決不會投降的。請務必記得，萬萬不能把他殺了，否則天下讀書種子將會就此滅絕。」果然，在燕軍攻破京城（南京，江蘇境內）之後，雖然朱棣屢次派人到獄中招降，並表示希望由方孝孺來撰寫皇帝即位詔書，但他卻一直堅決不從。之後朱棣派人強行把他押解上殿，當面勸他仿效周公輔佐成王那樣輔佐自己，而方孝孺卻厲聲反問皇帝在哪裡。當朱棣告訴他朱允炆（明惠宗，建文帝）已經自焚時，他又繼續質問為何不立皇帝的兒子為君。這時已經有點不耐煩的朱棣便回答說，國家需要的是一個成年的國君，於是他又逼問為何不立皇帝的弟弟。這下就真的把朱棣給惹惱了，只回答說：「這是我們家的家務事！」便叫人把筆墨擺到方孝孺的面前，硬是要強迫他寫詔書。方孝孺接過筆，就寫上「燕賊篡位」幾個字，然後把筆丟在地上，大聲的罵說：「死就死吧，我是決不會幫你寫詔書的。」朱棣見到方孝孺寧死不屈，便威脅他說：「難道你不顧全九族的性命嗎？」但方孝孺義不反顧，全無懼色，反而回答說：「就算十族又奈我何？」朱棣聽到這句話簡直氣到七竅生煙，也顧不得之前道衍的提醒，便命人把方孝孺押進死牢，再大肆搜捕所有跟他扯上邊的人。然後在行刑當日，將方家親友都押往刑場，在方孝孺面前一一殺害，最後才把他給凌遲處死。方孝孺的九族親屬，加上硬被歸入第十族的門生故交，一共有八百七十三人遭到誅殺，因此事連坐下獄及被流放、充軍的更是數以千計。

我不該跟他有一夜情的…

我…我才旁聽過一節課而已，這樣也算嗎？

方孝孺史無前例的被誅十族，連朋友、門生也都難逃連坐處死

景清行刺失敗　瓜蔓抄家鄉成廢墟

在方孝孺被誅十族之後，御史大夫（監察官）景清也遭到同樣的命運，被朱棣（明成祖）以「瓜蔓抄」的方式，將與他有關聯的親族朋友全都攀染株連，一口氣殺光。其實在一開始，景清就只是為了要伺機替朱允炆（明惠宗，建文帝）報仇而假意歸順，朱棣還念他是舊識，讓他官復原職。但就在他要動手的那一天，朱棣御用的占卜師卻提出緊急警告，說有紅色的客星將

景清的家鄉被瓜蔓抄之後已經成為一片廢墟

冒犯帝座。而當天滿朝文武只有景清一個人穿著紅色官服，於是朱棣便下令搜身，果然就在他身上搜出了一把利刃。景清見事已敗露，便大聲的罵說：「叔奪姪位，就好像父姦子妻一樣！我只是要為故主報仇罷了！」朱棣聞言，心頭震怒，當場就下令打斷景清的牙齒，並割下他的舌頭，而景清則是在被拖出去凌遲處死之前，把朱棣的御案及龍袍噴得整個都是血。但這樣做的代價，是他家鄉的親戚友人全被殺光，現在已經變成廢墟一片了。

燕王登基　大封功臣

在朱棣（明成祖）坐上皇位之後，開始對朱允炆（明惠宗，建文帝）的遺族做出處置，把他年僅兩歲的幼子朱文圭廢為庶人並囚禁於鳳陽（安徽境內），原本已經受封為親王的弟弟朱允熥、朱允熞、朱允㷭也馬上被降級，而且聽說不久後也會被廢為庶人。相較於這些人，靖難有功的諸位功臣，則是全都獲得封賞。以起事之時，率先奪取北平（北京）九門的丘福為淇國公、朱能為成國公，

並追贈已戰死的張玉為榮國公。此外，投誠有功的李景隆（朱元璋外甥李文忠之子）、王寧、茹瑺等人，也都各自獲得不同的封賞。至於運籌帷幄的第一功臣道衍和尚（姚廣孝），則是因出家人的身分特殊而沒有封公列侯。實際上，雖然道衍只被任命為禮部（教育部）僧錄司左善世（佛教管理司長），但他在朝中的地位和影響力，放眼整個政壇應該無人能出其右了。

諸王恢復封爵

在建文時期被流放或除爵的周王朱橚（朱棣五弟）、齊王朱榑（七弟）、代王朱桂（十三弟）、岷王朱楩（十八弟）等人，都已在日前被恢復了爵位，並獲准回到自己的封國。靖難之役中打開城門，將燕軍迎入京師（南京，江蘇境內）的谷王朱橞（十九弟）因立下大功，特別被賜與樂隊七個、衛士三百的禮遇，以及增加每年祿米二千石的獎賞。而一開始被脅迫入夥的寧王朱權（十七弟），則因其原封地大寧（內蒙古境內）已成一座空城，所以將他改封到南昌（江西境內），以原本的江西布政司（省級行政單位）衙門改為新的王府。

宦官提督監軍　太監勢力大增

由於朱允炆（明惠宗·建文帝）始終牢記著祖父朱元璋（明太祖）的教訓，對宦官的管制十分嚴格，所以在燕軍渡江之時，有許多的宦官出逃到朱棣（明成祖）陣營，以洩漏朝廷虛實來作為邀功的手段。這使得朱棣在成功奪得皇位之後，心中總是對這些人存有感謝之意，開始將某些權力交到宦官的手中以作為獎賞。日前，當朱棣要派顧成、韓觀、何福等大將分別前往貴州、廣西、寧夏等邊防之地鎮守的時候，便從這批有功的宦官之中，選了幾個較有謀略的人與這些將軍同行。但這些宦官的職責並不是去服侍人，而是穿著御賜的公侯服裝，以高於將領的地位隨行。隨後，京城設置三大營時，也同樣重用宦官，以提督（司令官）的職銜監軍。分析師表示，宦官干政向來為一大禁忌，從歷史上的教訓看來，嚴重者往往導致亡國危機。當初朱元璋也正是因為看清了此點，才會下令嚴禁宦官干政，甚至連讀書識字都不行。而如今朱棣為了酬賞靖難功臣，給與宦官過多的權力，無疑將成為大明帝國禍患的開端。

接下來採取口袋戰術，由左翼從十點鐘方向…

說白話…

大明新聞

GREAT MING NEWS

西元一四〇四年

甲申

明·永樂二年

每天這樣換來換去真的好麻煩喔…

你應該學我直接穿在裡面就好了

身居政府要職的道衍和尚在退朝後還是會換上袈裟，回復成出家人的身分

■ 道衍賜名姚廣孝 黑衣宰相封少師

當初輔佐朱棣（明成祖），從決定起兵到轉戰各地，一路為其出謀畫策的道衍和尚（姚廣孝），雖然不像一般武將那樣親臨戰場，但朱棣之所以能奪得天下，他的出力及貢獻可以說是最多的。前年（一四〇二年）在大封功臣時，因為道衍是出家人，身分特殊，所以只任命他為僧錄司左善世（佛教管理司長），而沒有封公列侯。朱棣對此一直耿耿於懷，覺得很過意不去，於是在不久前又封他為太子少師（太子教授，為榮譽虛銜），還恢復他原本的姓，並賜名廣孝，追贈其祖、父同樣的官職。據聞，朱棣私下在與道衍和尚交談時，為了表示敬意，從來不直呼其名，總是以「少師」的官名來尊稱他，而且下令讓他蓄髮還俗，又賜給他豪宅與許多的宮女。只不過這些他都沒有接受，還是繼續住在佛寺中，在入朝議事時換上規定的官服，但在退朝後便仍舊穿著他的袈裟，也因此在私底下得了個「黑衣宰相」的稱號。

好聖孫成建儲關鍵　朱高熾立為皇太子

日前，朱棣（明成祖）冊立世子（法定繼承人）朱高熾為皇太子，正式確定了他是帝國接班人的身分。據了解，當初靖難兵起之時，朱棣讓長子朱高熾留守北平（北京），而帶著長相跟性格都比較像自己的次子朱高煦在外打仗。在一場場的戰役洗禮下，朱高煦果然不負父望，立下了許多的戰功。同時，又有不少官員和將領，在這場繼承人爭奪戰之中，是傾向於次子陣營的。加上朱高熾本身因為過度肥胖而且腳部有殘疾，在行動上不甚方便，連走路都要有人攙扶，所以本來就不得父親的歡心。種種的情況，使得朱棣本人都對是否要立長子為太子開始猶豫，也讓朱高煦眼看著奪嫡有望。但是最後出現轉

折，讓朱高熾能順利保住繼承人之位的關鍵，就在近來朱棣非常倚重的翰林學士（皇帝高級祕書官）解縉。一開始，朱棣就建儲問題詢問他的意見，解縉回答說：「世子仁孝，天下歸心。」但顯然這個理由沒有打動朱棣的心，而解縉看朱棣默不作聲，便又補了一句「好聖孫」。意指朱高熾之子朱瞻基，將在身體不好的朱高熾死後繼位，成為一個卓越的國家領導人。此話一出，便讓朱棣點頭表示贊同，把朱高熾推上了太子之位，而封朱高煦為漢王、朱高燧（朱棣三子）為趙王。不過，據可靠的消息來源指出，在太子爭奪戰中失利的朱高煦，不但沒有乖乖的到他的封地雲南去，還對朱高熾愈加惱怒。

朱棣因為非常喜愛皇長孫朱瞻基，所以便立朱高熾為太子，朱高煦的接班美夢就此破碎

我要絕食抗議…

吸！

咕嚕

是嗎？這泡麵很香喔…
要不要吃啊？

一度想以絕食來證明自己清白的李景隆，在失敗後仍被終身禁錮

耿炳文上吊自盡　李景隆抄家禁錮

　　在朱棣（明成祖）起兵之時曾經擔任南軍統帥，帶領大軍北伐的長興侯耿炳文，雖然在朱棣成功奪得皇位之後並沒有馬上遭到整肅清算，但由於他早就被貼了標籤歸屬到建文皇帝一派，所以朱棣心裡其實一直很想把他除掉。而當主子的言語眼神中透露出這種想法時，當然就有一些善於察言觀色的部屬，會把上位的意念付諸於行動。就是在這種情況之下，刑部尚書（司法部長）鄭賜、都御史（監察總長）陳瑛上書彈劾耿炳文，說他的衣服器皿上頭有御用的龍鳳紋飾，連玉帶都用了紅色皮革，而這些可都是皇帝才能享受的。結果朱棣下詔將耿炳文抄家，並逼得他上吊自盡。還有當初以開門迎王師入京之功，加太子太保、左柱國（皆榮譽虛銜），上朝時位置排在諸臣之首的李景隆，也因連續被官員彈劾說有謀逆以及不法之事，在日前被削奪爵位並沒收家產，同時禁錮於家中。據說李景隆不服這項判決，絕食以明其志。不過在絕食十天之後，政府並沒有任何反應，而李景隆也沒有死成，他只好繼續接受軟禁，在家坐牢，哀怨地度過餘生了。

 GREAT MING NEWS

西元一四〇五年

明·永樂三年

三保太監寶船下西洋　宣揚國威暗尋建文帝

　　由地位居於所有宦官之首的內官監（宮人管理署）太監（署長）鄭和所率領的龐大船隊，在今年六月帶著三萬七千多人，分乘大船六十二艘，小船二百餘艘，滿載著絲綢、瓷器等珍寶，奉皇帝朱棣（明成祖）之命出使西洋。政府發言人表示，鄭和此行將遍歷西洋各國，宣讀天子詔書，並給各國君長豐厚的賞賜，讓他們以大明藩國的身分稱臣朝貢。但如果遇到不肯乖乖俯首歸順的，便會直接動用強大的武力來加以威懾。預計船隊由蘇州（江蘇境內）轉到福州（福建境內）正式揚帆起程後，會先抵達占城（越南境內），再往南航行至爪哇（印尼境內），然後西行往蘇門答臘（印尼境內）、錫蘭（斯里蘭卡境內）、古里（印度境內）方向前進。不過，也有政治評論家表示，這個龐大船隊出海的真正目的，極有可能是要追查朱允炆（明惠宗，建文帝）的下落。因為當時燕軍攻入京城（南京，江蘇境內）時，雖然宣稱已經找到皇帝的屍體，但實際

上根本已被燒得焦黑而不可辨認，加上一直有傳言說朱允炆已經潛逃出海，準備在適當的時機重起爐灶。所以朱棣對此耿耿於懷，更不願意看到復辟之事發生，才會命鄭和出使西洋。表面上是要宣揚國威，但私底下卻是要去探尋朱允炆的蹤跡。至少也要先嚇唬嚇唬這些國家，打上一劑預防針，這樣萬一以後朱允炆真的在海外活動的話，才沒有國家敢支持他。

記住，此次行動還有一項祕密任務…

鄭和下西洋除了宣揚國威之外，還肩負探查建文帝下落的祕密任務

【專題報導】鄭和

　　鄭和原名馬和，小名三保，祖先在元朝初年便移居雲南，是當地很受人們尊敬的貴族。馬家世代信奉伊斯蘭教，祖父和父親都曾經跋涉千里前往麥加（沙烏地阿拉伯境內）朝聖。洪武十四年（一三八一年），朱元璋（明太祖）派傅友德及藍玉率領了三十萬大軍，前往雲南討伐殘存的元軍勢力。就是在此役中，年僅十一歲的馬和被明軍俘虜，不但慘遭閹割的酷刑，還被留在軍中打雜隨侍。後來，他隨著明軍回到京師（南京，江蘇境內），並於十四歲那年被分派到北平（北京）的燕王府服務。燕王朱棣（明成祖）見馬和聰明伶俐，便把他留在身邊當作親信。與朱元璋不同的是，朱棣不但不排斥身邊的宦官讀書識字，還挑選學問淵博的官員到府中為這些宦官上課，並允許他們閱讀王府中的大量藏書，以提高親隨的文化水準。就是在這樣的條件之下，原本就天資聰穎且勤奮好學的馬和，一下子就顯得才學特別出眾。加上他身材魁梧，又習得一身的好武藝，更加得到主子的賞識與器重，可以說是所有內侍中最為朱棣所信賴的一個。在靖難之役中，馬和也多次完成燕王委派的任務，英勇建功。永樂二年（一四〇四年），朱棣為表揚他的功勳，特別賜姓「鄭」，並授與他正四品的內官監（宮人管理署）太監（署長）之職。由於鄭和學識豐富，通曉各國的文化及史地，而且又思維敏捷，所以其後還多次代表政府出使暹羅（泰國）、日本等國，進行外交工作。在累積了許多經驗，並且一再取得令人滿意的外交成果之後，鄭和便成了此次下西洋重任中指揮官的不二人選。

齊王當庭咆哮　父子俱廢庶人

在建文年間被朱允炆（明惠宗，建文帝）削藩囚禁，等到朱棣（明成祖）當上皇帝之後才被恢復爵位的齊王朱榑（朱棣七弟），於日前來京朝見。但因朝中又有大臣對他之前的惡行劣跡再次提起彈劾，使得朱榑被激怒，當廷咆哮說：「奸臣喋喋不休，難道是又想要效法建文時候的事了嗎？我有機會一定會把你們這些人全都宰了！」不過在皇帝面前，豈容哪個人這麼囂張氣盛，所以朱榑話才一說完，就馬上被朱棣給打臉，下令把他留置在京城（南京，江蘇境內）之中，並削奪其官屬及護衛，以作為懲戒示警。但朱榑被留下之後，不但沒有靜心悔改，反而更加心生不滿，每天不斷的碎唸。最後終於再度惹惱了朱棣，於是便下令召朱榑的兒子到京師，然後將他們父子一起廢為庶人。

周王朱橚親著　《救荒本草》發行

周王朱橚（朱棣五弟）所著的《救荒本草》一書，今年在開封（河南境內）發行，並引起醫界極大的迴響。據記者了解，《救荒本草》是朱橚以多年的時間，收集河南地區的野生食用植物進行栽培，然後詳細敘述其產地、形態、性味及食用法，並佐以完整的根、莖、葉、花、果等部插圖所編纂而成。本書共二卷，收錄了四百一十四種植物，對各種植物特性的描述可說是相當的細緻精準。內容不但力求通俗易懂，以便讓食不果腹的飢民可以當成救命寶典，還詳述了各種不同植物的食用方法，如直接採食、醃製、乾藏、蒸煮、去異味、製粉，以及對於毒性較強植物加上同煮、浸泡等去毒法，是一部極有價值的野生植物食用專書。

周王朱橚用多年的時間終於完成《救荒本草》一書

周王怎麼了？

他學神農氏嘗百草，吃到有毒的植物了…

鄭和船隊捲入爪哇內戰

鄭和下西洋的船隊，不久前浩浩蕩蕩的抵達了爪哇（印尼境內）。但因當地爆發內戰，西爪哇王正派兵攻滅了東爪哇，使得鄭和的士兵在登陸之後，意外的捲入這場戰事之中，被西爪哇的士兵殺死了一百七十個人。鄭和對此極為憤怒，表示如果對方不能給出明確的交代，就要動用武力加以征討。看到大明艦隊的驚人陣容，西爪哇嚇得都呆了，知道自己闖下大禍，於是便誠懇道歉，並進獻六萬兩的黃金作為補償，才平息了這場風波。

安南胡氏篡陳朝　十萬明軍怒南征

建文二年（一四〇〇年）的時候，安南（越南）的權臣胡季犛（黎季犛，胡一元）篡位，謀害了世世向明朝稱臣的陳氏，並讓自己的兒子胡奃（胡漢蒼）坐上了王位。但為了避免大明朝廷猜疑，便於永樂元年（一四〇三年）遣使向朱棣（明成祖）謊稱說陳氏宗嗣已經滅絕，而他是陳氏的外甥，在大家公推之下繼承陳氏之位，請求朝廷能降旨敕封。由於安南地處偏遠，查證不易，所以朱棣同意封胡奃為安南國王。後來，一個叫陳天平的人自稱是陳氏王族的後代，到明廷控訴胡氏篡位，並要求皇帝能出面做主，以恢復陳氏在安南的統治地位。這時已經因為邊界問題與中國政府關係有些緊張的胡氏政權，在受到明廷的指責之後，為免事態擴大，便承認自己的罪行，也承諾要迎歸陳天平坐回安南王之位。但是在今年三月，當明軍護送陳天平進入安南國境的時候，胡氏卻又派部隊截擊明軍，而且將俘獲的陳天平凌遲處死。朱棣聞訊，龍顏大怒，已發出檄文列舉胡氏的二十條大罪，並下令數十萬大軍集結，準備南征。

安南陳氏王朝後代在明軍護送下回到故土，結果仍被篡位者胡氏給殺死

安南陳氏已經沒有人可以繼承王位了…

這樣啊…那麼我們就只好勉為其難，把安南變成大明的領土了

由於安南陳氏子嗣已被胡氏殺害殆盡，所以朱棣便下令廢去安南王國，改設為交趾布政司

胡氏不敵南征大軍　安南建為交趾三司

去年（一四〇六年）底，大明南征軍團分兵進攻安南（越南），並以火銃擊退了胡軍的象兵，攻破了要城昇龍（越南境內），並大肆劫掠女子及財物，還將大批的童男閹割後送入京城。今年，胡軍也集結了大量的水軍及步兵，與明軍在鹹子關進行決戰。結果胡軍不敵潰敗，大批士兵溺死河中，沉於水下的船隻及軍糧則是多得無法計算。而胡氏父子在逃亡兩個月之後，終於被明軍俘虜，結束了胡氏在安南的統治。明軍在此役中也

繳獲了一千三百多萬石的糧儲，象、馬、牛等共二十三萬餘隻，近九千艘船，以及二百多萬件的各式軍器。今年六月時，朱棣（明成祖）正式下詔，表示原本是要扶植陳氏重回王位，但因如今陳氏子嗣已被胡氏殺害殆盡，無人可以繼承，所以便廢去安南王國，改設交趾承宣布政使司（省級行政單位）、提刑按察使司（省級司法監察單位）、都指揮使司（軍區司令部）等官署，由朝廷直接管轄。

申請出家人數激增 全數編入遠地充軍

不久前，禮部（教育部）向皇帝呈報了一份資料，其中光是直隸（江蘇、安徽等處十八個由中央管轄的府）及浙江等地，軍民剃髮出家並到京師（南京，江蘇境內）請頒「度牒」（由政府頒發的僧人身分證明）的案件就有一千八百件。朱棣（明成祖）在看到這個驚人的數字之後，十分生氣，認為以前太祖（朱元璋）就規定過，百姓要年滿四十歲之上才可以出家，現在卻有這麼多人存著僥倖之心違規申請。於是便下令兵部（國防部）把這些人全部都編入軍籍，並發遣到遼東、甘肅等偏遠的地方當兵去了。

鄭和生擒陳賊祖義　肅清海路各國稱頌

把錢包交出來！

……

海盜陳祖義想要搶奪鄭和船隊上的金銀寶物，結果反被鄭和給生擒

從洪武年間便開始橫行南洋海域，讓鄰近各國頭痛不已的海盜頭子陳祖義，不久前終於栽在鄭和的手中，被押回中國準備斬首示眾。據了解，完成首次下西洋任務的鄭和，在返航時聽聞早已在當地自立為王的陳祖義，經常四出劫掠船隻，造成海上航線極度的恐慌，於是他決定派人加以招撫。而陳祖義見到鄭和的船隊陣容龐大，認定船上一定載有價值連城的寶物，同時又瞧不起鄭和只是個太監，便起了貪念，想要以詐降的手段來進行武力搶奪。不過，鄭和早就收到線報，知道陳祖義居心不良，並已事先做好了反偷襲的部署。所以當陳祖義的船隊出現在三佛齊（舊港，印尼境內）時，立刻陷入了大明艦隊的包圍之中。在激戰中，超過五千名海盜被當場殺死，十艘船遭到焚毀，另有七艘遭到俘虜。以陳祖義為首的數名海盜頭子也都被明軍生擒。由於鄭和在此役中徹底的粉碎了海盜集團，肅清了海路，使得他已經成為各國推崇稱頌的對象。

這是今年的生日禮物，都喜歡吧？

雖然長子朱高熾已被立為皇太子，但次子朱高煦在很多方面得到的待遇卻又比他還高

朱棣偏愛次子高煦
解縉進諫被貶廣西

日前，一向受到朱棣（明成祖）極度信賴的核心重臣解縉，出人意料的被貶到廣西去當參議（中階官員）。據了解，當初解縉因迎附朱棣而驟然得寵，已經使得一些人開始眼紅。雖然他才智高超又勇於負責，在能力上無庸置疑，但是性格過於自負，喜歡無所顧忌的評論別人，為此得罪了許多的朝臣。加上當朱棣要決定立誰為太子時，只有他擁護長子朱高熾，讓朱高煦（朱棣次子）及一大串次子陣營的人都十分憎恨他。而這次在討論發兵安南（越南）的計畫時，又只有解縉一人持反對意見，使得朱棣也漸漸的對其失去信任。尤其在朱高熾被冊立為皇太子之後，朱棣對於漢王朱高煦的寵愛不減反增，給與的待遇更是超過太子。解縉對此不以為然，又再次上書規諫，說這是引發爭端的做法。朱棣看完奏章，很不高興，認為他是在離間父子之情。這時，朱高煦又告狀說解縉把之前立太子的議論傳播到宮廷之外，同時也有人彈劾解縉閱卷不公，才會讓朱棣做出將其降貶的決定。

皇長孫朱瞻基備受重視栽培

已經十歲的皇長孫朱瞻基（朱高熾長子）在今年四月入書房讀書，為了好好的培養這個孫子，朱棣（明成祖）還特別命自己最信賴的道衍和尚（姚廣孝）擔任他的老師，並特別交代說：「皇長孫天資聰明，要盡心開導。每天講解經書中關於孝悌仁義，以及帝王訓示等可以治國的要點就行了，不必像一般學生那樣工於文詞章句。」可見朱棣雖然對於皇太子朱高熾並不滿意，但對於朱瞻基這個「好聖孫」卻極為重視，甚至把他當成是傳位給朱高熾的最重要理由之一了。

船不歇帆　鄭和二度受命出航

鄭和船隊才剛結束長時間的遠洋航行沒幾天，便又再度起程，第二次下西洋去了

　　鄭和船隊於九月分完成第一次任務返國之後，才休息十幾天，便又再度奉命出使西洋。這次整個船隊動員的人數高達二萬七千人，而將訪問的國家則包括占城（越南境內）、爪哇（印尼境內）、暹羅（泰國）、滿剌加（麻六甲，馬來西亞境內）、南巫里（亞齊，印尼境內）、加異勒（印度境內）、錫蘭（斯里蘭卡境內）、柯枝（印度境內）、古里（印度境內）等國。

《永樂大典》進呈　規模宏大取材廣泛

　　歷時五年，動員了九千一百六十九位知識分子，從永樂元年（一四○三年）就開始編修的《永樂大典》終於在日前定稿進呈，並由朱棣（明成祖）親自定名。全書共二萬二千九百三十七卷，一萬一千零九十五冊，總字數達三億七千萬字，可說是中國有史以來，規模最為宏大的一部類書。相較於以往的類書，大多偏重儒家經典、史傳文集等，

《永樂大典》所收的書目範圍則非常廣泛，包括諸子百家之言、天文地理、陰陽醫卜、僧道技藝等八千多種的典籍，不但全都加以分門別類，而且還未加刪改一字的整篇抄入，在保存文獻的貢獻上獲得學術界一致的肯定。不過也有專家指出，《永樂大典》不刪修原文的做法固然展現了百分之百尊重學術的誠意，但其實在抄書的過程中，還是會有非故意的疏漏訛誤之處，倒也要給與小小的扣分。

安南再反　明軍慘敗

在大明帝國把安南（越南）初次畫入版圖，並設立交趾承宣布政使司（省級行政單位）來管理當地百姓之後，雖然官府已經用較為寬厚的標準予以安撫，但當地人還是認為這是外來族群的統治，致使武力抗爭的事件不斷出現。不久前，安南陳氏的舊臣簡定等人，便利用明軍已經班師，而留駐當地的兵力不足的大好時機，聯絡了鄰近的勢力一同起兵叛亂，並自立為王。朱棣（明成祖）在收到當地官員的奏報之後，命黔國公沐晟為征夷將軍，統雲南、貴州、四川等地的軍隊四萬人，從雲南出兵征討。同時還遣使傳諭給簡定等人，表示如果現在投降的話就既往不咎，不過並未獲得正面的回應。於是到年底時，沐晟率領的大軍開抵交趾，並與簡定軍戰於生厥江。但由於對地形不熟加上指揮失當，所以明軍在這一役中慘敗，都督僉事（司令部高階軍官）呂毅、兵部尚書（國防部長）劉儁、交趾布政司參政（省級高階官員）劉昱皆戰死。

安南人民在簡定的領導之下起兵反抗大明帝國的統治

大明新聞

GREAT MING NEWS

西元一四〇九年

己丑

明·永樂七年

管理茶葉與馬匹交易　各重點地區設置茶馬司

以前在洪武朝的時候，朱元璋（明太祖）為了要增加戰馬的數量，便曾經下令凡是番人進貢馬匹的，就依照馬的品質和等級給與茶葉作為賞賜。當時的行情是上等馬賞茶大約一百斤，中等馬與下等馬則依次遞減。等到朱棣（明成祖）坐上大位之後，為了要廣招遠人，便下令提高可兌換茶葉的比例，使得行情一路飆高，目前已經漲到只要七十匹馬就可以換到八萬斤左右的茶葉。由於利潤跟以前比起來足足大上了十幾倍，所以前來賣馬的人越來越多，而茶葉也越來越不夠用。更嚴重的是，因為交易太盛，反而造成馬匹的品質下降，導致近來購置的戰馬也以瘦弱的居多。有鑑於此，中央政府已經下令要在各重點地區，增設新的茶馬司（茶業馬匹交易管理處），以便更有效率的管理。

茹瑺命子買毒自盡
陳瑛硬拗謀殺父母

當初在靖難之役中迎立有功，且率先恭請朱棣（明成祖）登上帝位的茹瑺，雖曾任兵部尚書（國防部長）及太子少保（太子教授，為榮譽虛銜），但之前卻因沒有迎送趙王朱高燧（朱棣三子），而被以違反禮制的罪名解職回鄉。隨後他又遭到家族中的人告發，說他圖謀不法，被逮到京師（南京，江蘇境內）訊問，後來因查無實據而釋回。不過，

刻薄殘酷的陳瑛逼得茹瑺在獄中服毒自盡

他的衰事並未就此結束。他在這次回鄉的途中經過長沙（湖南境內），忘了去拜謁谷王朱橞（朱棣十九弟），再一次惹禍上身。剛好此時很重視藩王之禮，朱橞又因打開金川門迎燕軍入京而立有大功，所以朱棣便在左副都御史（監察次長）陳瑛彈劾茹瑺之後，將其打入錦衣衛監獄中嚴加拷問。覺得受盡委屈的茹瑺悲憤交加，知道自己已經逃不過這關了，於是叫他的兒子茹銓買來毒藥，然後在獄中服毒自盡。而為人一向刻薄殘酷的陳瑛，此時竟然又彈劾茹銓，說他毒死了父親，請求以謀殺父母之律來定罪。幸好後來朱棣查明了茹銓買毒完全是遵照父命，便減去其死罪，將他和兄弟家屬共二十七人，全都貶到河池（廣西境內）去當戍守的兵士了。

大將平安今年不平安

在靖難之役中一度讓燕軍傷透腦筋的南軍大將平安，在靈璧（安徽境內）兵敗被俘之後，送至北平（北京）受審，但朱棣（明成祖）因為愛惜人才，所以沒有殺他。朱棣初即位，便讓平安擔任北平都指揮使（軍區司令），永樂元年（一四○三年）更升任為北京留守行後軍都督府僉事（司令部高階軍官）。原本大家還一片看好他的官途，不料厄運卻降

自盡身亡只因一句話

臨了。今年三月，朱棣赴北京巡視，無意間在閱看奏章時，發現了平安的名字，便不經意對身邊的人說：「平保兒還在啊？」而當這句話傳到平安的耳中之後，他自己認為皇帝的意思是要他去死，於是便自盡身亡。朱棣事後得到奏報，雖然有些惋惜，但是人死不能復生，所以下令讓平安的兒子繼續領取指揮使的俸祿。

鄭和三度下西洋　錫蘭王態度可疑

今年九月，鄭和又奉朱棣（明成祖）之命，第三度率領龐大的船隊下西洋，預計將拜訪沿途的多個國家以宣揚大明天威，其中更特別恭奉詔敕及金銀供器前往錫蘭山寺布施。不過，就在訪問錫蘭山國（斯里蘭卡境內）的時候，行事一向小心謹慎的鄭和，發現了錫蘭山國王亞烈苦奈兒態度可疑，有想要謀取大明艦隊的意圖。為了避免不必要的衝突，鄭和便下令整船出港，立即開往其他國家，等以後回程時再來好好處理這個問題。

歡迎歡迎…
再靠近一點嘛

錫蘭王謀奪船艦上的金銀寶物，鄭和發現後迅速離港，以暫時避免不必要的衝突

北伐軍丘福領兵
中敵計全軍覆沒

近年來，北方邊境的蒙古勢力逐漸有恢復的跡象，為了徹底解決這個問題，讓國家可以長治久安，朱棣（明成祖）便命淇國公丘福率領十萬大軍北征韃靼。在出發之前，朱棣對丘福再三告誡，避免他犯下輕敵的致命錯誤；還跟他說，如果沒有機會的話就不要勉強作戰，必須等候最佳的時機來臨。但是當丘福領著大軍，在首戰擊敗敵軍的一小支部隊，並俘獲一名敵人的高級官員，探知敵軍大營就在前面三十里處時，他便顧不得自己的大軍尚未集結完畢，下令飛馬急馳。前兩天，與敵人接觸的每一仗敵軍都是戰敗逃走，而丘福也是毫不客氣的乘勝追擊。部將們一再勸阻，認為這是對方的誘敵之計，應該等大軍集結之後再繼續前進，可惜丘福完全聽不下去，還表示再有異議的話，就要把不聽命令前進的人全都處斬。於是，所有的將士只好流淚聽從他的指揮，繼續向北前進。不久後，果然明軍就陷入敵人大規模的包圍之中，最後更是導致全軍覆沒。朱棣在收到消息之後極為震怒，認為根本沒有一個將領是可信任的，於是便決定領兵親征，讓敵軍看看大明軍團真正的實力。

北伐軍統帥丘福一步一步走向敵人所設的埋伏，最後全軍覆沒

旅途愉快…

原本只是被當作傀儡的陳季擴，在簡定被張輔擒獲之後，反而成為安南反抗軍的實際領導人

張輔掛帥南征　簡定被俘解京

去年（一四〇八年）由沐晟率領的明軍在交趾（越南境內）慘敗的消息傳回京城（南京，江蘇境內）之後，又驚又怒的朱棣（明成祖）便下令張輔配掛征虜將軍印，率領從直隸（江蘇、安徽等處十八個由中央管轄的府）、浙江、江西、福建、湖廣（湖南、湖北地區）、廣東、廣西徵調來的四萬七千名大軍，立即南下協助沐晟征討簡定等當地的武裝叛亂勢力。而簡定為了得到更多安南人的支持，便另外找來一個叫陳季擴的人充任已故安南王陳氏的子嗣，然後擁立他為皇帝，不過所有的實權仍牢牢掌握在被尊稱為「上皇」的自己手上。這時叛軍的氣勢正盛，各個軍事要地都駐有重兵嚴密防守，於是張輔

便決定改以舟師為主力，從水路發動攻擊。這個戰略果然奏效，在連續幾次擊潰叛軍的船艦之後，已經把叛軍逼到退無可退的窘境。陳季擴趕緊求饒，派使者前往明軍大營，表示自己是陳氏的後代，願意從此歸順大明帝國，並請求皇帝能同意讓他襲封王位。只是張輔完全不為所動，對使者說：「之前我們遍尋陳氏後人，陳季擴卻不曾站出來證明自己的身分。現在走投無路了，才又硬著頭皮，妄想來欺騙我們。我奉命討賊，對其他的事我一概不予理會。」於是分派部將率領步騎先行前進，自己則坐鎮舟師隨後進軍。後來又連續重挫叛軍，並在山中抓到了簡定，準備把他押解到京師等候審判。

大明新聞

GREAT MING NEWS

西元一四一〇年

庚寅

明‧永樂八年

官兵續剿交趾　叛軍堆成京觀

　　在簡定被擒獲之後，交趾（越南境內）叛軍仍繼續逃竄作亂，於是張輔又揮軍進擊。二萬多名的叛軍雖然激烈抵抗，但仍然不敵明軍兵威，在戰場上被斬殺了四千五百餘人。除了部分已經逃散的士兵之外，被俘虜的二千餘人，也全數遭到斬首之刑。明軍還下令把全部的叛軍屍體堆高，然後用土掩埋成小山狀的「京觀」，以作為炫耀武力之用。由於陳季擴還沒有被抓到，仍舊有些殘存勢力在各處流竄，所以張輔在班師之前，已奏准將部分將領及部隊留在交趾，以便輔佐沐晟繼續討伐陳季擴及其餘黨。

朱棣御駕親征　追擊韃靼可汗

　　朱棣（明成祖）命戶部尚書（財政部長）夏原吉輔佐皇長孫朱瞻基（朱高熾長子）留守北平（北京），然後親自領了五十萬大軍北征韃靼。在行軍途中，飲水非常缺乏，正當人馬都已經口渴難當之際，幸好附近及時湧出泉水，暫時解了明軍之急，而朱棣也將此泉賜名為「神應泉」。就在這種艱困的條件之下，明軍邊靠著駱駝運水，邊尋找可用之泉補充飲水，一步一步向前推進。最後行至臚朐河（克魯倫河），才終於一解缺水之苦，而朱棣也登山四望，俯臨河流，駐馬許久，最後將此河更名為「飲馬河」以當作紀念。據隨軍記者回報，朱棣一路上都十分關心部隊的飲水及膳食問題，不但要看著所有的軍士都吃

正當明軍缺水之際，地上就冒出了泉水

完飯，他才肯開動，運用膳時也特別交代負責人員不要為他準備肉類，因為他說想到軍士們如此艱苦，便食不知味，要等到大軍得勝之日，再與眾軍士一同開葷慶祝。而就在此時，也從抓獲的敵軍騎兵口中，得知韃靼可汗本雅失里（布尼雅實哩）的營寨就在不遠處。於是他下令全軍渡過飲馬河駐營，然後親自率領輕騎兵，每人自帶二十天的糧食，前往追擊本雅失里。

交趾地局勢不穩　陳季擴降而復叛

留在交趾（越南境內）的沐晟繼續追擊陳季擴的餘黨，並在古弘（越南境內）附近大敗叛軍，斬殺了三千餘人。陳季擴雖然再度僥倖脫逃，但也因情勢窘迫而上表請降。朱棣（明成祖）明知道他不是真心歸降，為了局勢安定，也先姑且允許，任命陳季擴為交趾右布政使（省級行政長官），而他的部將們也都被授與軍中的職務。只不過這樣的假性和平並沒有持續太久，過一陣子陳季擴便又抗命再反了。

明軍北擊　重創韃靼

明軍渡過飲馬河（克魯倫河）之後，韃靼可汗本雅失里（布尼雅實哩）非常害怕，便要丞相（總理）阿魯台一起西遷，但阿魯台不肯聽命，於是韃靼部眾開始分裂潰散，其中一部分跟著本雅失里往西逃亡，另一部分則隨著阿魯台東奔。而朱棣（明成祖）的精銳輕騎，很快在斡難河（鄂嫩河）追上了本雅失里，逼得他非得正面迎戰不可。朱棣揮軍進擊，一舉便將韃靼部隊擊潰。本雅失里趕緊丟下所有的輜重牲畜，只帶著七名護衛狼狼逃遁。隨後朱棣又回軍向東追擊阿魯台，大敗其部並殺敵無數，阿魯台則是在混戰中墜馬，逃奔而去。此時由於天氣炎熱又缺水，部隊糧草也漸感不濟，所以朱棣便下令班師。這次的行動雖然沒有擒獲本雅失里，但卻大大的打擊了韃靼部的力量，也讓阿魯台在隨後便向大明皇帝進貢馬匹，以表示臣服之意，朱棣也回贈他豐厚的賞賜。

大明新聞

GREAT MING NEWS

西元一四一一年

明·永樂九年

細故彈劾無數大臣
苛刻陳瑛今日赴死

為人一向苛刻殘酷，動不動就抓住小辮子亂彈劾人的左都御史（監察總長）陳瑛，日前自己違法亂紀，遭人檢舉而下獄處死。據記者統計，在陳瑛受到朱棣（明成祖）寵信的時期，無端遭到彈劾的勳戚大臣多達幾十個人，其中包括了劾告歷城侯盛庸、曹國公李景隆、長興侯耿炳文等人，都是因為他的舉發而落得悲慘的下場。只是朱棣卻因為陳瑛勇於打老虎，越發的寵信他，也使得朝中人人自危，不知道什麼時候會被陳瑛給奏上一本而丟了性命。如今陳瑛自己卻因得罪而死，也讓政壇出現一片歡呼之聲，每個人都稱讚叫好。

咚！

沒想到你也會有今天吧！

……

害死數十名忠良官員的陳瑛終於伏法，各界無不拍手稱快

張輔軍中立威　再破安南主力

中央政府在得知交趾（越南境內）的陳季擴又叛變之後，便再度命安南人最懼怕的張輔領軍二萬四千，與沐晟一同出兵征討。不過張輔抵達前線時，發現有許多的將士都軍心浮動，對於上級所指示的任務常常推三阻四，而不去好好的執行命令。於是他就找了其中一個情形最嚴重的部將黃中來開刀，把他依不服軍令之罪給斬首示眾了。這一招果然奏效，所有的將士們都因此而提心吊膽，對張輔發出的命令再也不敢有所質疑。今年七月，張輔下令對叛軍展開攻擊，先令水軍連艦拔除叛軍連綿數里的巨型木樁，向前推進，然後再自己率領步兵去襲剿敵軍的伏兵。在水陸分兵夾攻之下，明軍在月常江（越南境內）擊破敵軍主力，生擒了對方的指揮官，並繳獲了一百多艘的船隻。

去把鄭和給我抓過來…

！

鄭和趁敵軍大舉出動，後防空虛之際，從小路直搗王城

次子的復仇
解縉被押入獄

之前因細故被貶至交趾（越南境內）的解縉，最近入京奏事的時候，因為剛好朱棣（明成祖）親自領兵北征尚未歸來，所以他在進謁了太子朱高熾（朱棣長子）之後便返回貶所。而一向與朱高熾不和，不斷找機會要把他拉下太子之位的漢王朱高煦（朱棣次子）則是逮到了把柄，向父親告狀，說太子在監國期間，私自接見官員，而解縉徑自歸去，無人臣之禮，使得朱棣為此震怒。這時，解縉剛好與另一個被貶的官員王偁一起走到了廣東，他見贛江兩岸旱情嚴重，便上書建議政府開鑿贛江以貫通南北。奏疏到京的時候，也正好是朱棣要下令逮捕他的時候，於是就被錦衣衛給逮入詔獄去嚴刑拷問了。之後，不但解縉就這樣被關在獄中，還有好多官員也受到牽連而銀鐺入獄，其中甚至有些身體比較不好的，就這樣病死在裡面了。

直搗黃龍破敵大軍
鄭和生擒錫蘭國王

鄭和在回程的時候再次經過錫蘭山國（斯里蘭卡境內），而國王亞烈苦奈兒仍舊想要對鄭和的船隊下手，於是就找藉口把鄭和誘騙進來，然後發兵五萬圍攻大明艦隊，並伐木阻斷明軍歸路。不過鄭和對此早有提防，便趁著對方傾巢而出，國中空虛之時，僅帶領二千精銳部隊，從小道出其不意突襲王城。亞烈苦奈兒沒有料到這麼一招，事前未做任何的防備，於是王城就這樣被鄭和給攻破，而自己和家屬也都被生擒，一同隨船隊被押回中國。雖然朝臣一致建議應該將其誅殺，但朱棣（明成祖）卻憐憫亞烈苦奈兒無知，便將亞烈苦奈兒和他的妻兒都給遣返。然後再從錫蘭山國人當中，選出一位賢能者，誥封他為新的國王。結果這件事情傳開之後，海外的許多王國，都更真心誠意的臣服於大明皇帝了。

朱瞻基受封皇太孫

今年十一月初十，朱棣（明成祖）在華蓋殿親自為皇長孫朱瞻基（朱高熾長子）戴冠，正式冊封他為皇太孫，成為大明王朝第二順位的皇位繼承人。之後朱瞻基的冕服樣式將與皇太子相同，而手持的玉圭等級則與親王一致。

大明新聞

GREAT MING NEWS

西元一四一二年

壬辰

自覺不妥　朱棣下令嚴禁宦官干涉地方政事

　　由於之前許多在靖難之役中立下功勞的宦官，都被派任為部隊的監軍或是前往各地查詢事務，導致近來宦官干預政府部門決策的事件可說是越來越多。而始作俑者朱棣（明成祖）在得知這種情況之後，也開始覺得這樣下去並不妥，但又不能承認是自己的錯。於是他便在日前告諭都察院（中央監察院）的官員，說以前只是「偶而」派遣宦官到各處去探查事務，從來就沒有正式委任他們什麼職位或交付重大任務。而且各地方本來就有承宣布政使司（省級行政單位）、提刑按察使司（省級司法監察單位）、都指揮使司（軍區司令部），以及各道的巡按御史（監察官），這些官員都可以按照自己的職掌奏事，與宦官沒有任何關係。並表示從今以後，一律嚴禁宦官再去干預各單位的政事。

全部都是小鮮肉　皇太孫衛隊成軍

　　由於皇太孫朱瞻基（朱高熾長子）從小就頗有志略，所以深得祖父朱棣（明成祖）器重，並要他在求學之餘也兼習武事。日前，朱棣便命兵部尚書（國防部長）徵集各地十七至二十歲有學過武術的青少年，由政府提供路費及食宿費用，把他們都送到京師（南京，江蘇境內），以「幼軍」之名，充任皇太孫的隨從衛隊。

高煦結黨企圖拉下太子　耿通據理言事竟被凌遲

　　之前朱棣（明成祖）北巡的時候，由太子朱高熾（朱棣長子）監國，而漢王朱高煦（朱棣次子）為了謀取太子之位，便買通了許多官員結黨營私，專在朱棣面前挑撥太子的不是。這使得朱棣在回朝之後，對於太子監國時所做的許多決定，都加以變更改動。一向敢於言事的大理寺（最高法院）右丞（主任祕書）耿通，再三勸諫說太子所做的決策並

給我下來！

拉！

沒有太大的錯誤，用不著全面變更，因而惹惱了朱棣。不久前，又有人打小報告說耿通受請託為人脫罪。於是朱棣在震怒之下，告訴承審官員說他破壞祖法、離間父子，一定要處以極刑。相關單位就依照聖意，將耿通以奸黨論處，判了一個凌遲處死的酷刑。

張輔繼續推進
大折叛軍銳氣

張輔大軍在交趾（越南境內）繼續往前推進，叛軍也不甘示弱，集結了所有的精銳部隊，擺開四百餘艘船隻的陣仗，分成三隊向明軍發動攻擊。張輔的部隊先集中火力猛攻敵軍中路，而對方則是以左右兩翼齊進包夾，爆發了激烈的肉搏殊死戰。經過一整個上午的血戰之後，張輔終於大破敵軍，擒獲了對方七十五名的首領。隨後張輔大軍前進到乂安（越南境內）紮營，叛軍將領也一個接一個前來歸降，大大的折損了叛軍的銳氣。

錦衣衛使羅織罪名　冷面寒鐵枉作直鬼

行事公正不阿、彈劾不避權貴，人稱「冷面寒鐵」的浙江提刑按察使（省級司法監察長）周新，日前竟因被誣陷而遭到處斬。在本報記者深入追查之後，終於發掘出事情的真相，原來是近來擅權枉法的錦衣衛指揮使紀綱，派了一個錦衣衛千戶（中階軍官）到浙江去緝捕偵查。這個千戶仗著自己是錦衣衛，四處作威受賄，危害鄉里。周新要將其逮捕治罪，但這個千戶卻伺機逃脫，並回去告訴老闆這件事，於是紀綱便羅織了一些罪名來誣陷周新，而朱棣（明成祖）也不明就裡的便下令將他逮捕。由於前往逮人的都是錦衣衛裡面的爪牙，所以周新還在半路已經被打得體無完膚了。等到被帶到皇帝面前訊問時，周新當著朱棣的面說：「在內都察院，在外按察司，這都是朝廷的執法官。我根據法律逮捕惡人，為何說我有罪？」朱棣聽了之後更火大，立即下令將他斬首。而在臨刑之前，周新依舊大聲喊著：「我生為直臣，死為直鬼，沒有什麼好遺憾的！」雖然朱棣後來也覺得周新被冤殺，但一切為時已晚，逝去的人命終究無法挽回了。

周新因為得罪了錦衣衛指揮使紀綱而被隨意羅織罪名，最後竟被處以斬首之刑

大明新聞

GREAT MING NEWS

癸巳

西元一四一三年

政府推行新養馬政策

中央政府今年在北京推行一項新的養馬政策，就是規定每戶家中男丁在十五個以下的要養一匹馬，十五個以上的養兩匹馬。如果是因為犯罪而被發配充軍的，只要七戶養一匹馬便可以抵罪，恢復良民之身。而政府發言人也表示，如果此法試行很有成效的話，

未來將推廣到山東、河南等地也一併實施。軍事專家認為，這次政府推出的養馬政策，預計將可以大幅的增加馬匹的數量，對軍事力量的強化將會有一定的幫助。但同時也要注意的是，未來如果擴大實施的話，養馬也會造成百姓極大的負擔。

用錢換命 以鈔贖罪

朱棣（明成祖）於不久前表示，近來有許多人因為連坐或是誤犯而被判了死罪，雖然依法應當處死，但從情理上來講又值得憐憫，於是便下令相關單位研擬出一套以鈔贖罪的標準。在經過刑部（司法部）、都察院（中央監察院）、大理寺（最高法院）及戶部（財政部）的研議之後，建議除了重罪者還是必須

政府下令推行以鈔贖罪的新制度

呵呵呵…這方法實在太棒了

……

依律處治之外，情節較輕的將可以用罰款來抵罪。其中被判斬首的要用八千貫來贖，絞刑的要六千貫，流刑為三千貫，徒刑為二千貫，杖罪的贖鈔則為一千貫，笞罪為五百貫。但要是沒有錢來贖罪的，就送到天壽山去種樹以折抵刑罰。

颱風疫病肆虐 浙江陷入恐慌

五月間，強烈颱風肆虐浙江地區，不但狂風暴雨、江潮滔天，還造成大面積的嚴重水災，溺死的百姓不計其數，田產房屋也幾乎全都浸沒在一片汪洋之中。但衰事並沒有就此結束，到了六月，烏程、歸安、德清（皆浙江境內）等三縣又爆發傳染病，死了一萬零五百多人。一個月後，疫情擴散到附近五縣，又有九千多人因此而喪命。

馬哈木擁兵集結　永樂帝將再親征

　　由於朱棣（明成祖）接受了韃靼大臣阿魯台的進貢，並將其冊封為和寧王，使得瓦剌部首腦馬哈木懷恨在心。於是馬哈木便扣留了大明使臣，還以之前甘肅、寧夏等地歸附的韃靼人大多是他的親信為由，要求明廷歸還這批人。馬哈木的這些動作，當然是惹惱了朱棣，他派太監海童前往切責。今年冬天，馬哈木在飲馬河（克魯倫河）擁兵集結，準備寇邊，並揚言要對阿魯台發動攻擊。阿魯台得到消息之後，趕緊向明廷報告此事，而朱棣也開始調動部署，準備再一次領軍親征。

鄭和四度率船隊出訪

　　十一月時，鄭和第四度奉命率領著四十艘海船，帶著二萬七千人執行下西洋的外交宣威任務。這次船隊先航行至占城（越南境內），並奉皇帝詔命賜占城王代表身分的冠帶。到了蘇門答臘（印尼境內）時，還逮捕了竊國篡位的蘇幹剌，並把他押解上船，準備隨著艦隊回到中國時再送京伏誅。依照船隊規畫的航線，接下來將首度繞過阿拉伯半島，然後朝東非前進。

先射象奴，再射象鼻

張輔首次面對可怕的象陣便找出破敵之法，大獲全勝

張輔大破象陣　叛軍棄械投降

　　南征的張輔大軍在與沐晟會師之後，繼續與交趾（越南境內）叛軍進行激烈的戰鬥。叛軍這次推出了象陣橫列在士兵面前，沒見過這種龐然大物的明軍都快被嚇傻了。幸好張輔夠沉著冷靜，很快的便穩定了軍心，他要求士兵第一箭先射落象奴，然後第二箭再對準象鼻射去。在衝鋒中的大象真的就因此而回頭狂奔，狂亂的踐踏自己的部隊。而明軍也乘勢進兵追擊，一時間矢落如雨，此役的叛軍最後全數棄械投降。

張輔深入叢林奇襲　陳季擴兵敗被擒

由張輔領軍的南征大軍在蠻荒叢林中繼續前進,而交趾(越南境內)叛軍的殘存部隊則是在地勢險惡之處立柵結營,由於此地對外的通道不但狹窄而且還緊鄰懸崖,騎兵無法輕易通行,所以叛軍便料定了張輔大軍沒有辦法發動進攻。但沒想到張輔卻率領著部將及精銳部隊,在深山老林之間以徒步的方式前進,並在深夜時分抵達敵軍營寨,然後出其不意的發動突襲戰,敵軍於是全數崩解,連統帥也遭到生擒,只有陳季擴乘亂隻身敗走老撾(寮國境內)。張輔命部將前往追擊,在連破三寨之後,終於將陳季擴活捉,並與其家人一同械送京師(南京,江蘇境內)。至此,交趾全境平定,張輔在該地增設四州並增置軍事基地,又留下部分軍隊鎮守當地,然後班師而歸。

皇帝親率鐵騎衝擊　明軍漠北大獲全勝

朱棣(明成祖)在調集了近五十萬大軍之後,便親自領兵出關向瓦剌進發。明軍前鋒先在三峽口(蒙古國境內)遭遇一支敵軍並將之擊退,隨後終於在勿蘭忽失溫(蒙古國境內)逮住了敵軍主力。瓦剌部首腦馬哈木糾集了三個部落的力量正面迎戰明軍,朱棣則是指揮若定,先讓三支部隊與敵軍正面對決,自己再親率鐵騎當作奇兵,去衝擊敵陣最脆弱的地方。結果明軍大獲全勝,不但斬殺了十幾個王子,還送了數千個人進地府去見閻王。雖然最後仍然被馬哈木脫走,但軍事評論家認為,韃靼力量經此重創,應該有一段時間沒有辦法再興兵犯邊了。

韃靼勢力受到明軍重挫,在短時間之內已無能力犯邊

馬哈木臣服進貢

稍早前逃脫的馬哈木，在戰敗之後發現自己無法再與大明帝國對抗，於是用很謙卑恭敬的態度遣使向明廷謝罪，並交還先前扣押的使臣，還進貢良馬以表示誠意。朱棣（明成祖）表示不值得與他計較，便收下了貢馬，還把使者安排到館驛中招待，雙方的紛爭也到此告一段落。

瑞獸朝貢 麒麟現身

第四度下西洋的鄭和船隊，在抵達東非的麻林地（肯亞境內）之後返航，並於今年七月回到國內，再次順利完成了宣威海外的任務。而就是在這樣的交流之下，麻林地也特地派遣使者前來中國朝貢，並獻上了一隻瑞獸。這隻瑞獸身長五公尺，體重將近九百公斤。頭上有角、腳上有蹄、鹿身牛尾，體型巨大卻食草而不殺生，種種的特徵都與傳說中瑞獸「麒麟」一致，所以朝中官員都爭相拍馬屁，說這象徵著永樂朝的祥瑞與太平盛世。

解縉遭活埋凍死

不久前，錦衣衛指揮使紀綱提報了還關押在詔獄中的囚徒名單，結果朱棣（明成祖）一見到名冊上還寫著解縉的名字，便隨口說：「解縉怎麼還在啊？」於是紀綱在退下之後，馬上用酒灌醉解縉，然後把他拖到積雪中埋起來，就這樣結束了他的性命。在解縉死後，他家中的財產被政府給查封沒收，妻子、兒女及所有宗族則全都被流放到遼東，下場可說是非常悽慘。

麒麟！？不不不…
我叫長頸男啦…

連天策衛都拿到手了，
我簡直就是李世民再世嘛！
死胖子你等著瞧好了…

朱高煦自比為唐太宗李世民，完全不把皇太子朱高熾放在眼裡

漢王改封山東　朱高煦自比李世民

漢王朱高煦（朱棣次子）一直覺得自己的封地在雲南太偏遠，不願就藩，便在隨同朱棣（明成祖）巡視北京的時候，極力請求讓他可以繼續待在京師（南京，江蘇境內）就好。由於之前朱棣剛好聽了一些讒言而對太子朱高熾（朱棣長子）心生不滿，心裡也比較偏袒朱高煦，所以不但答應了他這個請求，還同意把「天策衛」賜給他作為護衛軍。於是朱高煦便自比為曾經擔任過「天策上將」的唐太宗李世民，行為舉止也越來越囂張，

根本不把太子朱高熾給放在眼裡。而朱高煦遲遲不肯前往封地雲南也說不過去，朱棣為了解決這個問題，在日前將他改封到比較近的青州（山東境內）去，但朱高煦還是一再拖延不起程。據可靠消息指出，最近朱棣好像自己也發現到太子被人誣陷了，所以態度逐漸轉變，甚至已經開始懷疑朱高煦是不是有謀反的企圖才久留京師了。未來太子與漢王之間的鬥爭會有什麼變化，本報將繼續追蹤報導。

大明新聞　GREAT MING NEWS　西元一四一六年　丙申

明‧永樂十四年

害人無數　錦衣衛指揮使紀綱伏法

善於羅織罪名陷人於法的錦衣衛指揮使紀綱，之前極得朱棣（明成祖）的信任，命他典掌詔獄，因而迫害了不少朝中良臣。但在日前，現世報終於到來，紀綱也因為玩法弄權、私養亡命之徒、收受賄賂、侵吞官物，還在家中打造數以萬計的刀甲弓弩圖謀不軌，而被舉發並磔於市（在市曹上凌遲分屍），家族中人也一律流放邊遠之地充軍。這個消息傳出之後，所有政論節目不分黨派立場，全都為朝廷剷除此一人渣而拍手叫好。

還是北方好…　政府決意遷都北京

由於朱棣（明成祖）由北京發跡，深知北京在全國地理、軍事及政治上的重要性，在要求各部門商議細則之後，他已於日前正式宣布將遷都北京，並開始進行相關的擴建工程。未來，除了擴建皇城之外，也將加強北京城的防禦設施。

漢王驕縱殺人差點被廢　太子流淚求情就藩山東

在之前朱棣（明成祖）巡視北京的時候，漢王朱高煦（朱棣次子）乘機在京師（南京，江蘇境內）私選各衛勇士，又募兵三千人，還放縱他屬下的軍士在京城中劫掠傷人。負責京城保安的軍官徐野驢把這些行徑囂張的兵士逮捕治罪，卻反而被朱高煦手持鐵瓜鎚當場擊斃。等到今年十月朱棣返回京師，查明種種不法事情之後，不但嚴斥朱高煦，還下令奪去其冠服，囚禁在西華門內，打算把他廢為庶人。後來幸得太子朱高熾（朱棣長子）在父親面前流淚求情，才僅削去其兩支護衛軍，誅其左右心腹，並把他所募得的兵士全數調往居庸關（河北境內）北駐守。又下令朱高煦立即動身前往封地山東就藩，不許他再久留京師。

還有誰要來試試看的？

朱高煦任意殺死執法官員的行為，連父親也看不下去

197

大明新聞

■ 谷王朱橞密謀武裝叛亂 廢為庶人部屬全數誅死

皇室日前發布新聞稿，證實了谷王朱橞（朱棣十八弟）因謀反罪而被廢為庶人的消息。據了解，朱橞仗恃著當日打開金川門迎燕師入京之功，近年的行徑日益驕橫放肆，不但侵吞官稅，還濫殺無罪之人。王府長史（主任祕書）虞廷綱為此多次提出勸諫，但最後竟被誣蔑為誹謗，遭車裂處死。之後朱橞更是私下招募亡命之士，打造弓弩戰船，每日練兵排陣，待時機成熟，將發動武裝叛變。他的護衛都督僉事（司令部高階軍官）張興害怕災禍牽連，便趁著入京時向朱棣（明成祖）密告此事。朱棣第一時間並沒有採信。

剛好這時蜀王朱椿（朱棣十九弟）的兒子悅熿因犯了罪逃到朱橞這裡，所以他便向眾人假稱當初是自己打開金川門放出了朱允炆（明惠宗，建文帝），如今朱允炆本人就在王府中，他將要為其伸張大義，同時也寫信要求朱椿一同入夥。朱椿一方面回信對其嚴加斥責，一方面向朱棣奏告此事。於是朱棣下令要朱橞立即讓朱椿的兒子回去，並召他入朝，然後當場把蜀王的奏章拿給他看。朱橞見事證確鑿，也只好伏在地上請罪。雖然官員及諸王都建議把朱橞處死，但最後朱棣還是基於兄弟之情給他留了條活路，只將他及二個兒子廢為庶人。而谷王的官屬除了當初密告的張興之外，其餘的幾乎都難逃一死。

廢為庶人!?…
當年可是我打開城門
讓燕軍入京的呢…

要不是看在這點，早就
叫你去幫閻羅王開大門去了，
哪還在這兒囉唆！

自恃當年開金川門之功的谷王朱橞日益驕橫，竟然還陰謀發動武裝叛變，被察覺後已廢為庶人

寶船五下西洋

鄭和奉朝廷之命，將十九國使臣送回，並進行第五次出使西洋的任務。預計這次的航程也將遠達阿拉伯半島及非洲，而各國也將陸續進貢珍禽異獸以表示臣服之意。

大聲秀才
升任順天府尹

曾被朱棣（明成祖）稱為「大聲秀才」的陳鄂，不久前正式出任順天府尹（北京市長）。據資料顯示，陳鄂行事剛強果敢，不畏權貴，但在奏事時卻總是聲如洪鐘，連皇帝聽了也覺得分貝太高而受不了。有一次還命令餓他幾天，看說話會不會變得小聲一點，結果是人雖然餓瘦了，但聲音卻依舊洪亮。陳鄂還曾經因為奏事不得皇帝歡心，而被下令在奉天門外挖洞深埋，只能露出頭來，但他竟然就這樣堅持了七天沒有死，於是朱棣也只好將其官復原職。不久之後，他又再度因為與皇帝意見不合，而被罰去修理象房。通常大臣被罰這種苦差，都是可以花錢雇工去做的。但陳鄂為官清廉，家中甚為貧窮，根本出不起錢請人代工，便自己親自服役。正巧有一天朱棣經過此處，覺得這個雜工怎麼看起來如此面熟，把他叫來詢問，結果才發現是這麼一回事。朱棣覺得他為人剛正清廉，遭遇值得同情，便又下令讓他官復原職，並開始加以重用，到今天終於將順天府尹的重責大任交到他的手中。

啟稟皇上…

怎麼餓了你這麼多天，
聲音還是這麼大啊！
吵死人了

被朱棣稱為大聲秀才的陳鄂因為行事剛正清廉，被拔擢為順天府尹

大明新聞

GREAT MING NEWS

西元一四一八年

戊戌

明‧永樂十六年

黎利自稱平定王
交趾再度燃暴動

在張輔大軍撤出交趾（越南境內）之後，原是陳季擴舊屬的土官巡檢（中低階軍官）黎利因不滿自己歸降後的職位過低，便自稱為「平定王」，發動了武裝叛變。而其他許多當地的土官，也因不滿大明官僚的苛政及虐待而相繼起事。雖然政府立即動員了優勢兵力強行壓制，而且暫時穩住了局勢，但如野火般四處燃起的暴動，已經讓明軍東征西討，疲於奔命了。

倭寇進犯浙江
官員跳牆丟城

時常侵擾沿海地區的倭寇，不久前又進犯浙江。奉命巡按松門衛的浙江按察司（省級司法監察單位）僉事（高級官員）石魯，當時竟然因為酒醉而未及設防，等到倭寇打到城下時，他便倉皇跳牆而逃，致使城池被攻陷。朱棣（明成祖）聞訊，除了責令鄰近部隊收復松門衛之外，也下令逮捕並處死石魯，以追究丟失城池之責。

讒言又起
太子鬱卒

之前朱棣（明成祖）前往北京巡視的時候，漢王朱高煦（朱棣次子）、趙王朱高燧（朱棣三子）暗中與部分官員密謀奪嫡，乘機向朱棣進讒言，說太子朱高熾（朱棣長子）擅自赦免罪人、收攏人心，並背著皇帝做了很多不道德的事。朱棣於是密令禮部左侍郎（教育部次長）胡濙在赴江浙諸郡巡視之前，多在京師（南京，江蘇境內）停留數日，以查訪太子的德行並回報。後來在胡濙回報說朱高熾所行誠敬孝謹之後，朱棣才終於消除了對他的疑慮。

……

真的假的!?

朱高煦及朱高燧不斷勾結官員在老爸面前說太子的壞話

福建疫情嚴重　十多萬人死亡

　　由於近十年來福建地區多次爆發傳染病，光是建寧、邵武、延平三府（皆福建境內），因疫病死亡的人數高達十七萬四千多人。這些變動的戶口經過御史（監察官）的核實之後，已經報准中央從徭役及軍役名單中予以汰除。

遼東地區抗倭有成　千餘匪賊全遭殲滅

　　沿海地區屢遭倭寇侵擾，可說是大明政府已經頭痛了十幾年的問題，不但東南沿海的百姓常被劫掠，連遼東地區也屢屢有倭寇登陸殺人奪財的事件發生。之前曾因禦倭不力而差點被軍法處死的遼東總兵（司令官）劉江，這次便特別提高警覺，以期能戴罪立功。於是他巡視防區，選定了一處倭寇若要上岸就一定會經過的濱海咽喉之地，然後奏准於此修築城堡、設置烽火台，並將部隊進駐此地嚴陣以待。果然不久後，哨兵便回報說倭寇來犯。劉江預先在山下設一支伏兵，另外派部隊潛近倭船，放火焚燒以斷其退路，然後自己領兵與倭寇正面對戰。一開始劉江先假裝敗退，在將倭寇引入之後，伏兵盡出、炮聲隆隆，把倭寇嚇得都躲進空碉堡裡面去了。之後劉江又故意在西面露出破綻，做出一個開口，等到倭寇都進了圈套時，再派兵分兩翼夾擊，將倭寇全數殲滅。總計斬首級一千多顆，又活捉了一百多人，連一個人也沒讓倭寇逃脫。

　　朱棣（明成祖）一得到捷報，便立刻把他召來京師（南京，江蘇境內）準備進行封賞。不過，這位抗倭英雄入京之後才坦承說他冒用父親劉江的名字，因為劉江在朱棣起兵之時曾經擔任過先鋒。而朱棣並沒有因此怪罪於他，一樣在他改回本名劉榮之後，敕封他為廣寧伯。

佛母唐賽兒鼓動叛亂 數萬比丘尼遭逮審問

自稱為「佛母」的唐賽兒利用虛幻的法術煽惑鄉民，在山東發動了武裝叛亂。一開始前往征討的青州衛（山東境內）官軍因為受到夜襲而慘敗，連指揮官也當場陣亡，於是更加助長了叛軍的聲勢。隨後中央政府又調來更多的部隊加以追捕，費盡了力氣才將叛亂給平定下來，只不過唐賽兒早已乘亂脫逃，不知去向。之後朱棣（明成祖）還懷疑唐賽兒是剃髮偽裝成尼姑，便下令將山東及北京的尼姑全數逮捕，一一嚴格審問。在問不出個究竟之後，又下令逮捕全國出家的好幾萬名婦女，引起極大的恐慌。

東廠成立 太監提督 宦官勢力高漲 將成亂政之源

太監提督東廠，將使得宦官勢力高漲，政治從此黑暗

自朱棣（明成祖）即位以來，因為害怕官員及百姓以他繼統的合法性為由，起來反對新政權，於是命令親信的太監及錦衣衛官校，四出查探臣民隱私並向他奏報。在今年八月，正式宣布遷都北京之後，隨即設立了「東廠」，以專門刺探臣民謀逆妖言以及大奸大惡之事。但他又擔心官員們容易循私，便派任親信太監來提督東廠。由於提督東廠的太監被授與了隨意逮捕及刑訊的特權，所以為了達到制衡的效果，是由錦衣衛的官校來充任東廠的屬員，讓東廠與錦衣衛相互監視、彼此制約，共同向皇帝負責。分析師認為，東廠的設立，將使得宦官從此以後地位及權勢高漲，成為亂政之源，整個國家也將陷入恐怖狀態。

北京落成　明年遷都

　　在永樂十四年（一四一六年）朱棣（明成祖）決意遷都之後，經過四年的建設，北京城的宮殿及郊廟等終於在今年落成。中央政府已於日前公開宣布，自明年元旦開始，正式以北京作為京師，取消「行在」（天子行鑾駐蹕的所在）的稱謂，皇帝還派戶部尚書（財政部長）奉命召皇太子及皇太孫於十二月底前往北京。原來的京師則改稱為南京，南京各部印信直接轉交京師諸衙門，然後另鑄加有「南京」二字的印信給南京諸部使用。

搬家囉！

北京

南京

【專題報導】北京城

　　北京城的建設從永樂五年（一四〇七年）便開始動工，以元朝大都宮殿為基礎，依照南京宮殿的格局規畫建造。這座集合了全國最優秀的工匠大師，動員了三十多萬名人力所興建的都城，終於在今年年底落成。從官方公布的資料顯示，北京城南北長九百六十公尺，東西寬七百五十公尺，周長總計三千四百二十公尺。周圍築有十幾公尺高的城牆，城牆的外面，環繞著寬度為五十二公尺的護城河。總占地面積達七十二萬平方公尺，共建有九千多間的房屋，建築物本身的面積則為十五萬平方公尺。城開四門，分別是東邊的東華門，南邊的午門，北邊的玄武門，以及西邊的西華門。建築群以中軸線作為對稱，並分為皇帝舉行各種典禮儀式的「外朝」，以及處理日常政務和居住的「內廷」兩大部分。外朝以奉天殿、華蓋殿、謹身殿為中心，文華殿及武英殿為兩翼。其中奉天殿為皇權的象徵，皇帝的即位、大婚、冊立皇后、命將出征，及重大典禮都在此舉行。華蓋殿則是皇帝舉行典禮之前休息的場所，謹身殿則是皇帝賜宴和舉行科舉殿試的地方。內廷以乾清宮、交泰殿、坤寧宮為建築的主體。東西六宮及東西五所，則分布於內廷的兩側。另外，在坤寧宮北邊的，則是占地將近一萬二千平方公尺的宮後苑，其中有二十餘處的園林建築，園內布局優雅，清幽而寧靜。

太子偶見飢民　下令加碼賑濟

　　朱高熾（朱棣長子）在由南京前往北京途中，經過鄒縣（山東境內）時見到飢民們持筐撿拾草籽為食，便下馬深入民舍中查看。只見飢民們在寒天裡只有單薄的破衣可穿，家中因為沒有東西可以煮食，連灶都已經頹圮廢朽了。於是他召山東布政使（省級行政長官）石執中前來痛責，並當場指示不但要停收災區今年的稅賦，還要立即給與賑濟。原本石執中建議每人發給三斗糧食，但朱高熾自動加碼成每人六斗，說他敢打保票可以這麼辦理。在抵達北京之後，太子向朱棣（明成祖）報告這件事，朱棣也因他處置得宜而覺得十分高興。

明‧永樂十九年

鄭和護送十六國使臣　再啟第六次出訪任務

　　鄭和在剛參加完遷都北京的慶祝大典後不久，便又奉命護送前來出席盛會的十六國使臣回去，並同時對沿途經過的國家進行友好訪問。此次預計將在阿丹國（葉門境內）進行各色珍寶的採購，然後再航行至非洲折返。

北京城祝融肆虐 三大殿付之一炬

　　耗時多年才建造完成的新都北京城，竟然落成啟用還不到四個月就發生了火災，奉天、華蓋、謹身三殿同時起火並付之一炬。這次的火災對朱棣（明成祖）產生了極大的震撼，深怕是自己什麼地方去得罪了上天，才會出現這樣的警示。於是他便下詔要文武群臣直

言無諱，如實指出他的施政缺失，還宣布免除部分地區拖欠的稅款，並停止萬壽節（皇帝誕辰）的慶典活動。雖然皇帝已經掛足了保證讓官員們盡情陳述，但戶部（財政部）主事（科長）蕭儀卻因為上疏直指不該遷都，還是難逃被捕並死於獄中的命運。

阿魯台犯邊聖駕欲親征 夏原吉規勸下獄又抄家

　　在阿魯台歸附大明之後，經過這幾年的休養生息，勢力已經又強盛起來，於是便一改先前依附歸順的態度，開始拘留明使並侵擾邊境，還圍攻北方重鎮興和（內蒙古境內）。朱棣（明成祖）決定要親征阿魯台，找來了諸位大臣商議此事。兵部尚書（國防部長）方賓表示軍費缺乏，所以反對出兵。戶部尚書（財政部長）夏原吉被問到邊塞儲糧還有多少時，當面反應說因連年出師無功，軍馬儲蓄已經喪失十之八九。加上天災人禍不斷，百姓們都已經疲乏了。而且以聖體欠安為由，建議取消御駕親征，只要派將領前往征伐就可以了。又問刑部尚書（司法部長）吳中的意見，結果吳中回答的話，也跟方賓差不多。

朱棣越聽越生氣，下令把夏原吉和吳中一起關起來；方賓雖然沒有被捕，但卻因為心生恐懼而上吊自盡了。而朱棣此時正想找理由殺害夏原吉等人，於是便召來楊榮，向他詢問夏、吳二人在平時的所作所為。不過還好楊榮極力替他們辯護，才讓朱棣比較消氣，只派人查抄夏原吉家。但在一番搜索之後，除了皇帝所賜與的錢鈔之外，夏家就只有一些布衣瓦器了。

夏原吉

明·永樂二十年

永樂帝親領大軍北征

之前圍攻興和（內蒙古境內）的阿魯台部隊，終於在日前攻破此城，並殺死守將都指揮使（軍區司令）王喚。不過，大明軍團卻也在朱棣（明成祖）的親自率領下，徵調了三十四萬頭驢、十七餘萬輛車、二十幾萬名車夫，運載著三十七萬石糧食，浩浩蕩蕩的往北進擊。當明軍前進到宣府（河北境內）東南的雞鳴山時，韃靼首領阿魯台為了避免與明軍主力硬碰，乘夜逃離興和。等到明軍前進到煞胡原（內蒙古境內）時，當然已經看不見敵人的蹤跡，便將阿魯台倉皇逃走所留下的大批牲畜全都收繳，終止了繼續追擊韃靼部隊的行動。但是，朱棣認為阿魯台之

阿魯台避戰聞風逃竄

所以敢興兵作亂，一定是受了「兀良哈三衛」，即泰寧衛（吉林境內）、朵顏衛（內蒙古境內）、福餘衛（黑龍江境內）的暗中資助，於是便下令在回軍途中移師將其翦除。

抓不到⋯
啦啦啦⋯

廣東傳出颱風災情

今年初夏，廣東地區又因強烈颱風侵襲而發生嚴重水災，不但造成一千二百多間房屋被淹沒、損失了二萬五千石糧食，還有三百六十餘條人命就這樣消亡於水中。災情傳至北京之後，由於朱棣（明成祖）正在大漠御駕親征，所以監國的太子朱高熾（朱棣長子）已經命戶部（財政部）派人前往慰問，並進行後續的賑濟行動。

懲戒暗助阿魯台

今年七月中，明軍兵分兩路直朝「兀良哈三衛」而來，而三衛的數萬人馬果真如同朱棣（明成祖）所預料的一樣，一聽到風聲便已經向西逃竄了。可惜他們動作不夠快，被明軍給逮個正著，只好在倉卒之中慌忙應戰。於是朱棣便親率精銳騎兵直接衝入敵陣之中，砍下了數百顆敵軍的首級。之後又指揮大軍

回軍痛擊兀良哈

從三面夾擊，將對方逼至早已設好伏兵的密林，在突然出現的箭雨攻勢之下，三衛兵士潰不成軍，最後只好全數投降。不過，也有軍事評論家指出，朱棣這次出征漠北，固然對韃靼部有一定的打擊，但總體來講成效其實不大，並沒能徹底解決盤據漠北的蒙古部落對邊境的滋擾問題。

趙王捲入近侍毒帝事件 太子求情高燧倖免於罰

你給我說清楚，這到底是怎麼回事？

……

……

……

被捲入謀反事件的趙王朱高燧，在面對老爸質問時，嚇得一句話也講不出來

之前太子朱高熾（朱棣長子）監國時，對於部分倚勢欺人的宦官多嚴加訓斥，因此導致宦官黃儼、江保等人懷恨在心。這時剛好趙王朱高燧（朱棣三子）入朝覲見，黃儼等人便與趙王的隨從孟賢、欽天監（國家天文台）官員王射成相互勾結，打算把朱高熾從太子之位給拉下來。王射成告訴眾人說他觀天象，發現近日內將有易主之變，於是孟賢又夥同了許多黨羽，準備偽製遺詔並買通近侍，然後伺機毒死朱棣（明成祖）。等到皇帝駕崩之後，即刻命人從宮中偷出權杖符璽，立趙王朱高燧為天子。不過，同謀者中有人擔心事敗後會遭到滅族，便前去告發此事。朱棣聞訊，急令逮捕所有參與叛亂者，並怒氣沖沖的質問朱高燧，朱高燧雖然沒有參與其事，但也嚇得一句話都答不出來。幸得太子朱高熾極力求情，說此事乃下人所為，最後才讓朱高燧免於被罰。而主謀孟賢等人，則都難逃被誅殺的命運，死後所有的家產也都遭到政府查封沒入。

你追我逃戲碼重演 親征再度無功折返

由於接獲韃靼首領阿魯台再度侵擾邊境的報告，朱棣（明成祖）決定再次親征，務必要徹底解決這個問題。不過，正當大軍前進到沙城（河北境內）時，便有阿魯台的部下率眾來降，並告知阿魯台不久前已被瓦剌部打敗而潰散，如今又聽到明軍出塞，早已嚇得逃逸無蹤了。於是朱棣只好讓大軍無功而返，結束了這次的親征行動。

三征阿魯台　依舊不見影

由於大同（山西境內）、開平（內蒙古境內）等地相繼傳回韃靼部的領袖阿魯台又再度引兵進犯的消息，所以朱棣（明成祖）便立刻下令調集了山西、山東、河南、陝西、遼東五省之師，率領大軍浩浩蕩蕩的再度親征漠北。不過，當大軍前進到隰寧（河北境內）的時候，阿魯台便又像之前那樣早就已經溜得不見人影了。朱棣令全軍急速追擊到答蘭納木兒河（蒙古國境內）一帶，但是在方圓數百里之內還是找不到阿魯台的形蹤，最後只好放棄這次任務，在耗費巨資卻又沒有任何成果的情況之下南返了。

明成祖病逝榆木川　朱高熾繼位洪熙朝

當大軍在回程途中，朱棣（明成祖）因患病而感到身體不適，由於已經拖了一陣子病情都沒有起色，所以他也知道自己的時日不多了。環顧身邊的近侍及大臣，他忽然想起了之前勸他要保重身體，不要御駕親征的夏原吉，便很感慨的說了一句：「還是夏原吉真的關心我啊。」當車駕行至榆木川（內蒙古境內）時，朱棣的病情又更加嚴重了，他召來英國公張輔承接遺命，把皇位傳給皇太子朱高熾（朱棣長子），並囑咐所有的喪服禮制都要遵照太祖（朱元璋）的遺制辦理。七月十八日，這位任內五度親自征漠北、六次遣使下西洋的一世英豪，便在六十五歲這年駕崩了。這時由於諸路大軍都隨行北伐，京師（北京）只留趙王朱高燧（朱棣三子）的護衛軍留守，隨駕的大學士（皇帝高級祕書官）楊榮、金幼孜等人顧慮趙府護衛聞訊後會發動政變，決定祕不發喪。於是便熔錫為棺，以裝殮皇帝的屍體，並置於龍輿車駕

之上，早晚仍舊照常進獻食物。同時由楊榮跟宦官海壽持遺詔急奔京師。太子朱高熾在接到遺詔之後，立即派皇太孫朱瞻基（朱高熾長子）前往迎喪，等到朱瞻基到軍中時，才正式對外公布朱棣的死訊。朱高熾隨後把夏元吉釋放出來，並告訴他先皇駕崩的消息，夏原吉聞言哭倒在地，好久好久都沒辦法起來。但朱高熾還是請他商議喪禮事宜，並詢問即位詔書的內容應該要注意些什麼。一切都完成之後，朱高熾依成祖遺詔順利繼承帝位，定明年的年號為「洪熙」，大赦天下。

新皇帝新氣象

寬仁為政釋官員
不計前嫌待兄弟

朱高熾（明仁宗）繼位後，依照夏原吉的建議，下令賑濟飢民、減省賦役，並停罷下西洋的任務以及向雲南、交趾（越南境內）地區採辦物品等事項。隨後也恢復夏原吉的官職，又進用了楊榮、金幼孜、楊士奇、黃淮、楊溥等人為核心幕僚，授與政府要職並兼任大學士或學士（皇帝高級祕書官）。對於之前一直與他作對、甚至想陰謀奪嫡的漢王朱高煦（朱棣次子），他不但不計前嫌，反而給與更多優厚的待遇，在召到京師（北京）增加俸祿並賜以重賞之後，才讓朱高煦回到自己的封國去。此外，還下令把解縉的妻兒親族都從流放地釋回，寬宥所有建文朝獲罪大臣的家屬，把分發為奴的全部釋放，並歸還其土地，恢復為平民的身分。

好想念和魯夫一起在海上的日子啊…

沉思──！

朱高熾繼位之後，取消了耗資龐大的下西洋任務

政府汰除文官冗員

日前，朱高熾（明仁宗）下達了一道淘汰文官冗員的命令，要求各部門首長、各道御史（監察官）及提刑按察使司（省級司法監察單位）嚴格審查，將廉明賢材與貪刻庸鄙之徒區分出來，表現好的予以擢升獎勵，表現差的或年老患疾者便加以罷黜。同時他也採納吏部尚書（文官考選任免部長）蹇義的建議，規定文官凡是年滿七十歲者便必須致仕（退休）還鄉。一般認為，這次政府的瘦身行動，將可以提高行政效率及施政滿意度。

阿魯台主動臣服
北邊境重歸安定

近年來屢犯邊境的韃靼首領阿魯台，在聽聞朱棣（明成祖）駕崩、朱高熾（明仁宗）繼位的消息之後，便主動遣使並進貢馬匹，以表示臣服之意。而朱高熾也大方的接受這批貢馬，然後下詔寬宥其罪，不耗一兵一卒，就完成了之前朱棣數度動員大軍卻無法完成的事，讓北疆又重新歸於安定。

第 四 章

三楊輔政　王振擅權

（西元一四二五年～一四四九年）

鄭和離海登陸　率軍守備南京

　　鄭和於去年（一四二四年）完成第六次下西洋的任務之後，因為整體政策改變，新的皇帝便以經費不足為由，取消了以龐大船隊宣揚國威的外交手段，所以他終於可以好好的待在國內，不必再每年於海上漂泊。不過，新政府還是非常的倚重他，並未讓他閒著，又把率領官軍守備南京（江蘇境內）的重任交到他的手上。

洪熙開展新政　刑歸正道　嚴禁自宮

　　朱高熾（明仁宗）日前特別告諭司法單位，要求從今以後，刑部（司法部）、都察院（中央監察院）、大理寺（最高法院）等三法司官員在審案時，不可再揣摩聖意或是任意攀引條文以致人於死罪。同時他也認為，在五刑之中，使人身首異處的「大辟」之刑已是罪罰的極點。今後若在審判時，皇帝又有在律法之外下令「凌遲」並籍沒其家（撤銷犯罪者的為官資格，抄沒所有家產）的，相關單位一定要堅持法條再三執奏，三奏不允就至於五奏；如果皇帝還是硬要把犯人凌遲的話，那麼法司就協同三公（太師、太傅、太保等榮譽虛銜官員）及大臣執奏，一直到准了為止。同時將此項規定當作永制，世世代代都要遵守。另外，也不許各單位於法律規定之外，私自動用鞭背等酷刑，尤其不許執行宮刑，絕人嗣續。而對於自宮者（自己割去生殖器官者），因為他認為這些人貪求自己的富貴而使祖宗絕嗣，不可能會有忠君之心，所以不但不予收用，還要以不孝罪嚴加懲治。而對於洪武、永樂年間動不動就株連家族的做法，朱高熾也提出了修正，表示從今以後，除了犯謀反大罪者仍舊要依律連坐之外，其餘的刑罰都僅止於犯罪者本人，不再牽連家屬。

唯我不敗

日出東方

既然現在自宮不能當太監，那我就只能修練葵花寶典了…

政府對於宦官任用的資格做出了新的規定

政府再次遷都 北京定為行在

中央政府日前做了一項宣布，就是把永樂十九年（一四二一年）才剛北遷的首都，再次從北京遷回南京（江蘇境內），並把北京所有部門定為「行在」（天子行鑾駐蹕的所在）。據了解，朱高熾（明仁宗）自從登基之時便有這樣的想法，因為他在南京當過監國，對南京的狀況非常熟悉。加上他對北征毫無興趣，也不喜歡北京，而且要將官糧千里迢迢的運送到北京，也將對產糧的東南地區造成極為沉重的負擔。所以就算南京最近又傳出地震的消息，他還是命皇太子朱瞻基（朱高熾長子）到南京去謁祭孝陵（明太祖朱元璋陵寢），並準備進行南遷事宜。

賑災如救水火 皇帝速詔減稅

當政府相關部門在加緊徵收夏稅的時候，朱高熾（明仁宗）也聽聞了山東、江蘇等地的百姓因天災而缺乏食物的消息。那時他正坐在西角門，便直接召來大學士（皇帝高級祕書官）楊士奇，要楊士奇草擬詔書，蠲免災區今年的夏稅以及秋糧的一半。他對楊士奇表示，救濟窮苦的百姓，有如救人於水火中一樣，就怕在時間上來不及。要是交給相關部門研議執行的話，一定又會因國家經費不足而猶豫不決，如此便又拖延了救災的進度。於是當場令人取來紙筆，讓楊士奇就在門樓書寫詔書，然後朱高熾一看完便馬上用璽，再直接交付相關單位執行。

呵呵…不用放下來囉，我們又要搬回去了

新任皇帝打算再把京師從北京遷回南京

—李時勉上諫涉帝隱私 金瓜鎚打斷三根肋骨—

一向剛直且勇於言事的官員李時勉，不久前因為上疏議論國事，對朝廷施政提出了一些批判，所以便被召到御前責罵。但是李時勉在答辯中竟然毫不退讓，把一向脾氣溫和的朱高熾（明仁宗）給惹火，氣得叫武士用金瓜鎚打他。在一陣狂毆之後，李時勉當場就被打斷了三根肋骨，抬出去的時候幾乎已奄奄一息了。第二天，皇帝又下令把他外放為交趾道（越南境內）御史（監察官），還規定他每天都要查一個案子，並寫好報告上呈。之後李時勉仍然忍痛又把奏章進呈了三次，結果就被關押到錦衣衛獄中。幸好這時前來視察監獄的一位錦衣衛千戶（中階軍官），先前曾受過李時勉的恩惠，於是便偷偷請來醫生，還花了不少錢用海外進口的「血竭藥」為他療傷，他才得以不死。至於為什麼這次朱高熾會發這麼大的脾氣，聽說是因為李時勉規諫皇帝在服喪期間不宜接近女色，讓當朝聖主覺得很沒有面子，所以才會對他恨之入骨而下此重手。

稱帝未周年駕崩
太子朱瞻基繼位

在把李時勉打入詔獄後的第二天，朱高熾（明仁宗）不知道是否因為盛怒而導致身體不適，便令楊士奇撰寫詔書，命宦官海壽馳赴南京（江蘇境內）召皇太子朱瞻基（朱高熾長子）回「行在」（北京，天子行鑾駐蹕的所在）。再隔天，就是五月十三日，朱高熾在頒布遺詔傳位給皇太子之後，便因身體過度肥胖引發的心肌梗塞而

人家才當了皇帝
不到一年…

過度肥胖有害健康喔

病故，享年僅四十八歲。而剛拜謁完孝陵（明太祖朱元璋陵寢）的朱瞻基，一聽到噩耗便於當天起程上路。雖然這時有傳言說漢王朱高煦（朱高熾三弟）將乘此機會在半路伏擊奪位，也有大臣建議應整兵護衛或是改走小路，但朱瞻基還是堅持從驛站官道直接奔馳回京。到了六月初三，朱瞻基趕抵良鄉（河北境內）時，內官監（宮人管理署）太監楊英、戶部尚書（財政部長）夏原吉前來宣讀遺詔，等到皇太子入宮之後，才正式發喪。六月十二日，朱瞻基（明宣宗）正式即皇帝之位，以明年為「宣德」元年，並實施全國大赦。

官員失誤頻催稅　皇帝下詔全免除

在朱瞻基（明宣宗）即位之後，便正式宣布要赦宥所有先前因為逃離鄉土，導致田土荒廢而積欠稅糧的民眾，把他們所欠的稅額全都一筆勾銷。在這項消息公布之後，許多當初生活無以為繼，被迫離鄉背井的百姓，都因為可以重回故里而感到歡欣雀躍。不過，卻也不是所有人都得到這份大獎，御史（監察官）張政就發現，在山西一帶，有不少百姓在高興之餘，竟然又重歸失落愁沮。而在深入追查其原因之後，才知道當初民眾逃離鄉土時，地方官員為了怕被上級降罪，並未即時向戶部（財政部）提出申報，所以現在得到可以不用繳交欠稅的命令後，反而因沒有資料而無從豁免，還是必須如實繳納所有欠額。張政認為如

朱瞻基

此一來，將把這些已經想要回鄉好好耕田納稅的流民，又再一次的逼上了絕路，恐怕會爆發另一波大規模的逃亡潮。朱瞻基在聞知此事之後，已經降諭給戶部尚書（財政部長）夏原吉，表示政府如果要再向這些人徵收從前的欠稅，那麼就等於失信於民。所以他要戶部傳達所有下屬單位，將這類積欠的稅款一律全數免除。

黎利安南起兵　王通南征交趾

交趾（越南境內）雖然早已劃入大明帝國的版圖多年，但由於派駐該地的官員大多橫徵暴斂，加上當地民眾仍然把政府當成外來侵略者一般仇視著，所以一直有武裝反抗的事件不斷傳出。不久前，以黎利為首的叛軍部隊，便在茶籠（越南境內）一帶主動對政府軍發動攻擊。動亂發生之後，因為各地守軍之間擁兵不救，致使叛軍的氣燄越來越高，

並接連奪下了許多明軍的重要據點。朱瞻基（明宣宗）一得到消息，便立刻下令以王通為征夷將軍，命兵部尚書（國防部長）陳洽參贊軍務，率領軍團南下征討黎利。不過，軍事評論家指出，擔任南征統帥的王通本人並沒有建立過任何戰功，完全是承襲父蔭才得以居於高位。如今將此重責大任交託給他，這樣的用人調度，未免有點過於冒險。

湖廣民役過重　皇帝同意取消

之前中央政府便要求湖廣（湖南、湖北地區）的民眾必須出丁運糧，以及接受從軍討伐之徵調，近來又遭逢旱災，使得當地百姓的負擔沉重，生活日益艱難。而就在這個時候，工部（國家工程部）竟然又下令，要湖廣地區採辦七萬株的杉松大材。地方官府和人民也都已因這股巨大的壓力而感到吃不消，

御史（監察官）劉鼎貫便奏請取消這項勞役。朱瞻基（明宣宗）看完奏本，也同意依此議進行，但工部尚書（部長）考量到工程所需，為了確保原料供應無虞，因而建議是否可以只減半採辦，不要整個取消。不過，朱瞻基在考量之後，還是維持原先的決定而沒有採納工部之議。

割肝煮湯救母　中央駁回旌表

日前，禮部（教育部）呈上一份奏章，說錦衣衛總旗（小隊長）衛整之女，在母親患病的時候，為了幫她補充營養，便割下自己一部分的肝來煮湯，而母親也在喝了湯之後痊癒了，所以建請旌表這個孝女。不過，朱瞻基（明宣宗）在看完奏疏之後表示：「身體髮膚，受之父母，不能毀傷，剖腹割肝這

種殘忍血腥的行為，怎麼可以說是一種孝行？這次人還活著也就算了，萬一傷害了生命，只怕要再罪加一等。況且太祖（朱元璋）也曾下過這項禁令，如果現在旌表的話，豈不是嚴重敗壞風俗！」最後這個女孩因為無知而沒有被加罪，但所請之事不准，並敕令禮部將此載入律令之中。

密謀造反卻被舉發　漢王索性展示武力

早有奪位之意的漢王朱高煦（朱瞻基二叔），終於在不久前採取了實際的行動。他先與山東都指揮使（軍區司令）靳榮約好共同以武裝起事，並備妥所需的弓刀旗幟，還把相鄰郡縣的馬匹牲畜都給奪了過去。又在自己建立的政府體制內，任命了一些與他共圖大業的人為官，共同密謀先奪取濟南（山東境內），然後再拿下北京。但這些計畫，早在他派親信到「行在」（北京，天子行鑾駐蹕的所在）去約英國公張輔為內應時，就被張輔給舉發了。不過，目前朱瞻基（明宣宗）似乎並沒有興兵討伐的打算，只是派宦官侯泰帶著書信前去勸諭，希望漢王能夠回心轉意。而朱高煦在接見侯泰時則口出狂言，表示這江山都是他當年隨著父親打下來的，接著還展示兵馬軍械，聲稱將憑著這些武力橫行全國。還要侯泰回去報告主子，立刻逮捕夏原吉等奸臣，然後才有資格來跟他談。看來漢王對於這場戰爭已經是胸有成竹，打算模仿朱棣（明成祖）也來「靖難」一下了。

宮內設置內書堂　宦官開始學讀書

原本在洪武年間，朱元璋（明太祖）為了避免出現宦官干政的亂象，曾嚴格的禁止宦官讀書認字。但是從朱棣（明成祖）開始，便逐漸的打破了這項規定，開始讓教師進入內宮，教一些天資聰慧的小宦官們讀書，以提升他們的文化素養，得以在皇帝身邊當差時更好差遣使喚。不久前，朱瞻基（明宣宗）又在宮內設立了「內書堂」，挑選二、三百名十歲上下的小宦官在此學習，並讓學問淵博的翰林官員擔任他們的專任教師。

嚇一跳吧！

！

漢王朱高煦沒有料到年輕的朱瞻基居然會御駕親征，氣勢便一下子受到壓迫而投降了

皇帝御駕親征山東　漢王投降廢為庶人

朱瞻基（明宣宗）見漢王朱高煦（朱瞻基二叔）反意已定，在大學士（皇帝高級祕書官）楊榮的建議之下，決定在叛軍勢力尚未坐大之前便御駕親征。朱高煦原本已經與山東都指揮使（軍區司令）靳榮約好，想要先奪下濟南（山東境內）作為根據地，但他們的計謀卻被山東布政使（省級行政長官）及提刑按察使（省級司法監察長）發覺，便對靳榮多加防範，因而詭計也未能得逞。之後又計畫領兵襲取南京（江蘇境內），但因他部將的家人多在樂安（山東境內），所以也未能得到屬下的支持。一開始他以為朱瞻基年紀輕、膽子小，必定只會派遣將領前來交

戰，所以還自信滿滿的覺得可以輕易對付。但沒想到皇帝居然真的御駕親征，這招打得他開始有些驚惶失措。在政府軍將樂安城團團圍住之後，朱瞻基還是先試著再次用書信曉諭漢王，並沒有得到任何答覆，於是便把敕書綁在箭上射入城中，改用分析禍福的道理來策反逆黨。結果使得城中有很多人都想捉拿朱高煦前去進獻，也逼得他走投無路而答應投降。最後就在這樣兵不血刃的情況下，順利的平息了這場叛變。事後朱高煦也被廢為庶人，關在西安門內的逍遙樓，實際參與叛變的人中，有六百四十多位被斬首，其餘的則被發往邊境戍軍。

鬼門關前繞一圈 李時勉官復原職──

日前，朱瞻基（明宣宗）聽人說父親朱高熾（明仁宗）在臨死之前，滿腔怒火，還念念不忘李時勉曾在宮廷污辱自己的事。這使得朱瞻基十分生氣，立刻下令將李時勉從牢中綁來，一定要在親自審訊之後殺掉他。過了片刻，又越想越氣，便再度傳令說直接把他綁赴西市處決。不過，剛好因為前後兩位使者行走的路徑不同，所以第二個索命使者並沒有找到李時勉，也使他幸運的逃過一死。而當朱瞻基遠遠的看到李時勉被綁進來時，便破口大罵說：「你這小臣居然敢觸犯先帝！你究竟在奏章裡寫了哪些忤逆的話？快說！」李時勉在叩頭之後說：「我建議先皇在居喪期間不應該接近妃嬪，皇太子不應該遠離左

右……」原本不知道當初奏文內容的朱瞻基在聽到這些話之後，怒氣便消了一半，而李時勉也接著徐徐道出奏疏中其他六件事才停住不言。朱瞻基命他要把所有內容都說出來，但李時勉卻回答說他因為心中恐懼，已經沒有辦法記得全部了。朱瞻基連忙問他當初的草稿在哪裡，李時勉又回答說已經燒掉了。這時，朱瞻基才知道他為了不讓先帝的醜事外流，才會在上疏之後便燒掉草稿，又認同他勸諫的事項，於是便感嘆的稱讚李時勉是個忠臣，並立即赦免他一切罪狀，官復原職。而當第二個要去把李時勉綁赴西市處決的使者，因找不到人而回來覆命時，李時勉本人已經穿戴整齊站在階前隨侍了。

監視器1

快點啦…

監視器2

快點啦…

我鞋帶鬆了

由於前後兩位使者走的路程不同，李時勉意外的撿回一命

嘿嘿嘿…

動彈不得

急於建功的王通讓全軍陷入泥淖之中，遭到黎利部隊的無情屠殺

王通急功人馬陷泥淖　尚書陳洽奮戰自刎死

率領軍團南征的征夷將軍王通在抵達交趾（越南境內）的時候，剛好碰到大明官軍在前一役中擊退了黎利的部隊，於是王通便下令所有人馬繼續追擊，想要就此一舉殲滅敵軍。但隨行的諸位將領並不認同這樣的決定，他們強烈建議說此地地勢險惡，恐怕會有埋伏，應該先暫時駐營偵察，以免落入敵人的陷阱。不過由於王通急著建功，所以並沒有聽從眾人的建議，仍然堅持全軍渡河追擊，結果導致大批人馬陷入泥淖之中，行動遲緩無法列隊。就在這個時候，果然伏兵四起，開始對明軍展開無情的攻擊。而在兩三萬名軍士慘遭屠殺的同時，統帥王通在肋部中箭之後落荒而逃。奉命參贊軍務的兵部尚書（國防部長）陳洽見到敵軍來襲，則是奮勇躍馬衝入敵陣拚殺，但最後終因孤掌難鳴而傷重墜馬。在陳洽落馬後，左右兵士想把他救出來，他卻大聲斥喝說：「我是國之大臣，食國家俸祿四十年，報效國家就在今日，哪有苟且偷生之理。」於是又揮刀砍死數名敵軍，然後自刎身亡。而黎利的部隊也乘勢進軍，包圍了東關（越南境內）。

諸臣議取趙王　皇上刻意保全

在平定了漢王朱高煦（朱瞻基二叔）的叛亂之後，大臣們建議應當直接移師彰德（河南境內），一併擒拿向來就有謀逆嫌疑的趙王朱高燧（朱瞻基三叔），免得日後還得再勞師動眾一次。而大學士（皇帝高級祕書官）楊士奇則認為，並沒有真憑實據可以證明趙王將要謀反，不應當遽然加兵。雖然當時只有楊溥贊同楊士奇的意見，但最後朱瞻基不僅沒有批准對趙王動兵的計畫，連在審訊朱高煦同謀者時，牽扯到朱高燧，也下令不必追究。後來，越來越多官員對趙王提出議論，主張應該削減他的護衛人數，或是將他逮捕下獄。但朱瞻基依然不忍對親叔叔動手，於是便將群臣的章疏移交給趙王看，讓他自個兒去想解決的方法。原本一直以為自己必定難逃一死的朱高燧，到這時才知道皇帝的真正意向是要保全他，趕緊上書謝恩，並表示將於明年獻出所有護衛。

……

……

……

叔叔不必緊張啊…

交趾兵敗　中央調軍增援

據戰地記者回報，征夷將軍王通吃了敗仗之後，心膽俱喪，就暗中答應黎利要為他乞求封爵，並說要將清化、迤南（皆越南境內）等地割讓給對方，然後把官吏軍民都撤回，以作為談和的條件。但是清化知州（州級行政長官）羅通拒絕服從這項命令，認為未向朝廷奏報就丟棄土地是出賣城池的行為，於是便領兵繼續堅守，黎利的部隊最後也因無法攻取而撤走。而朱瞻基（明宣宗）在得知王通戰敗的消息之後，十分震驚，已經命柳升、沐晟等將領分頭率軍由廣西及雲南前往接應。

明軍大勝未追擊
黎利慘敗又站起

叛軍領袖黎利挾著連戰皆捷之兵威進軍交趾城（越南境內），但沒想到這次明軍的表現卻異常英勇，一口氣砍下了敵軍數以萬計的首級。黎利因此驚懼喪膽，帶著已經潰散的殘部沒命奔逃。此時諸將紛紛向王通建議，應當趁著敵軍潰敗時乘勝追擊，一舉擒下黎利以絕後患。但打了勝仗的王通卻因為之前慘敗的經驗而懼敵不前，並沒有下達任何追擊的命令。結果這樣一來，連黎利也猜到王通膽怯，便又重新聚集殘兵，挖壕立寨、修補軍械，沒多久力量又逐漸恢復。

不用跑了，根本沒人追來

蛤？不早說…害我跑得快虛脫了

打勝仗的王通因懼敵不敢追擊而喪失了消滅敵軍的大好時機

大象攻城　明軍不敵

看到明軍統帥膽怯而捲土重來的黎利，又再度聚集了八萬的兵馬，外加所向無敵的象陣，還有許多的飛車、衝梯等攻城器械，對昌江（越南境內）發起猛烈的攻擊。昌江守將李任及顧福等人據城力守，在經過九個多月頑強的抵抗之後，原本城中二千餘人的兵力，也因死傷疾病而只剩下一半可用。最後黎利又以雲梯攻城，並搶占了城門，但李任、顧福仍舊親率敢死隊三戰三勝，暫時守住了城池。不過，當黎利推出終極武器，用狂暴象陣來攻城的時候，兩人便因力盡而自刎身亡，城破之時，軍民百姓寧死不屈者多達數千人。於此同時，一樣被包圍了九個多月的諒江（越南境內）也遭敵軍攻陷，知府（府級行政長官）劉子輔在城池陷落之後，也選擇與妻小一同上吊自盡。

各位法師，都知道該怎麼做了吧…

晉王企圖謀反，招來許多法師作法，時時詛咒當今皇帝

招來巫師作法謀叛
晉王事發廢為庶人

　　明廷於日前發布命令，將晉王朱濟熿依謀逆罪廢為庶人。據了解，朱濟熿在朱瞻基（明宣宗）繼位之後，一直與漢王朱高煦（朱瞻基二叔）暗中勾結，企圖顛覆朝廷，圖謀不軌。還在王府中招來許多巫師作法，不停的詛咒當今皇帝。雖然朱高煦失敗後，被查出許多兩人暗中交往的信件，而朱瞻基也都表示不予追究。但後來因為朱濟熿派往漢王府聯絡的人怕罪及己身，於是便前往「行在」（北京，天子行鑾駐蹕的所在）告發實情。加上又有人檢舉朱濟熿擅取屯糧十萬石，打算在朱高煦起事時策應他，在查證屬實之後，朱瞻基便傳旨將其廢為庶人，然後關押在鳳陽（安徽境內），並處死所有與晉王同謀的部屬及巫師。

黎利王通私議停戰

　　黎利攻下昌江、諒江之後，便集中兵力對交州（皆越南境內）發動攻擊。南征軍統帥王通因為過於懼怕而閉城不出，就在他正苦思要如何解套的時候，黎利也剛好派人前來請和，並表示可以有條件的上表謝罪。王通估計由柳升率領的援軍雖然已經出發，但勢必因道路梗阻而無法及時來到，於是便打算答應黎利所提出的停戰之議。他找來眾人討論此事，在場的部屬不是表示贊成，就是沒有意見，只有交趾提刑按察使（省級司法監察長）楊時習反對。王通當場臉色大變，在厲聲斥喝之後，才終於沒有了異議。接著王通與黎利達成協議，並指導黎利去找出一個人來假裝成陳氏的後人，再請求朝廷將此人封為交趾王，賜與清化等州作為封土。等到一切都準備妥當了，王通便派人與黎利的使節一起入京進表及貢方物。

柳升冒進遇伏　援軍傷亡慘重

率領三萬兵馬南下救援的柳升，在抵達邊隘關口的時候，便收到了黎利請求停戰的書信。柳升為了避嫌，所以並沒有啟封，而是直接派人拿著信向朝廷報告。之後大軍繼續挺進，並接連攻破了好幾處障礙，把黎利的部隊打得節節敗退。就在逼近倒馬坡（馬鞍山，越南境內）時，眾人不斷提醒這可能是叛軍的誘敵之計，但柳升因為屢次戰勝而顯得輕敵，還是滿不在乎的帶著一百餘名騎兵就向前奔馳。誰知他一過橋，整座橋梁便在瞬間塌毀，使得後面的主力部隊無法跟進。這時伏兵四起，進退失據的柳升於是被鏢刺中身亡，跟著他過橋的部隊也全數遇難。失去了主帥的明軍，接下來遇到的又是令人膽戰心驚的象陣，許多兵士也都在此役中力戰而死。在柳升失敗之後，由沐晟所率領的另一路援軍，則是來到水尾（越南境內）便因無法繼續前進，而引兵返回了。

黎利請降　大明保住顏面
安南封王　盡撤軍民回國

對於連年征討交趾（越南境內）又沒有成果，朱瞻基（明宣宗）其實早就感到有些不耐煩，他在收到黎利請降的書信之後，便召集群臣商議此事。張輔、蹇義、夏原吉都表示反對，但楊士奇及楊榮因為知道皇帝厭戰，所以力陳應就此休兵，還百姓以安寧。最後決議接受黎利的請降，派使者帶著詔書前往撫諭安南人民，並赦去黎利一切罪責，扶立陳氏後人為王。同時召回南征軍及派駐該地的官吏，盡撤軍民北還。據資料統計，自從永樂年間南征交趾，二十餘年來，前後用兵數十次，光是糧餉便花去一百餘萬兩，而這些費用還不包括轉運輸送的支出。這次雖然撤出了官吏軍民共八萬六千多人，但之前因戰爭被捕獲拘留及被殺的人則是已經不可勝計了。大明帝國討伐安南的行動，最後在表面上是以黎利請降收場，實際上卻可以說是完全失敗的。

安南行動表面上風光收場，但實際上卻完全失敗

大明新聞

GREAT MING NEWS

戊申

西元一四二八年

明‧宣德三年

夜半故布疑陣　山雲智取賊窟

近來因廣西地區有山賊聚眾掠殺，成為當地百姓的一大禍害，於是中央政府命都督僉事（司令部高階軍官）山雲前往征討。山雲抵達之後，發現山賊們為了自保，都把營寨設在山勢險峻的峰頂，並在藤上掛木頭，木頭上又堆放石塊，等到官軍接近時，立即將藤索割斷，讓墜落的木石砸死入侵者，以至於無人敢冒險接近。不過，山雲可是曾多次跟隨朱棣（明成祖）出征的名將，他的臨戰經驗對付這批山賊可說是綽綽有餘。在他的策畫下，官軍乘夜把火炬綁在牛羊的角上，然後在後面鳴金擊鼓，驅趕牲畜向前。山賊在半夜裡看不清楚，還以為是官軍來襲，便急忙將藤索割斷。等到天亮的時候，才發現砸死的盡是些牛羊牲口，而用以拒敵的木石卻已經全部墜落了，防禦系統失效。這時官軍才鼓噪而上，順利擊破賊兵，連續收服了數十處山寨。

孫妃產子奪后！　皇子竟非親生？

已經年過三十的朱瞻基（明宣宗）與皇后胡氏大婚多年，但兩人卻一直沒有生育子嗣，使得皇太子之位空懸至今。由於胡皇后的身體不好，時常生病，因此也讓後宮的眾妃嬪開始對后位有了非分之想。去年（一四二七年）十一月時，近來頗得聖寵的孫貴妃，總算為皇室生下了一個男嬰。終於盼到皇長子出生的朱瞻基龍心大悅，而群臣也上表請求將這個小孩冊立為太子，連胡皇后也數度上表請求「早定國本」。孫貴妃知道後，驚恐的表示說：「皇

我的孩子…

后的病已經好了，很快就能誕育龍子，我的小孩怎麼可以搶在皇后的兒子之前被冊立為太子呢？」但是朱瞻基還是決定將皇長子命名為朱祁鎮，並於今年二月初六將其正式冊立為皇太子。由於胡皇后隨後也自己請求遜位，所以朱瞻基便廢去胡氏之后位，改立太子的生母孫貴妃為皇后。不過，就記者所得到的可靠資料，發現太子朱祁鎮根本就不是孫貴妃所出，而是她為了謀取皇后之位，暗中把一位宮人所生的小孩硬奪過來，假裝是自己親生的。正所謂「母以子貴」，這一切都是她早先就安排好的棋局。

政府懲處交趾事件相關人員

征討交趾（越南境內）的統帥王通等人回京之後，立刻遭到文武諸臣以「喪師棄地」的罪名彈劾。朱瞻基（明宣宗）把他們都交付司法單位審訊，成山侯王通、都督（司令官）馬瑛、交趾布政使（省級行政長官）弋謙等人，全都判處死刑並關押獄中。其中王通、馬瑛二人因為自己已經認罪且證據確鑿，所以各界並沒有疑問，但在整起事件中看不出有明顯缺失的弋謙，卻也得跟著被處死，倒是引起了不小的非議。另外有評論家指出，依各種跡象看來，朱瞻基其實並不想誅殺王通等人，諸將雖然已被判處死刑，但也有可能就先這樣因禁在監獄中等待處決，過些時日便會寬恕釋放。

宣稱陳氏已絕　黎利請封遭拒

日前，交趾（越南境內）的實際領導人黎利遣使奉表謝恩，並表示受大明帝國冊封為交趾王的陳暠，在數個月之前突然病故了，而陳氏後人也已經全部滅絕，於是國人便共同推舉他來治理軍政大事，請朝廷可以正式下詔冊封他為王。不過朱瞻基（明宣宗）可是個明眼人，一看也知道這是他的詭詐伎倆，所以並沒有馬上就答應，而是遣使敕諭黎利及安南人民，要他們再去尋訪陳氏的後裔來承繼王位。而之前遭到黎利俘虜留置的一百五十七名官吏，也在此時被送還「行在」（北京，天子行鑾駐蹕的所在）。其中因戰敗被俘的，當然很高興可以重獲自由，回到故土。唯有交趾都督（司令官）蔡福等六人，不但不戰而降，還教敵方製造攻城器具來攻擊明軍，或是為敵方通風報信、充當嚮導。在審訊之後，他們已經被判處斬首棄市，其官籍也被削除，家產充公。

請病假卻赴宴　尚書被捕下獄

刑部尚書（司法部長）金純之前因為生病，所以朱瞻基（明宣宗）便讓專為皇室看病的太醫去為其診治，還特別准許他可以帶病辦事，無須每天上朝參見。但是，日前卻有人舉發說金純怠忽職守，只顧著與達官顯貴飲酒交際，放任待審囚徒人數不斷累積而不加審理。朱瞻基因此發怒說：「這傢伙說什麼生重病了，我還讓他不用來朝見，結果卻給我跑去赴宴喝酒，這樣說得過去嗎？」於是就把他關到錦衣衛的監獄去。不過皇帝還是念在金純是老臣，所以過些時日便將他釋放，最後乾脆命令他致仕（退休）了。

皇室互鬥又爆醜聞　新安王有食人癖好

皇室不久前又傳出了內鬥的醜聞，汝南王朱有勳、新安王朱有熺都因罪被廢為庶人。據了解，朱有勳、朱有熺與祥符王朱有爝都是周王朱橚（朱元璋五子）的兒子，因為三兄弟之間有過節，所以朱有勳、朱有熺便聯手陷害朱有爝，偽冒他的身分，用很悖逆的言辭寫了一封給趙王朱高燧（朱瞻基三叔）的信，然後把信綁在箭上，放在彰德（河南境內）城外。彰德守將王友於是上奏朝廷，說在西門之外取得祥符王與趙王同謀不軌的書信。但在經過調查之後，他們不但沒有陷害成功，還自己露了馬腳，兩人也因而被定罪。另外，在審訊朱有熺時，還意外發現他根本就是個嗜吃人肝腦的「食人魔」，每天薄暮時分便派手下在王府門口隨機抓人，然後綁入府中殺死取食。以至於每天快要黃昏之時，官邸前面總是行人絕跡。如今他被廢為庶人，也讓附近的百姓出門時可以更安心一些。

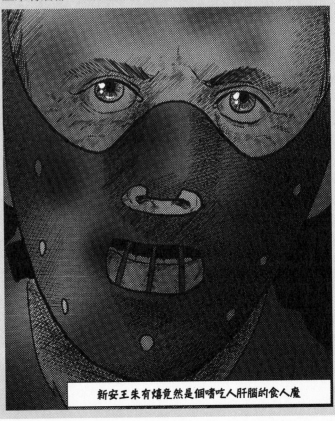

新安王朱有熺竟然是個嗜吃人肝腦的食人魔

朱瞻基御駕親征，一出喜峰口便遭遇敵軍，還親自拉弓射箭，放倒了三名敵軍前鋒

少年英豪出塞口　天子巡邊親殺敵

近來在宮中悶久了的朱瞻基（明宣宗）想要親自領兵巡邊，於是他召集文武官員，讓他們準備好兵馬隨駕而行。十幾天之後，各路兵馬都已備齊，便由蹇義、楊榮扈從御駕，張輔、薛祿等分領大軍，從「行在」（北京，天子行鑾駐蹕的所在）向北進發。當一行人過了薊州，行至石門驛（皆河北境內）時，哨探回報說有上萬的兀良哈人正在侵擾邊境。朱瞻基立刻命西寧侯宋瑛、武定侯郭玹、豐城侯李賢、都督（司令官）冀傑屯兵遵化（河北境內），然後他親率三千精銳騎兵前去迎敵，每人兩匹馬、帶十天口糧，而且只有楊

榮一位文臣同行。過了幾天，朱瞻基才剛出喜峰口（河北境內）便與敵軍相遇，他拉弓射箭，親自放倒了三名敵軍前鋒。隨後又命鐵騎分成兩翼從左右夾擊，一時之間飛矢如雨，加上神機炮的不斷猛轟，敵人一下子便潰不成軍而開始敗逃。在朱瞻基又親自領兵追擊的時候，敵軍的兵士們才看清楚飄揚的黃龍旗，知道大明皇帝聖駕在此，必有重兵隨護，便嚇得趕緊下馬跪拜請降，於是所有的敵軍全都被活捉。在殺死領兵的頭目，繳收大批的軍器馬駝之後，朱瞻基便下令班師，風光的結束了這次的御駕親征。

朱高煦伸長腳絆倒皇上 發聖怒丟銅缸活活烤死

當今皇上朱瞻基（明宣宗）在朱高煦（朱瞻基二叔）被囚禁多年之後，基於叔姪情誼，特別親自前往探視。但不知道朱高煦是關太久傻了，還是哪根筋又不對了，他居然故意伸出腳來把朱瞻基絆倒。當場摔個狗吃屎的皇帝因此龍顏大怒，便下令力士用三百斤重的大銅缸將朱高煦扣在裡面。結果，沒想到孔武有力的朱高煦竟能夠將銅缸整個頂起。於是朱瞻基又命人在銅缸周圍點燃木炭，然後把朱高煦活活炙死在銅缸之內，而朱高煦的幾個兒子隨後也全都遭到誅殺。

官吏犯罪只罰運磚 諭令修正奇怪規定

由於近年來修建京城、營造宮殿需要大量的人力，所以之前便有一項特別的辦法，規定凡是官吏犯了罪，無論輕重，只要去搬運磚塊即可官復原職。同時，還有文官因為貪贓被逮，容許他納米贖罪，只被輕罰降一級的規定。在御史（監察官）王翱對這種不合理的「戴罪復職」提出質疑之後，朱瞻基（明宣宗）已經明白指示相關部門停止使用這些條律，以後只要官吏貪贓瀆職的，皆須依例審判，不可納米贖罪，就算是運磚贖罪，工滿也必須罷免為民，不許復職。

朱高煦竟然故意絆倒去探望他的皇帝，而這樣做的下場當然是死得很慘

政府設立鈔關徵收商船稅

從洪武時期開始，政府對於往來各地的貨物買賣，向來就只徵收「商稅」而沒有所謂的「船稅」，但近來依靠船隻運載的貨物品項及數量越來越多，這個趨勢已經引起了政府的關注。戶部尚書（財政部長）郭資就於日前提出了一項建議，表示應該要立「鈔關」，對所有受雇運載貨物的舟船，依據路程遠近及裝載貨物多少來加以徵稅。於是便在皇帝的准許下，設置了漷縣、濟寧、徐州、淮安、揚州、上新河、滸墅、九江、金沙洲、臨清、北新等鈔關，按照船的大小長寬徵收不同差額的「船料」，並派御史（監察官）及戶部官員監督收稅。

官員鬆綁 文字錯漏不再重罰

根據以往的舊例，只要奏本或文件中出現文字差誤的，該名官員就必須依其情節輕重分別治罪。日前，吏部（文官考選任免部）就上奏說河南、浙江、貴州等布政司（省級行政單位），及諸府、縣、土官等衙門的奏本中，文字多有修改貼補或錯謬，這些都是屬於不敬之罪，所以奏請皇帝下令將這些官員全都抓起來，關到獄中去嚴刑審問。不過朱瞻基（明宣宗）在看了奏本之後，表示這是文書抄寫員的錯誤，官員們只是一時倉卒失檢而已，沒有逮問的必要。皇帝這樣的裁示，終於讓那些奏本中出現錯漏字的官員們，全都鬆了一口氣。

中央遏止官場歪風 官員不准召妓飲酒

由於近年來常常有政府官員召妓飲酒被狗仔隊逮個正著的醜聞，所以朱瞻基（明宣宗）在日前便很不高興的告諭行在（北京，天子行鑾駐蹕的所在）禮部尚書（教育部長）胡濙說：「以前歷代先皇就曾規定過文武官員家中不能挾妓飲宴，但最近這種情形卻越來越嚴重。大小官員在私家擺宴飲酒，總是命妓歌唱，沉酣終日、怠廢政事，甚至還有留宿的事發生，簡直是敗壞風俗。你們禮部快去公告禁約，以後如果再有違反此項規定的，就要嚴懲不貸了。」一般認為，禮部奉旨頒布這項禁令之後，在某種程度上，應該能有效改善政府的形象並提升行政效率。

官員召妓飲酒被狗仔隊拍到照片

都御史受人誣告　顧獨坐不報私怨

都沒有人
要邀我跳舞…

顧佐入內廷辦公時除非是要議論政事，否則決不與其他官員群聚閒聊，因此有「顧獨坐」的外號

　　入內廷辦公時除非是要議論政事，否則不會與官員群聚聊八卦的都御史（監察總長）「顧獨坐」顧佐，在上任之後便以他剛正不撓的施政風格，糾參罷黜了不少的貪縱官員。不過，可能也是這樣的行事作風得罪了許多小人，所以在不久前顧佐被人給告了一狀，說他收受衙門皂隸（雜役）的財物，然後把該當差的人私下放回去。於是朱瞻基（明宣宗）找大學士（皇帝高級祕書官）楊士奇來，私底下給他看了奏疏，然後問他說：「你不是曾推薦說顧佐很廉潔的嗎？」楊士奇回答說：「中朝官（指御史、給事中、翰林學士等皇帝近侍之臣）的俸祿非常微薄，所以往

往會將皂隸遣回，讓他們繳交一些費用之後，免除其差役，可以返家耕田，而官員也可獲得一點貼補的費用。所有的中朝官都是這樣，包括我也是如此。先帝就是了解這種情形，才為中朝官增加俸祿的。」朱瞻基聽了之後才知道中朝官的經濟窘境，於是便要把這個亂投訴的人移送司法單位嚴懲。不過在楊士奇的勸諫之下，最後還是把這份訴狀交給了當事人，讓顧佐自行懲治。挾怨告狀的奸吏被叫到顧佐面前時，本來心想自己這下死定了，但顧佐卻說如果他願意改正，就饒過他。而這整件事也就這樣結束了，連皇帝聽到如此的處理方式，都稱讚不已。

大掌櫃夏原吉去世　性儉約寬厚待人

歷事永樂、洪熙、宣德三朝，執掌國家財政二十七年，被各界譽為大臣中最寬和有量的戶部尚書（財政部長）夏原吉，已於日前去世，享年六十五歲。夏原吉在永樂十九年（一四二一年），曾經因為勸阻成祖（朱棣）親征漠北而被關入獄中並查抄其家產。結果經過相關人員清查，除了御賜的錢鈔之外，他的家中竟然只有一些布衣瓦器。前年（一四二八年）跟隨朱瞻基（明宣宗）北巡時，皇上一時興起，拿夏原吉背袋中的乾糧來試吃，還半開玩笑的嫌棄他隨身攜帶的食物太粗劣。而他卻回答說：「軍隊中還有餓著肚子，連這都沒得吃的人。」朱瞻基也因他這句話而下令犒勞將士。夏原吉除了生性節約之外，待人處世也總是有雅量，就算別人曾經傾陷過他，但只要是對國家有利的，他也會不計前嫌在皇帝面前推薦那個人。而他在提筆擬

再一塊吧

不要！臭死了

寫年終大辟（死刑）的奏章時，也會長嘆而猶豫不已，不管受刑人犯了何等重罪，他還是尊重每一條生命。就是這樣的態度，讓夏原吉被推崇為有古大臣之風烈，深受眾人景仰。皇帝也特別下令免除他家的賦稅徭役，而且以後的世世代代都不必徵收。

開平衛堡內遷　邊防之險盡失

洪武三年（一三七〇年），李文忠（朱元璋外甥）攻克大元帝國的上都（內蒙古境內）之後，便在此設置開平衛（內蒙古境內）並留兵駐守，作為興和（河北境內）、大寧（內蒙古境內）、遼東、甘肅、寧夏等地的外防要塞。但是到了永樂年間，在失去大寧，連興和也被阿魯台給攻陷之後，開平便失去了可以倚靠的後援。近來韃靼又屢屢進犯，讓政府不堪其擾，於是便決定捨棄這個要塞，然後另建獨石堡（河北境內），將開平衛內遷至此。軍事評論家表示，此次棄地三百里，可說盡失龍岡（內蒙古境內）、灤河（河北境內）之險，雖然離惡鄰遠了點，但恐怕將使邊防更加空虛。

外使至今未朝見 鄭和七度下西洋

由於征討黎利的安南戰役結束得並不如表面上那麼光彩，加上自朱瞻基（明宣宗）即位以來，遠洋的諸藩國又都還沒有遣使來朝見進貢，於是便命鄭和第七度率領船隊，再下西洋宣揚國威。據資料顯示，這次船隊規模有六十一艘，人數則有二萬七千餘人，預計將於年底從龍江關（江蘇境內）出發。

臨時變專任　巡撫常駐各省

中央政府為了加強對地方的管控，以及整頓各省的財賦糧稅，特別於今年九月宣布，將以往僅為臨時派遣性質，事畢就必須回京覆命的「巡撫」一職，改成各省專設常任，以巡行地方、撫鎮軍民，並節制三司（承宣布政使司、提刑按察使司、都指揮使司）。於是拔擢吏部（文官考選任免部）郎中（司長）趙新為吏部右侍郎（次長）巡撫江西，兵部（國防部）郎中趙倫為戶部（財政部）右侍郎巡撫浙江，禮部（教育部）員外郎（中階官員）吳政為禮部右侍郎巡撫湖廣（湖南、湖北地區），御史（監察官）于謙為兵部右侍郎巡撫河南、山西，刑部（司法部）員外郎曹弘為刑部右侍郎巡撫北畿（北直隸）、山東，越府長史（主任祕書）周忱為工部（國家工程部）侍郎巡撫南畿（南直隸），以後將由各省巡撫統一督導稅糧，安撫地方。

現在開始，我就是你們正式的直屬長官了…

不是臨時的嗎？

本來沒人管的

啊！沒好日子過了

布政使　按察使　都指揮使　巡撫

巡撫從臨時派任的型態，轉變為各省專任並節制承宣布政使、提刑按察使、都指揮使的長官

官員惡霸強占田土 屯田成效大打折扣

西北各衛所近年老是申報缺糧，使得相關單位疲於運輸補給。在細查其原因之後，發現原本這些地方的田地可以引水灌溉，雖遇天旱也還是會有收穫，而且各衛所軍士中，負責守城的兵士只占兩三成，七八成的兵士都去屯田耕種了，理應不該缺糧。而之所以會出現這種現象，都是因為肥沃的土地被鎮守官員及豪強霸占，從不納糧交稅，只留下一些貧瘠的土地讓軍士耕種。他們還往往在屯田兵士被派往別處之後，便不申請撥補而竊據其土地，只為了一己的私利而不把國家安全當一回事。朱瞻基（明宣宗）得知此事，便派人前往陝西督辦屯田事宜，並將這些侵占國土及欺瞞朝廷的騙徒惡棍全都繩之以法。

你看，我的田結出這麼大的果子…

看來你占到一塊好田喔

……

許多官員和豪強都強占良田，在劣土工作的屯田士兵收穫少得可憐

黎利封王未准 安南自行稱帝

之前黎利多次以找不到陳氏後人為由，上書請求冊封他為王，但朱瞻基（明宣宗）卻一直沒有答應。直到今年黎利又再度遣使謝罪，並以交趾（越南境內）當地土官長老的名義為自己請封，朝廷才總算答應下詔讓他代理安南（越南）國事。不過，據記者所知，雖然黎利一再上表請封為王，但實際上他早就在安南以「順天」為紀元自行稱帝了。

聖駕微服險遇襲

近來喜歡微服出巡的朱瞻基差點遭遇有心人士的暗算

> 咦？看不到有什麼危險的啊…

> 皇上！當心…

近來愛上微服出巡的朱瞻基（明宣宗），日前只帶著四個貼身侍衛貪夜來到閣臣楊士奇家中。楊士奇倉皇出迎，並下跪叩頭說：「陛下身繫宗廟社稷，怎麼自己就冒險出來了？」朱瞻基笑著說：「我只是想跟你聊聊天，串串門子，所以就來了。」事後楊士奇一直提醒說，要注意有人圖謀不軌，會乘機行刺，但朱瞻基卻當成耳邊風，不太相信會有這種事。直到十幾天後，在「行在」（北京，天子行鑾駐蹕的所在）抓到兩個盜賊，經過審訊，發現他們竟然有行刺聖駕的意圖，朱瞻基才嚇了一跳，趕緊跟楊士奇說：「我到現在才知道，你一直愛護著我呢。」看來這陣子皇帝應該會比較少微服出巡了吧。

宦官袁琦收賄遭磔死

自朱瞻基（明宣宗）即位之後，自小侍奉他的宦官袁琦便因恃恩寵而恣意妄為，不但弄權收賄，還擅自派遣許多宦官內侍以採辦之名，前往各地掠奪官府與民間的財物。而這等惡行，終於在日前敗露，他被勒令關押在錦衣衛的監獄，並抄沒家產。結果一去查抄，發現袁琦家中的金銀財寶數以萬計，日用穿著也多踰越身分。朱瞻基在得知之後大怒，便下令將他磔死（凌遲分屍），他派遣在外的黨羽全部捉拿歸案，也都一併處死，可說是大快人心。

朱瞻基再詔恤民減租

一向寬政愛民的朱瞻基（明宣宗），不久前問大學士（皇帝高級祕書官）楊士奇說：「我上一次下詔恤民都已經是兩年前的事了，最近還有什麼可恤之事嗎？」楊士奇就回答說：「之前陛下頒詔說要減收官田的租稅，結果戶部（財政部）到現在都還照舊徵收。」朱瞻基聽了很生氣，表示以後如果再有廢格阻攔，不依詔令恤民減租的，就要把承辦官員移送法辦。同時也接受楊士奇的建議，頒布多項仁政、撫恤逃民、稽察貪官、提拔文學武勇之士、讓受極刑者的子孫也能當官升職，並請諸大臣推薦賢良的人，以便選補為地方官吏。

江南水患頻仍 水利工程獲准

由於江南蘇州、松江（皆江蘇境內）、嘉興、湖州（皆浙江境內）四府之地，有六個湖泊，廣袤凡三千餘里，每次只要連降大雨便會氾濫成災，百姓賴以為生的農田也會隨之淹沒。雖然在永樂初年，朝廷已經派夏原吉等人做過疏浚工程，但是後來因為年久失修，河港又開始淤塞不通。今年九月，蘇州知府（府級行政長官）況鍾奏請在農閒時徵調民工疏浚，宣洩湖水，以保障農作物之收成。此案目前已被批准，將由江南巡撫（省級總督導官）周忱與況鍾共同負責此事，在計算工程所需人力多寡及施工難易之後，將預算及工程計畫上報朝廷，再行辦理。

濟農倉成立 賑災更便利

以往蘇州、松江（皆江蘇境內）二府的百姓所繳納的糧食，由於要依規定大老遠的運送到南京（江蘇境內），所以每石都必須先扣抵六斗的耗費，相當於光是運費就消耗掉應收總數的百分之六十，而這數額當然是由百姓來負擔。於是江南巡撫（省級總督導官）周忱便下令百姓將糧食自行運送到當地的官府，然後每石付給一斗當作運費。結果這樣下來，一共多出了四十餘萬石的糧食，再加上之前以公費買進的賑災備糧二十九萬石，一共有七十萬石可以充作賑貸之用。這些分別儲存於各地倉庫，被稱為「濟農倉」的糧食，除了用作賑濟之外，每年的結餘也可提供民間在欠租時借貸，然後再於秋收時償還，讓農民的生活更有保障。評論家表示，雖然朝廷不斷下詔行寬恤之政，但是大部分的官員都在虛應故事，真正實心貫徹的可能就只有周忱及況鍾兩個人而已。

 GREAT MING NEWS

西元一四三三年 癸丑

明·宣德八年

嚴禁內官修佛潛逃

因為近年來許多小宦官受到僧人的迷惑，有的長年吃齋念佛，有的甚至還潛逃出宮削髮為僧。於是朱瞻基（明宣宗）便告諭各內監長官，表示心存善念即是修行，不必素食誦經，也嚴禁潛逃為僧。凡是已經藏匿於寺院中而出來自首的即寬恕其罪，要是有在外潛逃或不自首，最後被相關單位逮捕到案的，則一律處以死刑。

朝貢？搶劫？
倭寇危害東南沿海

自洪熙年間以來，東南沿海的倭寇就十分猖獗，不時的窺伺沿海地區。這些海盜十分狡猾，船上會裝載著很多地方特產和兵器，出沒於海濱。一見有機可乘便拿出兵器，化身為倭寇燒殺搶掠，但要是發現官軍前來盤查的話，便又會展示他們所攜帶的特產，謊稱是要來朝貢的。一般認為，政府如果不能好好的想出解決的方法，那麼倭寇勢必成為東南海濱的一大禍患。

司法小改
越級訴訟屬實將不罰

由於以往常常有人為了陷害仇人以洩私怨，便羅織罪狀赴京陳訴，使得司法單位不勝其煩，於是便奏准嚴禁越級訴訟。凡是要告狀的，一定要照規矩自下達上，如有越級訴訟的就一律發配邊遠之地充軍。不過這樣的做法，雖然讓誣告事件大為減少，卻也使得許多人含冤莫申，而那些壞人也更加肆無忌憚。為了改正此一弊端，朱瞻基（明宣宗）已於不久前宣布，自今後開始，如果越級提起訴訟，但經查為事實者，就不再給與處罰，只有誣告不實的才要被發邊充軍。

七下西洋建偉業
鄭和過勞葬異鄉

根據海外傳回的消息，七度率領船隊下西洋的太監鄭和，已於今年四月初因過度勞累在印度西海岸的古里去世，其遺體已就地安葬。而船隊將改由太監王景弘指揮，預計將於七月返回南京覆命。

飛蝗蔽日成災　官員下鄉捕蟲

　　今年夏天，兩京、山東、山西、河南等處發生大蝗災。成群的飛蝗不但遮天蔽日，連覆蓋在地上的厚度也超過了一尺以上，農作物全部都被啃個精光，災情可說是十分嚴重。為此，中央政府已經派出了御史（監察官）、給事中（政風監察官）以及錦衣衛官校，分頭前往各個災區，以督導捕蝗的行動。不過，病蟲害專家悲觀的認為，蝗災一旦發生之後，要靠人力徒手捕捉，其效果其實是非常有限的。

聖駕巡邊欲襲瓦剌　楊榮諫止維護誠信

　　今年九月，朱瞻基（明宣宗）一時興起，又決定再次親自率軍巡邊。於是命武定侯郭玹、西寧侯宋瑛、廣平侯袁禎、都督（司令官）張昇及李英分掌行在五軍都督府（五軍司令部）事務，行在吏部尚書（文官考選任免部長）郭璡兼行在工部（國家工程部）事，都察院（中央監察院）右都御史（監察總長）熊概兼行在刑部（司法部）事，又命太監楊瑛、李德、王振、僧保、李和等提督皇城內外其他事務。而由他一向信任依賴的重臣蹇義、楊士奇、楊榮、楊溥、胡濙、吳中等人扈從。當車駕一行由「行在」（北京，天子行鑾駐蹕的所在）出發，過居庸關，抵達洗馬林（皆河北境內）時，朱瞻基忽然靈光一

趁現在去偷襲

不行啦，我們要有運動家精神

閃，說：「瓦剌部狩獵場離此不遠，如果我們現在襲擊的話，一定可以大獲全勝。」但是楊榮卻馬上回答說：「陛下屢次派人曉諭招服瓦剌，使他們前來邊塞附近游牧狩獵。今日如果襲擊他們，不就代表以前所發出的詔令都是騙人的了嗎？況且他們知道陛下在大軍隨扈下來到此處，一定早就事先逃遁了。現在去襲擊瓦剌根本沒有任何好處，只是徒然失去他們的歸順之心而已。」朱瞻基聞言，也覺得很有道理，便放棄這樣的想法，並於十月返回「行在」。

宣宗早逝新帝年幼
張后授權三楊輔政

朱瞻基（明宣宗）去年（一四三四年）北巡返回「行在」（北京，天子行鑾駐蹕的所在）之後，便開始感到身體不適，到了元月初三，這位年輕有為，將國家帶入一片昇平的皇帝，只留下一切國政大事向皇太后請示的遺詔，就以三十八歲的英齡於乾清宮駕崩了。到了初十，年僅九歲的皇太子朱祁鎮（明英宗）即位稱帝，詔令全國大赦，並以明年（一四三六年）為「正統」元年。不久，以皇帝之名尊皇太后張氏（朱瞻基之母）為太皇太后，尊皇后孫氏（朱瞻基之后）為皇太后。雖然有許多大臣建議太皇太后應該要垂簾聽政，但張太后認為這樣做是破壞祖宗之法，所以並沒有同意臨朝之議。不僅如此，張太后為了避免外戚干政，還下令她的兄弟彭城伯張昶、左都督（司令官）張昇只能在每月的初一、十五朝見，不得預議國事。就

今天開始不用上學喔…改成上朝

朱瞻基突然去世後，由九歲的朱祁鎮繼位

算大臣們認為張昇賢能，屢次請求張太后予以重用，她也仍然沒有批准。而且，儘管名義上所有朝政及軍國大事的奏章都會先呈給她閱覽，但張氏總是將奏本全數送去給楊士奇、楊榮、楊溥等元老重臣討論，等他們決議之後便按內閣（皇帝高級祕書處）的意見來執行。在太皇太后與三楊完美默契的配合之下，已經罷除了一切不急之務，讓國內的政局迅速恢復穩定。

妃嬪依例殉葬　遺詩道盡哀悽

據聞朱瞻基（明宣宗）下葬時，有十個妃嬪跟著殉葬。其中有位叫郭愛的嬪女，入宮還不到一個月，可能連皇帝的面都沒見過，也一樣被列入殉葬名單之中。而在她死前，還含淚寫下了這樣一首絕命詩：「修短有數兮，不足較也。生而如夢兮，死則覺也。先吾親而歸兮，慚予之失孝也。心悽悽而不能已兮，是則可悼也。」這首詩的內容是如此悽婉哀怨，讓人還沒讀完便已經為其悲嘆。

三楊主導新政　皇室實施撙節

日前，中央政府下令召回了早先派駐各地部隊或政府單位的督導宦官，同時也遣散了教坊司（皇宮音樂戲劇管理處）的三千八百多位樂工，以及在陵寢服勞役的一萬七千個民夫，連六千四百多名的廚役中年老生病者也予以遣散，「行在」（北京，天子行鑾駐蹕的所在）各寺廟中將近七百名的僧人、喇嘛也減數存留，二千六百多名的庫役也放回；並節省各項開支，把欽天監曆日將近五十一萬本的發行數量，減少到只剩十二萬本；太醫院的藥材需求量也砍去將近一半，只剩五萬五千四百餘斤；光祿寺為皇宮採辦的糖蜜果品則減去三分之二，數萬隻的醃臘雞鵝豬羊及酥油四千斤更是全都刪除，七千五百餘斤的茶葉也減省為四千斤。一般認為，皇室在實施這樣的撙節措施之後，不但能省下大筆的經費，以使用在更迫切需要的用途上，對於政治風氣也會有顯著的正面影響。

大玩兩面手法　王振出掌司禮

之前就一直陪侍在朱祁鎮（明英宗）身邊，深得小皇帝歡心的宦官王振，於日前被委任為司禮監（此時司禮監已取代內官監成為內府衙門中最重要的單位，掌管所有宦官之禮儀刑名，以及替皇帝硃批與掌印）太監（署長）。雖然王振在三楊（楊士奇、楊榮、楊溥）的眼中是個識大體、知進退，能以國家為重的難得人才，但據記者私下探得的消息，王振為人狡黠善變，善於耍兩面手段。一方面投幼君貪玩之所好，以玩樂贏得小皇帝歡心，另一方面在輔政大臣面前，卻又裝出事事順從、不敢干預政事的樣子。於是在朱祁鎮與三楊的信任下，王振一舉超越朱瞻基（明宣宗）時期最受寵信的宦官金英，出任司禮監太監一職。

經筵每月開講 王振負責陪玩

為了要輔佐小皇帝成為明主，高層特別研議了經筵進講的制度，定為每月一次，由學識豐富的官員於文華殿為皇上講課。但據說每天在朱祁鎮（明英宗）旁邊隨侍的太監王振，卻總是帶著小皇帝玩東玩西的，讓他也無心學習。

安南黎氏終於受封為王

之前安南（越南）的統治者黎利，雖然早有稱帝之實，卻一直沒有得到大明王朝的冊封。在他死後，明廷仍然詔令他的兒子黎麟代理安南國事。不過，由於黎麟在近年內態度十分恭敬，不論是先帝駕崩、新帝即位，還是尊上太皇太后及皇太后位號，他都會派遣使者進表獻貢。所以明廷在商議之後，認為就主客觀條件都已經不可能再找到陳氏的後裔了，於是便遣使送敕命印信，正式冊封黎麟為安南國王。

太皇太后充分授權　三楊成為夢幻組合

在太皇太后張氏的委任之下，楊士奇、楊榮、楊溥同心輔政，共同商議臣民奏章，並做出許多對國家有利的決定。政治評論家認為，這三個人裡面，楊士奇學識淵博並通達國體，楊榮的長處是多謀能斷，而楊溥則是行事渾圓謹慎。每次在商議國事

我是西楊，楊士奇

敝人東楊，楊榮

在下南楊，楊溥

的時候，總是由楊士奇援引古義作為參考，然後楊榮反覆分析各項利弊並果斷決定，如果其他大臣對施政有所爭論時，楊溥總是能夠虛己從人，順利協調眾人的意見。由於三楊之間心無芥蒂且相忍為國，使得他們被輿論稱為夢幻組合，一致給與好評。各界還以宅第的位置所在，分別稱呼楊士奇、楊榮、楊溥為西楊、東楊、南楊。

在王振的恐怖操弄之下，大多數的官員都已經不敢再多說些什麼，就怕惹禍上身

王振朝中立威　言官生畏噤口

　　自從年幼的朱祁鎮（明英宗）即位以來，司禮監（掌管所有宦官之禮儀刑名，以及替皇帝硃批與掌印）太監（署長）王振的地位與權勢可說是與日俱增，他種種專擅的行為已經令所有官員備感壓力。今年十月皇帝親閱騎射時，在領命受測的一萬多人之中，唯有駙馬都尉井源（皇姑嘉興公主的夫婿）一人三發三中，照理來說應該會獲得重賞，但最後竟然只被賞了一杯御酒。這讓眾人不禁回想起之前由王振主持閱兵時，他的親信紀廣莫名其妙就被列為第一，至今官位還青雲直上。此外，工於心計的王振為了讓在朝大臣懼怕自己，還在很多地方都耍了心機。例如當兵部尚書（國防部長）王驥商議邊塞事

宜而五日未奏時，王振便教唆皇帝召見王驥，不但當面斥責，還將其逮捕下獄。雖然馬上又把人給放了，但大家也因此都知道了王振在皇帝身邊的影響力有多大。後來過沒多久，又有人彈劾英國公張輔覆奏延誤了時日，而科道官員（政風監察官）對此隱匿不報，在王振的操縱之下，張輔沒有被追究罪責，反而一堆的御史、給事中都被狠狠的打了二十大板。政治評論家認為，王振藉著炒作這些雞毛蒜皮的小事，來達成在朝官前立威的效果，使得言官開始懼怕他而噤口。日後勢必將演變為監察官員們承應王振的意向，動不動就尋找大臣的微小過失加以彈劾，造成劣幣驅逐良幣、朝政日益紊亂的現象。

太皇太后欲殺王振　幼帝求情得免一死

在朱祁鎮（明英宗）即位之初，司禮監（掌管所有宦官之禮儀刑名，以及替皇帝硃批與掌印）太監（署長）王振因為顧忌著三楊（楊士奇、楊榮、楊溥）為累朝元老，所以不敢在他們面前過於放肆。但隨著他的地位日漸穩固，行事作風上也就越來越肆無忌憚了。有一次，太皇太后張氏命王振至內閣（皇帝高級祕書處）問事，但楊士奇等人都還沒擬出決議，王振便擅作主張，讓楊士奇氣得三天都不出家門。張太后知道這件事之後，便派人去把王振給鞭打了一頓，然後讓他去向楊士奇謝罪，還警告他說：「下次再這樣，一定殺無赦。」但後來時間久了，王振又故態復萌，氣燄越來越囂張，種種的惡行也漸漸傳到了張太后的耳中。於是她召來英國公張輔，閣臣楊士奇、楊榮、楊溥，以及禮部尚書（教育部長）胡濙，並讓左右之女官佩帶刀劍在旁侍立。小皇帝面西立於祖母之旁，五位大臣則面東位於稍下之處。接著張太后一一召問嘉勉諸臣，再對朱祁鎮說：「這五個人是先朝簡用的忠直之臣，一切國家大事必須與他們商量謀畫，如果是他們不贊成的

事，就絕對不可行。」接著又宣召王振進來，在他俯伏於地時，張太后馬上臉色大變，怒斥說：「你侍候皇上起居多有不當，今當賜死。」這時，一旁的女官便把刀刃架在王振脖子上。朱祁鎮見到自己最寵愛的王振快被祖母殺了，便立刻跪下為他求情，而五大臣看到皇上跪了，也馬上跟著跪了。最後張太后才饒了王振一命，並警告他從今開始，不得再干預國家大事。雖然王振在此事件之後收斂不少，但由於太皇太后與諸位輔臣都年事已高，而皇帝的年齡卻還很小，不禁令人擔心日後當這些老人都故去時，不再受到牽制的王振將會把皇帝、把整個大明帝國帶向何處了。

這次先饒你一條狗命…

謝太皇太后不殺之恩…

王振專權的事傳到太皇太后耳中，讓他差點小命不保

王驥經理甘肅　諸將聽命畏服

近來蒙古人又屢次進犯邊境，雖然朝廷先後多次派出大將前往征討，但都無法有效的遏阻敵人繼續入侵。不久前，又選派了兵部尚書（國防部長）王驥前往甘肅經理邊務，並准許他便宜行事。王驥趕到軍中之後，便召集諸將，究問之前追敵到捕魚兒海（貝爾湖，蒙古國境內）的時候，是哪一個人主張撤退而導致軍隊作戰失利的。將領們都說是都指揮使（軍區司令）安敬所下的命令，於是王驥立刻下令將安敬捆綁起來，就在軍前斬首示眾了。一時之間，諸將都

王驥

為之畏服，沒有人敢不聽從王驥的號令。他接著大規模檢閱將士，分兵畫地，讓每個將領都有各自要防禦的責任區域。同時還淘汰了將近三分之一無法上陣的老病士卒，然後重新制定輪流防守的辦法，讓兵卒們可以得到充分的休息。

魏源大同掌兵符　楊洪敗敵鎮嶺北

刑部尚書（司法部長）魏源在受命經理大同（山西境內）邊務之後，知道以敢戰聞名的猛將楊洪在軍事方面有過人之長才，於是便派他協助另一位將領李謙共同守衛獨石堡（河北境內）。但是李謙因為年高膽怯，行事風格與楊洪差異過大，所以兩人一直處不來，甚至每次在楊洪要調兵時，李謙都還會暗中加以刁難。後來，李謙因故被人彈劾去職，不再綁手綁腳的楊洪才得以在此一展才能，並數次擊敗來犯的敵人，讓蒙古人不敢再恣意縱兵擄掠，可說是威鎮嶺北，還與邊防名將王驥二人被合稱為「楊王」。

西楊力挺保舉制度　三品以上為國薦才

之前因為地方郡守缺官甚多，所以朝廷便下令讓在京三品以上的官員薦舉賢能人才，以供政府擇用。但是有官員認為如此一來，將大開私謁之門，助長奔競結黨之風，因而建議停用這項舉薦之法。於是朱祁鎮（明英宗）便讓諸臣一起商議此事，而大學士（皇帝高級祕書官）楊士奇也對此提出自己的看法，他表示：「從前地方官員額不足，用非其人，以致害民受苦時，宣宗皇帝（朱瞻基）便敕令大臣保舉人才，政府於是得到了許多

賢能之士。其中雖有少數的不適任者，但也是單純因為推舉的人一時沒有明察，或是故意徇私造成的。從前唐太宗也命三品以上的京官舉才，後來的成效是當時三文錢就可以買到一斗米，人人生活富足。而他的要求，就是如果被保舉者貪贓枉法，則推薦人要受到連帶之處罰。如此一來，則保舉者就會非常謹慎，而被推舉的人也必定會盡忠職守。」最後，皇帝還是採納了楊士奇的意見，下詔令三品以上的京官仍舊保舉賢能之士。

王驥威鎮塞外

近來在邊關屢敗敵軍的兵部尚書（國防部長）王驥，於今年夏天主動出兵塞外。在臨出發前，還告訴擔任前鋒的大將蔣貴說，如果沒有獲勝就不要回來見他，而他自己則率領大軍跟隨於後。僅帶著二千五百輕騎的蔣貴，在狼山擊敗敵軍之後，乘勝追抵石城（皆內蒙古境內），正要深入進襲，副將李安卻認為此舉過於冒險而極力阻止，蔣貴便拔出劍來，厲聲大罵李安說：「誰敢阻擋軍隊前進者就斬！」於是才順利的引兵從小道疾馳了三晝夜，直抵敵人的老巢。這時敵方完全沒有防備的在牧馬，蔣貴的部隊卻突然現身衝入馬群之中，兵士們用鞭子或弓來擊打敵軍的馬匹，馬群在受驚之後四處跑散。無馬可騎的敵軍只好徒步進行戰鬥，但在明軍鐵蹄的蹂躪之下，很快就潰散了。而王驥率領的主力部隊，也在同時一舉擊敗敵軍，並降服了許多部落，平定了西部的邊疆地區。

北京翻修城防設施　高牆深壕固若金湯

打從去年（一四三七年）開始，朝廷大興土木，改造北京城的門樓、城壕及橋閘。這項工程於今年四月終於竣工，各個城門的城樓都經過修整，並在門外立牌樓，城的四隅搭建角樓。另外，又加深城壕，壕的兩側也都以磚石堆砌。九門舊有的木橋則全部撤掉，改以石橋代替。每兩座橋之間則設有水閘，城壕中的水自城的西北隅環城向東流，在經過九橋、九閘之後從城的東南隅通過大通橋流出。整個北京城的防禦工事經過如此重新翻修加強之後，可說是已經達到固若金湯的程度了。

人家比較想要這一種的

北京城經過翻修加強之後已經是固若金湯

大火燒毀試卷 裁定全數重考

今年八月初九，順天府（北京地區）的貢院（試場）才剛進行完第一天的考試，沒想到當晚就發生了大火，不但許多的房屋、考間都付之一炬，連考生交來的試卷也被燒得殘缺不全。結果相關單位的承辦官員為了怕被降罪，竟然想要隱瞞試卷已遭燒毀的事，而不敢說要重新考試，只申請修補房舍了事。不過，被指派充任考官的翰林學士（皇帝高級祕書官）曾鶴齡，卻極力主張一定要重考才可以，否則即使沒有私心也算是一種欺詐。禮部（教育部）官員只好草擬兩種意見進呈給皇帝批閱，最後裁示重新考試以示公平。

不堪超時工作 大批民工逃亡

原本在朱祁鎮（明英宗）即位之後，因為停止了多項國家重大工程，讓許多的軍夫民工可以免除勞役回到家中，民眾為此拍手叫好。但是近年來卻因為要營造宮殿、修建九門、改建政府部門的公署，還在北京城內外大興佛寺，所以便又徵調了大批的民工。這些工匠們不堪長時間疲勞的工作，於是爆發了大規模的逃亡潮，粗估逃亡人數到目前為止已經多達四千二百餘人了。政府因而下令展開大追捕，把所有抓到的人全都戴上桎梏，然後返回現場繼續做工。政府這樣的舉動，已經使得眾多軍民開始感到失望。

多位大臣接連被捕入獄，顯然都和王振有關

大官接連下獄 王振淫威示警

今年包括禮部尚書（教育部長）胡濙、戶部尚書（財政部長）劉中敷、刑部尚書（司法部長）魏源，右都御史（監察總長）陳智等都曾經被逮捕下獄。一般認為，這些事件都與太監王振有關，雖然上述政府要員最後又都被放了出來，但王振濫加淫威示警的意味非常重，也代表著王振控制政府的能力正與日俱增。

大明新聞

GREAT MING NEWS

西元一四三九年

己未

明・正統四年

麓川蠻變 明軍慘敗

麓川（雲南境內）的蠻族領袖思任發自去年（一四三八年）開始，積極擴張勢力，侵吞鄰近的二百七十八個村落。朝廷在得報之後，即刻下詔令其歸還，而思任發仍然充耳不聞。於是中央便派都督（司令官）方政、黔國公沐晟一同率兵前往征剿。當南征大軍開抵金齒（雲南境內）時，只見敵人早已沿江立寨。沐晟派人去勸諭，思任發一面加緊趕造三百艘戰船，準備應戰，一面假裝要投降以作為緩兵之計。這時候，雖然方政已識破對方詭計而請兵出戰，但沐晟卻信以為真，不肯發兵，連方政提出的造船渡江計畫也予以否決。方政一氣之下，獨自率領直屬部隊與敵交戰，先是破敵大寨，又殲滅三千名敵軍，然後乘勝深入敵營重地。此時方政的部隊已因長途征戰而疲憊不堪，於是便派人向沐晟求援。但沐晟因為方政先前不聽節制，所以故意拖了很久才只帶著少數部隊前往，

思任發

而且行至半路就滯留觀望。孤軍追擊的方政，最後終於在敵方派出象陣衝擊之後，英勇戰死於馬上。而沐晟聞訊立刻引兵返回永昌（雲南境內）。事情傳到了「行在」（北京，天子行鑾駐蹕的所在），朱祁鎮（明英宗）便下旨切責，並令沐晟再節制湖廣、貴州、四川的軍隊前往征剿。不過，沐晟在接詔之後，卻因為畏罪而服毒自盡了。

災情特報！！

五月間，「行在」（北京，天子行鑾駐蹕的所在）等地忽然降下大雨及冰雹，之後豪雨不斷，終於在順天、真定、保定（皆河北境內）、開封、衛輝、彰德（皆河南境內）六府釀成嚴重的水災，淹沒了官舍民居數千間，至於財產損失，更是難計其數。接著各地又傳出河流決堤潰出的災情，有許多人都因走避不及而慘遭溺斃。

大明新聞

GREAT MING NEWS

西元一四四〇年

庚申

明・正統五年

三楊王振瀕失衡　內閣預先注新血

嘿嘿嘿…

太監王振在政壇中的影響力正逐漸壓過三楊

在太監王振當權之後，雖然仍對三楊（楊士奇、楊榮、楊溥）有所顧忌，但其權勢卻已無人能當。有一天，王振對楊士奇、楊榮說：「朝廷的事長期勞煩諸位大人，現在你們都已經年老、困倦了，所以……」於是楊士奇就接著說：「老臣為報答國家，一定鞠躬盡瘁，死而後已。」楊榮則說：「我們幾個已經是風燭殘年了，沒有辦法再繼續為國效力，但我們會盡快選擇可委以重任的年輕人入閣，以報答聖主大恩。」王振在聽到楊榮這樣說之後，便很高興的走了。事後楊士奇責怪楊

榮失言。楊榮回答說：「這傢伙已經開始厭惡咱們了，要是他直接從大內以皇帝的名義下詔，讓他的心腹加入內閣（皇帝高級祕書處），那到時將怎麼辦？倒不如趁著我們還有影響力的時候，挑選幾個賢能的人進來，同心協力，或許還有可為。」楊士奇聽完他的分析，也認為這種做法是正確的，於是便在第二天開列了翰林學士（皇帝高級祕書官）馬愉、曹鼐、苗衷、高穀等推薦名單進呈。最後朱祁鎮（明英宗）從中挑選了馬愉、曹鼐兩個人，進入內閣參預機務。

七萬民工翻修三大殿

奉天、華蓋、謹身三殿在永樂年間因火災受到損毀之後，只在當時稍加修葺，一直到今年三月朱祁鎮（明英宗）才下令相關部門予以重建，並同時修繕乾清、坤寧二宮。雖然在材木諸料部分，因為之前已有採辦儲積而不必再行購入，但整個工程所需要徵調的民夫工匠卻高達七萬人，對百姓來說又是一項沉重的壓力。

王振喜度人
僧道滿街跑

近日來滿街滿市穿著黃帽緇衣的僧道，已經成為鬧區中的奇景。之所以會出現這種現象，就是因為現在當紅的太監王振他不但喜歡僧道，而且每年都還要勸人出家，以至於今年出家的人數就超過了二萬二千三百人。在明初，政府曾嚴格控制僧道人數，但如今被王振這麼一搞，出家人的數量反而創下了歷史高峰。

出家人慈悲為懷⋯

吵什麼！
給我拖出去砍了⋯

楊榮離世
三楊政體瓦解　閹黨影響日重

歷事永樂、洪熙、宣德、正統四朝，身為內閣（皇帝高級祕書處）重臣的楊榮，日前回鄉掃墓，不幸以七十之齡病逝於返京途中。楊榮在世時，每當諸大臣間議事不決，或是觸怒皇帝之際，他總是有辦法可以緩解情勢。而他因為曾跟隨朱棣（明成祖）北征，對於邊塞事務亦十分熟悉。加上他多謀能斷，所以與楊士奇、楊溥等閣臣一直配合得很好。如今他的離世，將使得三楊政體開始瓦解，與王振之間的權力對抗也將更為吃力了。

甘肅強震　死亡人數破兩百

今年十月上旬，莊浪衛（甘肅境內）附近就一直強震不止，造成許多的城堡及房舍坍塌，壓死了二百餘人，以及八百多隻的馬騾牛羊。在之後的十幾天裡，又陸續發生多次規模不小的餘震，但除了部分地區有房舍草棚被震塌之外，並未再傳出其他災情。

建文皇帝現身？　年歲明顯不符！

之前有一位九十多歲的僧人，一路從雲南行至廣西，自稱是「建文帝」（明惠宗，朱允炆）本人。地方官得到消息之後，立即將他逮捕，並械送「行在」（北京，天子行鑾駐蹕的所在）會審。據聞，在審訊過程中，這個僧人還一直宣稱自己就是建文帝，又說他已經年過九旬，快要死了，只想要葬在祖父朱元璋（明太祖）的陵寢（孝陵）旁邊。不過，奉命承辦此案的御史（監察官）頭腦可清楚得很，便直接告訴他說：「建文帝生於洪武十年

偽稱自己是建文皇帝的老和尚因年齡差距太大而被輕易識破

（一三七七年），如果還在世的話，今年也才六十四歲而已吧。」老和尚被這句話打臉之後，只好承認他本名為楊行祥，是在洪武十七年（一三八四年）剃度的河南鈞州人。最後這個假的建文帝便被關押到錦衣衛獄中，而他的十二個徒弟則是全被發往邊疆充軍去了。

麓川求和乞停戰　王振不允硬發兵

之前四出侵擾鄰境的麓川（雲南境內）蠻族領袖思任發，因為考量自己不可能與整個大明帝國對抗，所以自行上書請降，乞求朝廷能寬免其罪。朱祁鎮（明英宗）在收到降書之後，便讓諸大臣對此加以討論，最後廷議的結果是決定接受思任發的請降，然後罷兵西南。而皇帝也同意此一決定，並要相關單位做出後續之規畫。但在不久前此案又

被推翻，將以定西伯蔣貴為平蠻將軍，率軍十五萬征討麓川。之所以會產生這種戲劇性的變化，據聞是因為太監王振想要示威於邊疆，而兵部尚書（國防部長）王驥也揣知了王振的心意，於是便上書力主對麓川用兵。王振看到這份符合他心意的奏章，自然是喜出望外，就在皇帝旁邊開始唆弄，最後才會推翻了廷議，讓西南再起戰火。

—— 兩袖清風不送禮　于謙惹惱王太監 ——

于謙

十幾年來巡撫山西、河南等地，以清廉剛直而聲威遠播的于謙，於不久前回「行在」（北京，天子行鑾駐蹕的所在）朝見時，卻意外被關押入獄並判處死刑，引起了各界的強烈關注。據本報記者深入追查，發現于謙之所以會遭此橫禍，完全是因為他得罪了太監王振。自從王振當權以來，文武大臣們便爭相在王振面前獻金求媚，只有于謙每次入京時什麼也不帶。曾有人建議他就算不送金銀，至少也要帶點土產之類的，好當作伴手禮，但于謙卻很瀟灑的甩了甩衣袖，回答說只有清風而已。也就是這個緣故，惹惱了王振，於是叫人以于謙「多年沒有升遷而有怨望，才會推舉他人代替自己」為理由加以彈劾，下獄論死。所幸後來只被關了三個月，就釋放出來，並降職為大理寺少卿（最高法院副院長）以示警誡之意。但是這消息傳出之後，山西、河南的數千官民，便群集拜伏在宮闕之前，上書請求能讓于謙留任。政治評論家表示，由於此次民間的反彈力量過大，王振也不敢繼續堅持，所以可能過一陣子就會讓于謙官復原職了。

京師仍定北京　不再稱為行在

當開國之初，朱元璋（明太祖）把京師定於他崛起之地集慶（江蘇境內），改名為應天府，即南京；之後朱棣（明成祖）又於永樂元年（一四〇三年）把他的原封地北平建為北京，改名為順天府，當作陪都，也稱為「行在」（天子行鑾駐蹕的所在）。到了永樂十九年（一四二一年），經過多年的籌備之後，朱棣終於把他最熟悉的北京正式改為京師，並遷都北上。但是到了洪熙年間，因為朱高熾（明仁宗）長期待在南京，對此地也有特別的情感，所以想要把首都遷回，便又下令北京仍然稱為「行在」。不久，朱高熾猝逝，南遷計畫也就擱了下來。後來朱瞻基（明宣宗）因為一向把爺爺朱棣當作偶像，所以沒有實行父親南遷的規畫，仍舊把北京當成首都在用。如今北京的宮殿修復完成，朱祁鎮（明英宗）也順勢宣布正式以北京為京師，廢去行在之稱。而在南京的各個政府機關，也都收回官印，並在機關的名稱前冠上「南京」二字，以作為與北京之區別。

先生怎麼生氣了？

哼！這頓飯有松阪牛肉還有龍蝦鮑魚才不讓我參加，太不夠意思了

王振對於未獲邀參加國宴一事十分的生氣

未獲邀宴王振怒
東華門開百官迎

奉天、華蓋、謹身三殿的修復工程在日前竣工，朱祁鎮（明英宗）於十一月初一為此設宴，邀請文武百官與宴慶祝。但依據開國以來的慣例，宦官本來就不在受邀之列，所以朱祁鎮特別派人去問王振要怎麼辦。但王振一見到使者，就勃然大怒，說：「周公能輔佐成王，唯獨我就連坐一下的資格都沒有嗎？」當使者回報之後，朱祁鎮竟然覺得這樣真的太委屈「王先生」（當今皇帝對王振的尊稱）了，於是便下令大開東華門召王振與宴，並讓文武百官在門外等候拜迎，而王振也才高高興興的參加了這次的盛宴。

兵力懸殊
王驥南征麓川大捷

年初舉大軍南征麓川（雲南境內）的王驥、劉聚等部隊，於閏十一月在騰衝（雲南境內）會兵之後，長驅直抵叛軍領袖思任發所占領的杉木籠山。雖然蠻兵乘高據險，並且修築七座碉堡以相互為援，但最後仍因兵力懸殊而遭到明軍擊潰。王驥的部隊更乘勝追擊，對思任發展開猛烈的攻擊，燒死及溺斃數萬名敵軍，思任發最後僅與兩個兒子狼狽逃往孟養（緬甸境內）。捷報傳至京師（北京）之後，朱祁鎮（明英宗）與王振都感到既興奮且高興，於是便下令讓大軍在焚毀敵軍據點，並留下部分兵力防守之後，班師回京。

瓦剌貢使人數超額 暗盤交易武器外流

原本朝廷對於瓦剌朝貢使節團的人數，很清楚的規定不能超過五十人。不過，由於使節團的費用都由明廷支出，而且還可以順便帶貨買賣或強搶民物，所以每次來使的人數都爆量。今年春天，朝廷雖然已經將名額放寬到三百人，到最後卻誇張的驟增到二千多人，耗去了國庫三十餘萬兩白銀。而這些使節團衍生的問題還不止於耗費公帑，更麻煩的是：凡是他們經過之處多有殺掠，跟強盜沒有兩樣，在邊關索要財物不成，還會動輒挑起釁端。更有證據指出，明軍中有許多無賴之徒，還暗中以數千把的弓換取馬匹來賺錢，而鎮守邊關的太監在王振的庇護之下，也每年拿數十甕的箭鏃給瓦剌人以牟取暴利。軍事評論家表示，瓦剌人本來就擅長彎弓射箭，但由於對弓及箭鏃的製造技術有限，所以在武力配置上也大大的受了限制。如今國內竟然有人因貪其貨賄，而把最重要的資源換給了瓦剌人，將使得瓦剌的武力日益強盛，只怕到最後會自嘗苦果，為此付出更大的代價。

你買這麼多武器做什麼啊？

打你…不…是打獵啦…

太皇太后辭世 王振無人能治

在朱瞻基（明宣宗）驟然離世之時，扶持朱祁鎮（明英宗）以幼齡登上大位，使朝政能繼續維持穩定運作的最重要人物太皇太后張氏，已於日前去世，享年六十有四。在正統初期，張太后堅拒垂簾聽政，不許外戚干政，放手將政務完全委任於內閣（皇帝高級祕書處）三楊（楊士奇、楊榮、楊溥）之手，使得這段期間仍能延續著「仁宣之治」海宇昇平的氣象，並緊緊的壓制著太監王振，讓他不敢專擅大權。只是近年來張太后因為年高病重，已漸漸不問政事，才讓王振的行徑越來越囂張。如今張太后離世，一般認為將沒有人能治得了王振，在皇帝的恩寵之下，未來國內勢必閹黨四起，搞得烏煙瘴氣。

南疆硝煙再起　大明進軍緬甸
原可以和平解決　王公公執意發兵

去年（一四四一年）王驥率領十五萬南征大軍擊潰麓川（雲南境內）叛軍之後，蠻族領袖思任發敗走緬甸。於是朝廷便下詔說誰要是能拿下思任發的，就把麓川之地封給他。最後果真被緬甸宣慰使（授與西南地區部落頭目的世襲官職）卜剌當所擒獲，而卜剌當也因此向明廷索要麓川之地。思任發之子思機發聽到父親被執的消息之後，也嚇得趕快遣使入貢，表示臣服謝罪之意。眾大臣在廷議之後，覺得這是個休兵停戰的好時機，應該要加以安撫，藉此穩定西南的局勢。但是一直想在軍事上做出漂亮成績的王振卻執意不可，硬是非要派兵討伐。於是朱祁鎮（明英宗）便退回了思機發的貢物，再命王驥領軍繼續南進，而且這次野心更大了，不但要擒回思機發，也要伺機一舉收服緬甸。

太祖立禁鐵牌消失　疑被王振派人銷毀

在洪武年間，朱元璋（明太祖）鑑於歷史上屢有宦官專權之事，對國家造成極大的危害，為了避免大明王朝也重蹈覆轍，他特別在宮門內設置一座大約三尺高的鐵碑，並在上面鑄有「內臣不得干預政事」八個字，要求後代子孫永遠警惕遵循。不過有人發現，這塊太祖御製鐵碑竟然已在不久前悄悄的消失不見了。據宮中不願透露身分的人表示，在太皇太后張氏去世之後，太監王振把持朝政，更加肆無忌憚，但每每路過時見了這塊鐵碑就覺得格外刺眼，於是便暗中命人把鐵碑取走，拿去銷毀了。許多人都知道這件事，卻故意裝作沒看見，深怕因為多說一句話而惹禍上身。

開國之初設立的「內臣不得干預政事」鐵牌已被王振銷毀

上書建言忤王振　劉球被殺遭支解

　　由於奉天殿不久前被雷擊毀一角，朱祁鎮（明英宗）便依例下詔求諫，要群臣上書極言施政得失。於是翰林院（職掌修史編書、文詞翰墨、皇室侍講的核心官員儲備所）侍講（皇帝陪講官）劉球便呈上奏疏，提列了許多建議。其中有一項說到「皇帝應該親自處理政務，不可使權力下移」，王振認為這分明就是在批評他干政，又想到這個小官員平日對自己多所不

又是被王振害的嗎？去那兒排隊…

劉球上書忤逆了王振，結果慘遭下獄肢解

敬，所以他存心要報復，隨便找了個理由把劉球關到獄中。這時候，剛好劉球的翰林院同僚董璘為了別的事入獄，王振就讓自己的心腹錦衣衛指揮同知（副司令）馬順毒刑拷打董璘，硬是把劉球說成是同謀，並因此而定了死罪。馬順還親自帶了一個小校，拿把刀子到獄中就把劉球的頭砍了下來，然後還把他的身軀支解，隨意掩埋。而朝野大臣在聽說此事之後，竟然沒有人出面主持正義，反倒是全都噤聲，再也不敢上書言事了。

薛瑄不謁太監　險被誣陷論死

　　之前司禮監（掌管所有宦官之禮儀刑名，以及替皇帝硃批與掌印）太監（署長）王振想要進用自己的同鄉擔任政府要職，於是大學士（皇帝高級祕書官）楊少奇便向王振推薦了薛瑄。等到薛瑄被任命為大理寺左少卿（最高法院副院長）之後，楊少奇就提醒他應該去拜謁王振以示謝意，但薛瑄卻堅決不去，因此得罪了王振。剛好此時王振的姪子王山與某個已故指揮使（司令官）的小妾私

通，想要把她納到自己家中，但這位指揮使的元配不准，於是小妾便誣告元配毒殺親夫，元配也因屈打成招而簽了口供。薛瑄在覆審時查出其中的冤屈，還給元配清白，但此事卻被王振的黨羽硬說成是薛瑄收賄縱囚，而把他打入獄中論死。後來是刑科（司法科）為此三度提起覆審，兵部侍郎（國防部次長）王偉亦全力申救，薛瑄最終才得以免去死罪，只被罷黜為民，了結此案。

修剪枝葉竟被起訴
李時勉枷號三日　數千生闕前呼喊

　　國子監祭酒（國立大學校長）李時勉先前因為申請改建國子監，所以朱祁鎮（明英宗）命太監王振前往視察。原本王振以為李時勉會像其他官員一樣，以高規格的大禮來參拜迎接他，沒想到李時勉卻僅以規定的禮制出面接待。這使得王振心生忿恨之意，巴不得隨便找到一個什麼藉口就來懲治他，偏偏找了老半天，都挑不出李時勉有什麼過失。但王振還是嚥不下這口氣，便硬說李時勉修剪彝倫堂（國子監的藏書館）樹木的旁枝是「擅伐官樹入家」，又妄稱獲皇帝授意，派人前往國子監逮捕李時勉。錦衣衛官校抵達時，李時勉還在幫學生批閱試卷。在一一唱名排定名次，並將試卷發還給學生之後，李時勉才起身走出大堂，和兩個同僚一齊枷號（犯人上枷示眾）於國子監門前。這時正值酷暑，李時勉等官員就這樣披枷帶鎖了三天，人都快被搞死了，看不下去的學生便集結到皇宮前請求寬貸。其中還有一個叫做石大用的學生，上書說願代替李時勉受罰，近三千名學生的呼聲響徹朝廷。而皇太后孫氏聽說有學潮發生，派人告訴兒子朱祁鎮，他才知道王振幹下了這種缺德事，立即命人去把李時勉給放了。不過，令人訝異的是，皇帝對於王振假冒自己旨意，隨便懲處大臣的誇張行為，居然沒有做任何的表示。

得罪王振的李時勉僅因修剪花木就被判在酷暑中枷號三天

明軍緬甸暫止戰　專心攻打思機發

由王驥所率領的南征軍團，於去年（一四四三年）冬季進逼緬甸，打算以索要思任發為由，而行吞併之實。緬甸人一方面假裝應允，一方面以樓船載思任發去窺探明軍，又暗中用別的船隻把他載回來。雖然王驥與沐昂兵分五路推進，但對方也聚集了不少兵力，準備和明軍對抗。所以王驥最後並沒有輕易發動進攻，而是改以犒勞為名，先鬆懈敵方的警戒心，然後再乘機焚毀他們的數百艘船。不過，緬甸人仍然堅持朝廷應遵守先前答應給與麓川（雲南境內）之地的約定，又說不把思任發交出來，是因為怕其子思機發前來復仇。於是王驥決定先不處理緬甸這邊的事情，而專心去攻打思機發。今年年初，明軍直攻思機發的巢穴，大破蠻兵之後，俘其家屬多人，班師而還。

官二代仗勢殺人
楊士奇憂慚去世

大學士（皇帝高級祕書官）楊士奇的兒子楊稷，仗著自己老爸是朝中高官，便驕縱蠻橫，還犯下了侵暴殺人的案件。在事情曝光之後，言官們（給事中、御史等監察官員）交章參劾楊稷，朝廷為了表示對元老重臣的尊崇，決議暫不急著移送法辦，而把罪狀交給楊士奇自己去看。但這時又有人揭發了楊稷另外好幾十件暴虐不法的案件，這才全部交由司法單位一併審理。不過，朱祁鎮（明英宗）非但沒有因此責怪楊士奇，還特別降詔加以慰勉，讓年事已高且有病在身的楊閣老，在辭官之前感動得痛哭流涕。被兒子的事情這樣一搞，原本已經很虛弱的楊士奇因過度憂慮而一病不起，並於日前以八十高齡與世長辭了。

叫我老爸來修理你們…

……

楊士奇因兒子恃強殺人，憂愧成疾而死

征剿捷報誇大
三衛漸行漸遠

因兀良哈三衛（泰寧衛、福餘衛、朵顏衛）近年來逐漸不受控制，屢屢入寇遼東，所以朝廷便於今年年初命成國公朱勇同太監僧保出喜峰口，興安伯徐亨同太監曹吉祥出界嶺口，都督（司令官）陳懷同太監但住出古北口，都督馬亮同太監劉永誠出劉家口，各領精兵萬人，分路征剿。不久後，各路兵馬都回奏捷報，朝廷還因此論功行賞，許多人都獲得加官進爵。不過，據隨軍記者傳回的消息表示，這些捷報有過分誇大之嫌，根本都只是小小的戰果而已，要麼抓了幾個擾邊的小賊，要麼把被搶走的牲畜奪回來。朝廷未加嚴格核實查證便加以封賞，只會變相鼓勵這種不實邀功的風氣更為盛行，加深大明帝國與兀良哈三衛之間的積怨和對立，逼迫它與瓦剌聯手，造成日後更多的困擾。

江蘇風災水患
一千餘人喪命

今年江蘇飽受颱風摧殘，不但有些地方的大樹被連根拔起，揚子江、太湖等水域還因為水漲了一、二丈高，使得附近人畜廬舍無存，漁舟漂沒殆盡，近海地區還有全村都已被淹沒的災情傳出。據防災中心統計，這場風災水患總共有千餘人喪生。而近日來，松江府（江蘇境內）又降下罕見的大雪，路上的積雪甚至已經深達一、二丈，連當地居民也不得出入。

官員跪拜太監
官場拍馬成風

在太監王振當權之後，官場上漸漸形成了一種拍馬溜鬚的風潮，久而久之，凡是都御史（監察總長）以下，大小言官見到王振都要行跪拜之禮，百般奉承。日前，御史（監察官）李儼在光祿寺（皇室膳食管理署）驗收祭祀物品，適逢王振經過，但是在應對時他卻沒有下跪行禮。結果他就因為這樣而被錦衣衛逮捕下獄，並發往遼東鐵嶺衛（遼寧境內）戍邊。

市街公布王振惡狀
正義之士遭磔分屍

宦官王振專權的情形可說是已經到了十分嚴重的地步，儘管朝中大臣沒有人敢對此發表任何的言論，卻還是有不怕死的正義之士肯站出來為天下發聲。日前，就有一位叫做王永的錦衣衛兵卒，便歷數王振的罪狀，然後寫在書面上，拿到通衢市街張貼，將其惡行全都公諸於世。接著他又到王振的姪子王山家前面揭發其罪。不過這事可能幹得太轟轟烈烈了，一下子傳揚開來之後，馬上便有人趕到現場把書狀撕下，並在王山家前面當場逮捕他。刑部很快速的以妖言惑眾之罪將王永定罪論斬，但最後皇帝那裡傳來的裁示竟是立即處以磔刑（凌遲分屍），而且任何人不得再為此判決提出覆奏。

士兵王永因為在市街公布王振的罪狀而被逮捕凌遲

請問他被逮捕的罪名是什麼？

妖言惑眾

妖言惑眾！？我還以為是洩露國家機密呢…

浙江乾旱又癘疫　及時祈得侍郎雨

浙江的寧波、紹興等地因為長期乾旱無雨，又爆發癘疫，導致許多人死亡。於是朝廷便派禮部侍郎（教育部次長）王英前往祭祀祈福。當王英帶著祭祀用品來到當地，虔誠的為民眾祈禱並齋戒三日之後，竟然就真的下起了傾盆大雨，一時之間水深達兩尺。當天晚上，雨停天晴、星光閃閃，然後第二天又接著下大雨，最後田野都已沾足雨水，民疫也因此得以解除，當地的百姓都歡呼說這是所謂的「侍郎雨」。

二十萬災民入豫乞食
巡撫官于謙開倉賑災

由於山西、陝西等地鬧饑荒，二十餘萬的災民為了免於餓死，都湧進了河南求食。當地的巡撫（省級總督導官）于謙便上書請求將懷慶、河南二府糧倉中的六十餘萬石存糧釋出，減價賣給災民，售出所得的錢鈔則解送京師（北京）。在朝廷批准之後，于謙讓右布政使（省級行政長官）年富依規畫開倉賑災，並組織群眾，授與土地、撥給牛隻及種籽，迅速安頓好所有的流民。

施政績優有何用
得罪宦官險丟命

治理地方頗有績效的霸州（河北境內）知府（府級行政長官）張需，不久前因為有宮中的宦官牧馬擾民，所以便將這個宦官的部下給笞打了一頓。之後，這個宦官竟銜恨向大頭目王振誣告，使得張需被關到錦衣衛大獄中，打得死去活來，最後還被發配到邊遠之地充軍，連當初推舉他的順天府府丞（北京副市長）王鐸也因此被罷官為民。

一路順風啊…

……

治理地方頗有績效的霸州知府張需，因為得罪宦官而被發配到邊遠之地充軍

父親雖被明軍斬首　思機發仍據險頑抗

年底，雲南千戶（中階軍官）王政奉朝廷敕命，準備動身去向緬甸宣慰使（授與西南地區部落頭目的世襲官職）索要蠻酋思任發。但在他還沒動身的時候，緬甸方面便因為天象有異變而心生畏懼，主動把思任發及其妻孥部屬共三十二人交給王政。王政依指示就地將思任發斬首，然後函獻京師（北京）。不過直至目前為止，思任發之子思機發仍然擁兵占據孟養（緬甸境內），絲毫沒有歸降順服的跡象。

宦官受賞　職位世襲

今年開春沒多久，皇帝便傳諭賞賜太監王振等人，並授王振之姪王林為錦衣衛指揮僉事（司令部高階軍官），授太監錢僧保之姪錢亮、高讓之姪高玉、曹吉祥之弟曹整、蔡忠之姪蔡英為副千戶（中階軍官），而且全都是可以世襲，開了宦官授與世職的先例。

廣西傜民暴動

廣西傜族居民不久前發生武裝暴動，不但攻入化州，抓了知州（州級行政長官）茅自得，索取金銀贖回，還殺死了千戶（中階軍官）汪義，目前聲勢正在繼續擴大之中。

礦盜流竄福建　政府派兵鎮壓

由於先前禁開銀礦，有許多的逃民暗中以盜礦為生，為了解決這個問題，政府便於正統九年（一四四四年）重開福建銀場。但礦場重開之後，並沒有能遏止此風，盜礦之人不減反增。其中以葉宗留為首的礦賊更是聲勢浩大，聚集了數千人之多，還在浙江、江西、廣東等邊境流竄盜礦，造成地方上極大的不安。於是朝廷命御史（監察官）柳華領兵前往鎮壓。柳華抵達福建之後，一方面遣兵分捕群盜，一方面編民為甲，在各村落設置關卡望樓，並置辦兵器自衛。雖然官軍在多次行動中誘捕了不少的礦盜，但葉宗留率領的主力則還在各地繼續流竄。

楊溥凋零 三楊已成歷史

大學士（皇帝高級祕書官）楊溥於日前去世，享年七十五歲。政治分析家表示，曾經協助開創仁宣盛世的三楊，在楊榮、楊士奇相繼病逝之後，內閣（皇帝高級祕書處）中因為馬愉、曹鼐等都是後進之人，聲望輕微，所以便只剩下楊溥一人苦苦支撐，而王振也因此更加專權。如今連楊溥也死了，將再也沒有輩分足夠的國之大老可以出來制衡王振，往後宦官亂政的情形只怕會越來越嚴重。

以後是我的天下了

宦官喜寧欺上門 張輔無奈忍吞聲

在朝中素有威望，在三楊（楊士奇、楊榮、楊溥）死後仍能與太監王振平起平坐的英國公張輔，日前被皇帝下詔要他歸還侵吞的二十多頃民田，引發了社會上一陣熱烈討論。不過，據本報記者得到的資料顯示，這二十多頃田畝，原本就是張輔名下的土地，而不是什麼從百姓侵奪得來的田產。太監喜寧先前曾經想要藉故侵吞張輔的田宅，張輔是當朝大臣，當然不肯屈從，於是喜寧的弟弟便帶著閹奴毆打張輔家人的妻子，導致婦人流產而死。張輔向皇帝提起訴訟，朱祁鎮（明英宗）竟寬恕了喜寧兄弟的罪行，只將打人的閹奴發配充軍。因此喜寧便一直想找機會報復，這次還唆使青縣（河北境內）知縣（縣長）誣奏張輔侵吞民田，而皇帝也僅命張輔將田產歸還百姓，不問其罪。政治評論家認為，年事已高的張輔，雖然在朝中仍有地位，但面對喜寧多次的欺侮，他還是選擇了把這口氣吞下去以避禍。否則真的鬧到最後，可能就不止是損失二十多頃田地及名聲，而是連整個身家性命也必須全賠進去了。

對於宦官喜寧多次的欺侮，年事已高的張輔選擇以忍氣吞聲自保

礦盜集團進化 葉宗留成強盜

在東南地區流竄，以葉宗留為首的礦盜集團，近來因為連挖數坑都一無所獲，無法供應手下近千人的日用所需，所以葉宗留便對這些跟著他四處盜礦為生的人說：「我們人多勢眾，如果要在市街中索拿錢財的話，必定十分容易，何必窩在這山谷之間苦哈哈的？天天都挖得滿身塵土，結果還不得溫飽。」於是他集結了更多人一同加入，還聘請了武師前來教授武藝，將盜礦賊進化成了一支聲勢浩大的武裝強盜部隊，並對建寧（福建境內）發動了攻擊，將鄰近地區劫掠一空，逼得官民全都倉皇奔逃。而事情傳開之後，鄰近地區又有更多生活無以為繼的人也爭相投入，福建全境陷入一片動盪不安的局勢。

大明新聞

GREAT MING NEWS

西元一四四八年

戊辰

明·正統十三年

十五萬明軍南征思機發

在王振的主導之下，朝廷於今年三月命都督同知（副司令官）宮聚佩平蠻將軍印，率南京、雲南、湖廣、四川、貴州官軍士兵共十五萬人前往征討思機發，並以兵部尚書（國防部長）王驥總督軍務，戶部右侍郎（財政部次長）焦宏督運軍餉。到了十月，明軍已抵達金沙江岸，隨時準備渡河發動攻擊。

鄧茂七福建起事

福建地區在葉宗留領導的礦盜集團坐大之後，又有許多民間武裝團體也相繼對官府發動了攻擊。之前曾被編為甲長的鄧茂七、茂八兄弟，因為號召沙縣當地的佃農拒絕主動交田租及冬牲（米、鴨等年終饋贈禮品）到田主家，而要田主親自派人來收取，於是就被田主一狀給告到了官府那裡。縣衙門派出巡檢（警察隊長）要去拘捕鄧茂七，結果反而遭拒捕殺害。接著延平府又調派了三百人前往剿捕，但也同樣都被鄧茂七給殺了，甚至連巡檢及知縣（縣長）也雙雙遇害。鄧茂七看事情已發展至此，便宰殺白馬、歃血誓眾，乾脆舉兵造反，先後攻取了沙縣、尤溪等地，自稱為「剷平王」。

大興隆寺竣工
正統皇帝親臨

崇尚佛教的太監王振，於年初役使了一萬多的軍民，耗資數十萬兩白銀，將元朝初年所建的慶壽寺翻修一新。到了十月，重修工程完竣，壯麗居於京師（北京）諸佛寺之冠，朝廷還特別頒詔賜名為「大興隆寺」。朱祁鎮（明英宗）也應邀來到該寺，親自傳授佛法，並自稱為佛門弟子，使得所有當朝顯貴都爭先恐後擁入寺中，一時之間佛寺竟比大賣場還要熱鬧。

官軍征討
礦盜集團失利

七月間，都督（司令官）陳詔發兵攻擊停留在處州（浙江境內）的葉宗留礦盜集團，但在雙方數回合的激烈戰鬥之後，官軍竟然落敗，而陳詔也在此役中陣亡。於是朝廷便又命左都督劉聚、右僉都御史（監察次長）張楷等率大軍前往征討。但葉宗留得到消息之後，卻早已派人將進入福建的道路堵塞，並於途中設下埋伏，擊殺了都督僉事陳榮、指揮劉真、都指揮（司令官）龔禮所率領的前鋒部隊二千人。

── 丁瑄策反亂黨　鄧茂七中伏兵敗 ──

在監察御史（監察官）丁瑄領命率軍征剿福建的叛亂團體之後，鄧茂七也對延平府（福建境內）發動了攻擊，但是幾番進攻都未能順利拿下，所以只好先退守陳山寨。而丁瑄則利用這個機會招降了沙縣（福建境內）的賊黨羅汝先。羅汝先等人因為得到丁瑄的優待，便想要殺死鄧茂七來贖罪，於是他們自願前往陳山寨中，以攻城之利引誘鄧茂七再

次進取延平，並要官軍分道設伏，以逸待勞。結果鄧茂七果然中計，率領賊黨傾巢而出直撲延平。此時丁瑄早已讓江蘇、浙江、南京之兵三面埋伏，然後讓向來被賊黨輕視的福建兵出城對陣。就在鄧茂七下令部隊乘浮橋競進的時候，突然炮聲大作，伏兵四起，官軍四面圍擊，大破敵軍，鄧茂七也被指揮同知（副司令）劉福斬殺於陣中。

明軍渡過金沙江
立石為界震南蠻

由王驥所率領的南征軍團在抵達金沙江之後，蠻酋思機發也在江的西岸設柵拒守。於是王驥揮兵順流而下，會同此時剛好領兵抵達的木邦、緬甸兩宣慰使（授與西南地區部落頭目的世襲官職）之兵船作為浮橋，渡江發動猛烈的攻勢，並擊破敵軍營寨，於敵寨中意外得到積穀四十萬石。有了這批充裕的糧食，王驥立即下令讓部隊飽餐一頓，而明軍在大快朵頤之後，果然銳氣倍增，便再繼續多道並進，盡破大小九寨營壘並斬殺無數敵軍。但唯一可惜的是，最終仍讓思機發給逃走了。由於自古以來漢人部隊就未曾有渡過金沙江者，所以明軍此役造成了南蠻諸部落極大的震撼。而王驥也乘此大好時機，與思任發的幼子思祿達成協議，准許他繼續安

居於孟養（緬甸境內），並統轄原有的蠻族部眾。雙方還在金沙江立石為界，起誓說：「石爛江枯，爾乃得渡。」在思祿表示畏懼臣服之後，明軍便也班師回朝。

漢軍有史以來首次渡過金沙江震服南蠻

總算游過來了

連年用兵衛所空虛
貴州苗民乘機造反

由於朝廷對麓川（雲南境內）用兵，先後歷時十餘年，其間每次南征，都盡調雲南、貴州等地的衛所兵員。幾次征戰下來，已是將士多死，大軍未班，列衛空虛。深受戰爭之苦的當地苗、傜族人民，也因為生活無以為繼，以及官軍無力鎮壓，所以四出為亂，反抗朝廷的統治。直至不久之前所得到的消息顯示，貴州東路已經被堵塞不通，而各處起事的苗民總數則將近二十萬人。這時已班師回到武昌（湖北境內）的兵部尚書（國防部長）王驥，也收到朝廷的緊急命令，命他與同征麓川的侍郎（次長）侯璡、都督（司令官）宮聚、張軏等人，再次領兵前往南疆，撲滅苗民之亂。

礦盜內鬨解體
官軍輕易招降

流竄於浙江、福建一帶的礦盜集團，因內部紛爭而產生分裂，領導人之一的陳鑑胡憤而殺死葉宗留，吞併其部眾，自稱為大王，並給自己取了個國號叫「太平」，然後準備領兵包圍處州（浙江境內）。但此時他聽聞政府大軍已陸續聚集，福建的鄧茂七也已經衰亡，心中開始畏懼。而官軍則是以招降的手段孤立其勢力，最後陳鑑胡見勢無可為，便率領部眾出降。

三法司會審刑案
太監地位壓九卿

因為今年春夏以來天旱不雨，所以大理寺卿（最高法院院長）俞士悅上書說旱象可能是刑獄不清所致，建請會同刑部（司法部）、都察院（中央監察院）審理刑案以消天變。於是朱祁鎮（明英宗）便命太監金英與三法司（刑部、都察院、大理寺）的長官進行會審，表示只要認為判刑過重的，全都可以奏請減刑。不過記者發現，在大理寺進行會審時，太監金英居然張黃蓋坐在正中間，而尚書（部長）以下的官員則於左右列坐。看來從此以後，九卿的地位被壓在內官之下，恐怕將形成一種慣例了。

開始吧…

這次三法司會審時的座位安排，
恐怕將使太監地位高於九卿成為慣例

官員賞罰失衡　只憑王振喜惡

由於福建、浙江一帶盜賊集團群起，在當地四處劫掠，已成為一大民患，使得武將們因忽視寇賊而遭到朝廷的責問。福建都指揮僉事（軍區司令部高階軍官）鄧安等人為了推卸責任，就歸咎於已經轉職到山東的前御史（監察官）柳華。剛好太監王振此時正想藉著殺朝士來立威，於是便下令要將柳華逮捕下獄。柳華在收到要被收押的命令之後，不想在獄中受人折辱，便服毒自盡了。但悲慘的是在他死後還被抄家，男丁全部發往邊境戍邊，而婦女則全數沒入浣衣局（年老罷退宮女居住之所，專為皇族提供洗衣服務的內官機構）。評論家認為，其實當初柳華的布置並無失當之處，武將不能破賊，反而歸咎於文官，虐民激變的人卻只被判降職戍邊，丁瑄破賊立功而無獎賞，張楷避敵奪功而不誅殺，在王振的操縱之下，已經變成一個賞罰失衡、輕重倒置的混亂國度。

貢使問題起釁端　也先凶狠強叩關

瓦剌的首領也先在正統十四年（一四四九年）統一蒙古各部之後，屢次入朝進貢，而太監王振則以藻飾太平為名，賞給大批的金帛作為回禮，甚至不管貢使們提出什麼要求也都全部答應。這樣有利可圖的好事，當然使得瓦剌的貢使絡繹不絕，還出現虛報人數以冒領津貼的情形。今年春天，也先又派二千人前來貢馬，但卻對明廷謊稱有三千人。結果這次王振發現之後十分生氣，下令要禮部（教育部）確實查核，不但汰除虛報人數，連

也先率領瓦剌軍團大舉進犯

貢使之請也僅允給與五分之一。之前胃口已經被養大的也先因而發怒，便以此為釁端，分道大舉攻掠邊境之地。也先率部寇大同（山西境內），脫脫不花以兀良哈三衛（泰寧衛、福餘衛、朵顏衛）之兵進犯遼東，阿剌知院直指宣府、圍赤城（皆河北境內），還有另外一路侵犯甘州（甘肅境內）。明朝的邊防軍在貓兒莊（內蒙古境內）被也先攻破之後，各路守軍也相繼敗潰，北邊紛紛告急，每日來回的邊報多達數十次。王振為了怕他的老家大同慘遭也先蹂躪，便力勸朱祁鎮（明英宗）御駕親征。而兵部尚書（國防部長）鄺埜、吏部尚書（文官考選任免部長）王直、兵部侍郎（國防部次長）于謙等人，則是用盡各種說詞想要阻止皇帝親征。但目前看來，朱祁鎮應該還是會聽王振的話，親自出馬去殺一殺蒙古人的威風。

皇帝決定親征　諸軍倉卒起行

朱祁鎮（明英宗）對群臣諫止聖駕遠行的進言充耳不聞，仍然聽從太監王振的建議，執意要御駕親征。於是他下詔令郕王朱祁鈺（朱祁鎮之弟）留守京師（北京），英國公張輔、成國公朱勇等率領五十萬官軍從征，隨行的文官還有戶部尚書（財政部長）王佐、兵部尚書（國防部長）鄺埜，以及內閣學士（皇帝高級祕書官）曹鼐、張益等人。據聞，

曹鼐還一度抓住機會與諸御史（監察官）商議，打算派一個武士在御前擊殺王振，然後歷數其專權誤國之罪，如此才能避免讓聖駕犯難赴險。只不過曹鼐話一說完，在場的幾位御史竟然全都惴惴不敢相應。曹鼐又打算找張輔商議此事，卻總是找不到機會，最後也只好就此作罷。而倉卒就位的各路官兵，也就這樣在一陣慌亂之中起行了。

戰況不利急折返　王振私心繞路行

在大軍前進的途中，兵部尚書（國防部長）鄺埜仍多次進言，企圖讓皇帝改變心意折返京師（北京），但此舉最後終於惹怒了王振，便以鄺埜與戶部尚書（財政部長）王佐首倡還師之議忤旨，而將兩位大臣罰跪在草叢中，一直到黃昏都不讓他們起來。後來當聖駕抵達大同（山西境內）時，由於前方戰敗的消息接踵傳回，王振心裡也開始感到惶恐不安，有了返回的念頭，於是在八月初三下令全軍折返。一開始王振還打算邀請朱祁鎮（明英宗）在回程時到他的故鄉走走，讓他風風光光的回鄉，便指示大軍從紫荊關路過蔚州（皆河北境內）。但不久之後，他又想到如此一來，家鄉的莊稼恐怕會遭到大軍踐踏，所以又傳令大軍向東折行。可是這樣來個大轉彎，聖駕所在的中軍大營就有可能被也先的部隊追到，於是諸位有作戰經驗的大將便緊急向曹鼐反應此事的嚴重性，表示車駕一定要照原來的路線走紫荊關，才能確保安全無虞。

曹鼐也將此事告知王振，無奈王振什麼也聽不進去，還是執意繞路遠行。而此時，也先大軍也逐漸逼近了明軍。

我們不要隨意踐踏花木…

太棒了

王振為免家鄉莊稼被踐踏而帶著皇帝繞遠路

也先緊咬不放　隨時包抄中軍

八月初十，皇帝車駕為躲避敵軍的追擊而折返，在行至宣府（河北境內）時，哨兵緊急來報，表示也先部隊已經大舉來襲，正對明軍的後隊發起猛烈的攻擊。於是朱祁鎮（明英宗）急命恭順伯吳忠、都督（司令官）吳克勤領兵在後面拒敵。三天之後，又傳回吳克忠、吳克勤二人已經奮戰陣亡的消息，只好再派成國公朱勇、永順伯薛綬率四萬兵馬援救。結果朱勇因為缺乏計謀，才前進到鷂兒嶺（河北境內）就遭到敵軍埋伏痛擊，最後竟然全軍覆沒，而也先的部隊也持續的緊咬不放，隨時有包抄中軍大營的可能。

土木堡遭敵合圍　大明帝淪為俘虜

八月十四日，朱祁鎮（明英宗）車駕行至土木堡（河北境內），這時還不到傍晚，距離最近的懷來城（河北境內）僅僅剩下二十里的距離。原本還有機會搶在敵軍追到之前進入城中堅守待援，但太監王振卻因為他千餘輛滿載物資財貨的輜重車隊尚未趕到，而勒令全軍停留在原地等候。當時由於也先的部隊就在後面不遠處緊咬不放，迅速的拉近距離，於是兵部尚書（國防部長）鄺埜便很緊張的請求朱祁鎮先疾馳入城，但卻遭到王振怒斥說：「腐儒怎知軍事？再囉嗦就把你殺了！」然後就在爭執之中叱喝左右將鄺埜給拽出帳外，而大軍也就只好在如此緊急的情況之下停駐於土木堡。過了不久，也先的部隊果然追來並從四面合圍，當時地上沒有水泉，人馬又都已飢渴難忍，在向下掘了兩丈深的井之後，也還是不見半滴水。而南方十五里處的河流，則早已被也先派兵占據而沒有辦法前去取水。第二天，也先假意說要講和，朱祁鎮信以為真，便要曹鼐起草了詔書，派人隨同瓦剌使者送去。這時，王振因過於緊張想離開現場，匆促下令大營開拔，

御駕親征的大明皇帝在土木堡被敵軍所俘

結果一時之間行伍大亂，才走沒多久，就被瓦剌勁騎從四面攻入。就在哀號及鐵蹄踐踏聲中，明軍的屍體已經蔽塞了整片山野，而朱祁鎮也在親軍突圍失敗之後被敵軍俘虜了。護衛將軍樊忠氣得瞪眼大喝說：「我為天下除此賊！」一錘就把王振的腦袋給當場敲碎。數十萬明軍就這樣不明不白的死在了土木堡，隨行的張輔、王佐、鄺埜、曹鼐等五十餘名文武官員也都一併遇難。只有太監喜寧，不但見風轉舵降了也先，還把國內的所有虛實祕密全都告訴了敵人。

也先強挾明帝勒索　拿了贖金續綁肉票

也先逮到朱祁鎮（明英宗）之後，便打算挾持著大明皇帝前往各城勒索財物。不過，當瓦剌軍團抵達宣府（河北境內）並傳下皇帝命令要求開門時，守城之人無論怎麼說就是不為所動，一點也沒有要打開城門的意思。後來也先只好再轉往大同（山西境內）城下索賂，原本守將郭登也是閉門不納，但是因為也先態度凶狠的威逼朱祁鎮索要金銀，而且說只要拿到錢就會把朱祁鎮給放回去，所以一直護衛在皇帝身邊的錦衣衛校尉（武官）袁彬，便急得以頭猛撞城門並呼天搶地的大聲喊著。郭登看不下去，只好命人以飛橋將之縋入城中，然後緊急在城內籌措贖金。之後郭登等人出城拜謁皇帝，一面伏地痛哭，一面把好不容易籌集來的二萬多兩黃金獻出。而朱祁鎮則是轉手就把所有的黃金全都乖乖的交給了也先，然後又被挾持而去。結果贖金沒了，肉票還是肉票。

大樹倒時猢猻散
王振黨羽遭毆死

皇帝被俘的消息傳回北京之後，為免事有不測，便在孫太后的許可下將年僅兩歲的朱見濬（朱祁鎮長子）立為皇太子，並改名為朱見深，但仍由郕王朱祁鈺（朱祁鎮之弟）代理朝政。第二天上朝時，諸大臣哭喊著要求盡誅王振全族以安軍民之心，而王振的黨羽錦衣衛指揮同知（副司令）馬順則是像往常一樣跳出來護主，大聲斥喝眾人退下。這時候，戶科給事中（政風監察官）王竑與刑科給事中曹凱一見到閹黨又出來張牙舞爪，便氣得衝上前去揪住馬順的頭髮，狠狠的咬他的肉說：「你過去幫助王振為惡，倚仗著他作威作福，今日事已至此，還怕你不成！」眾人一聽，全都擁了上去圍毆馬順，一下子就把他給亂拳打死了，之後又把王振另兩個心腹宦官也一併打死。還把王振之姪王山也給綁來跪在廷下，眾人爭相唾罵，整個殿堂之上可說是亂成一片。沒見過這種場面的朱

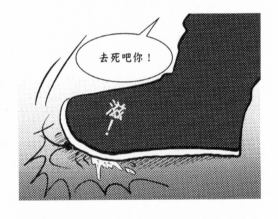

祁鈺有點被嚇到了，想要離開現場，但這時已被任命為兵部尚書（國防部長）的于謙迅速上前將他扶正，並請郕王宣諭百官說：「馬順等人罪本當死，動手之人皆不論罪。」這才使得眾人漸漸的安定了下來。於是便下令將王山綁赴市街磔死（凌遲分屍），王振族眾則無論老少皆斬。同時並查抄王振的家產，總計有金銀六十庫，玉盤數以百計，珊瑚高六、七尺者二十株，其他各種珍玩無算，數量之多，讓所有人全都傻了眼。

郕王祁鈺 臨危登基　朱祁鎮退為太上皇

由於皇帝遭到也先挾持，群臣在商議之後就請求孫太后讓郕王朱祁鈺（朱祁鎮之弟）繼承帝位，孫太后也覺得這樣比較好，便依諸大臣之議頒下了懿旨。朱祁鈺聞訊，嚇了一跳，不但再三辭讓，還躲回了郕王府邸。于謙再三勸進說：「臣等是為了國家擔憂，並非為了私人著想。」剛好這時出使瓦剌歸來的都指揮（司令官）岳謙也說他帶回了皇帝口諭，稱宗廟之禮不可久廢，要讓弟弟郕王繼承帝位以供奉祭祀，朱祁鈺才點頭答應。於是在九月初六，朱祁鈺（明代宗，明景帝）登上了皇帝之位，建元「景泰」，遙尊朱祁鎮（明英宗）為「太上皇」。

這不是作夢吧？

也先進犯北京 于謙列陣抗敵

瓦剌首領也先見大明重新立了皇帝，他要脅贖金的計畫已經沒有辦法實現，便乾脆挾持朱祁鎮（明英宗）大舉入犯北京。剛登上大位的朱祁鈺（明代宗，明景帝）在得報之後，緊急傳令諸王派兵入衛京師（北京），並命兵部尚書（國防部長）于謙提督諸營，所有將士皆受其節制，凡是都指揮使（軍區司令）以下不聽從命令者都可以先斬後奏。于謙認為也先兵勢大盛，絕對不可示之以弱，便分遣諸將率兵二十二萬，列陣於京城九門之外。于謙則親自坐鎮於城外，下令九城城門盡閉，士卒於門外拒敵，以絕其反顧之念。同時傳下軍令：「臨陣，將不顧軍卒而先退者斬其將！軍卒不顧將帥而先退者，後隊斬前隊！」將士們知道這次再也沒有退路了，便抱著必死的決心，準備與敵人一決生死。

瓦剌兵敗撤圍 北京解除危機

十月十一日，也先大軍兵臨北京，並列陣於西直門外，一面與大明守軍進行激烈的攻防戰，一面索要大批的金帛作為議和的條件。雖然廷臣之中也有人想要議和，但兵部尚書（國防部長）于謙卻斬釘截鐵的表示說：「今日只知有戰事，其他的事都不是我敢聽的。」也先見議和不成，便派兵四出窺掠。十三日，于謙命大將石亨於空民房中設伏，又派出數名騎兵引誘敵軍。就在也先以萬騎逼近之時，明軍伏兵驟出，神機營火器齊發，各部隊也發起攻擊。最後瓦剌部隊潰敗，連也先之弟也死於炮火之下。也先作戰不利，進攻居庸關（河北境內）的另一支部隊也傳來兵敗的消息。他在收到各地勤王部隊將要來到的情報之後，為免被截斷退路，便乘夜拔營撤兵，挾著朱祁鎮（明英宗）往北逃遁去了，而北京城的危機也總算就此解除。

新聞標題索引